학교경영의 이론과 실제

서정화, 김진숙, 배영직, 임종근, 김세곤,
김세진, 김성기, 황준성, 최준렬, 박주형

태영출판사

머리말

교육환경의 중요성에 대하여 흔히 맹모삼천(孟母三遷)을 이야기합니다. 맹자님 어머니의 교육열 못지않은 강렬한 교육열을 가진 우리나라 학부모들의 교육에 대한 관심과 열의는 좋은 학교, 명품학교, 또는 효과적인 학교(effective school) 논의를 불러일으켜 왔습니다.

학부모뿐만 아니라 교사들이나 학교장도 좋은 학교에 근무하고 싶어하며, 좋은학교, 명품학교를 만들려고 애를 씁니다. 그러나 이러한 학교는 쉽게 만들어 지는 것이 아닌 것 같습니다.

학교를 이끌어 가는 학교경영자와 함께 수고하는 교사들과 직원들, 그리고 학부모, 동창 및 지역사회가 힘을 모아야 가능할 것입니다. 좋은 학교 또는 명품학교를 만들 때, 그 동안 우리나라를 세계적인 10대 열강의 반열에 세우는 결정적인 동인(動因)인 교육을 통해 다시 우리나라를 일등 국민, 일류 국가로 만들어 가는 또 다른 전기를 마련할 수 있을 것입니다.

이러한 관점에서 이 책에서는 학교경영자인 학교장이 철학을 가지고, 학교를 이끌어 가는데 도움이 될 수 있도록 이론적인 측면과 실제적인 측면을 다루었습니다. 각 장의 제목도 학교장이 지향해야 할 가치와 경영 내용 및 방법을 담고자 하였습니다. 그래서 책 제목은 '학교경영의 이론과 실제'로 하고 '학교경영의 본질, 미래교육과 학교교육의 변화, 지원중심 학교경영, 효율적 경영기법, 소통과 참여의 조직 운영, 배움을 강조하는 커리큘럼 운영, 조직을 활성화시키는 인사실무, 인성교육과 학생권리, 행복교육 추진, 교육법령 이해, 교육지원의 재무관리, 편안하고 안전한 시설관리, 지속발전을 위한 평가' 등 학교 운영의 지향가치와 실질적인 내용과 사례들을 담고자 노력하였습니다.

우리의 교육은 많이 달라지고 있습니다. 그러나 더 달라져야 합니다. 학교장, 교사의 인식과 근무여건도 더 개선되어야 합니다. 우리의 학교들이 좋은 학교로, 명품학교로 바뀌어야 합니다. 이 책자를 통해 학교 경영자들이나, 학교경영에 대한 이해와 연구 자료로 삼고자 하는 이들에게 조금이나마 도움이 될 수 있기를 바랍니다.

이 책자 집필을 위해 제1장과 9장은 서정화 교수, 제2장은 김진숙 박사, 제3장과 4장은 배영직 장학사, 제5장은 임종근 교장, 제6장은 김세곤 박사, 제7장과 12장은 김세진 교장, 제8장은 김성기 교수, 제10장은 황준성 박사, 그리고 제11장은 최준렬 교수 그리고 제13장은 박주형 박사께서 각각 집필하였습니다. 수고가 크셨던 학교현장의 경영자, 교육전문직, 연구전문가, 교수님 등 집필자분들에게 깊은 감사를 드립니다.

끝으로, 이 책자가 나오도록 오랫동안 기다려 주신 태영출판사 김현태 사장님과 인쇄를 위해 애를 많이 써주신 오세복 상무님을 비롯하여 함께 수고가 크신 출판사 직원 여러분께 심심한 감사를 표합니다.

2014. 6. 28

집필진 일동

차 례

제1장

학교경영의 본질과 지향 가치

서정화(홍익대학교 초빙교수)

1. 학교경영의 개념 및 본질
2. 학교경영의 영역 및 업무
3. 학교경영의 원리
4. 학교경영의 과정
5. 좋은 학교의 모습과 지향 가치
6. 학교발전과 학교장의 역할 및 직무

학교교육은 교육활동과 제도 운영의 핵심이다.

학교경영의 본질과 지향 가치나 원리가 중요시되는 이유다. 학교가 어떻게 운영되느냐에 따라 학교교육의 과정과 성과가 달라진다. 이러한 관점에서 학교경영의 중심 축이라 할 수 있는 학교장이 어떤 경영관과 가치를 가지고 학교를 이끌어 가느냐는 교육활동의 기본이라 할 수 있다

1. 학교경영의 개념 및 본질

흔히, 학교행정, 학교경영, 학교관리 등의 개념을 사용하고 있다. 이는 때때로 구분해서 쓰기도 하고 혼용하여 사용하기도 한다(서정화 외, 2002).

일반적으로 행정(administration)이라는 말은 조직의 목적 달성을 위한 협력 활동이라고 할 수 있다. 대체로 공공기관, 행정기관 등에서 이루어지는 운영활동을 가리키고 있다. 주어진 일을 철저하게 이행하는 행위에 초점을 두어지고 있다.

한편, 경영(management)은 불확실하고 구성화되어 있지 않은 하나의 결론을 매듭지어 가는 과정이라고 흔히 말한다. 여기서는 경영자의 자율성과 창의성이 강조된다. 최고 경영자의 의지와 철학에 따라 조직을 이끌어 나가는 동태적 활동을 강조하는 것으로 볼 수 있다.

그리고 관리(operation)는 결정된 정책이나 목적, 계획에 따라 조직이나 기관을 운영해 나가는 것을 말한다. 정해진 법이나 규정에 따라 지휘, 명령, 조정, 감독, 통제하는 행위라고 할 수 있다. 다분히 법규주의적(法規主義的) 입장에서 객관성과 강제적인 뉘앙스를 띤 개념이라고 할 수 있다.

이상에서 살펴본 바와 같이 행정은 제도적이고 법규적이며, 정태적인 의미를 풍기는 전통적 개념인 반면 경영은 창의성과 생산성, 효율성을 강조하는 포괄적이고 동태적이며 적극적인 개념이라 할 수 있다. 대체로 정부에서는 행정이라는 말을, 기업에서는 경영이라는 말을 주로 쓰는 것 같다. 그리고, 관리는 정해진 방침과 규칙에 따라 주어진 과업을 충실하게 실천하는 법규적이고 집행적인 면을 강조하는 개념이라고 볼 수 있다.

그렇지만 학교경영, 학교행정, 학교관리 등에 관한 개념상의 차이를 그렇게 엄격하게 구분하여 사용하지 않고 있는 것 같다. 개념상으로 구분하여 사용하기보다는 상호교호적으로 활용하고 있는 것으로 인식되고 있다.

이러한 이해를 바탕으로 여기서는 학교경영이라는 개념으로 통칭하여 논의를 전개하고자 한다.

학교경영이란 여러 가지 측면과 관점에서 그 개념을 규정할 수 있다. 정태론의 관점에서, 학교장이 교직원과 학생을 지도하고 감독하여 교육활동을 전개하는 것으로 볼 수도 있고, 동태론의 입장에서 학교교육 목표의 달성을 위한 합리적이며 조직적인 활동과정으로 이해할 수도 있다.

어떤 측면에서 규정하든지 간에 학교경영은 학교의 교육목표를 달성하기 위하여 제반 자원들을 확보하여 이를 배분하고 조정하며, 평가하는 일련의 활동이라고 할 수 있다.

여기서 학교의 교육목표는 바람직한 인간상 내지 그 행동 특성이라고 할 수 있다. 예를 들면 '참된 사람', '부지런한 사람', '튼튼한 사람' 등이 그것들이다. 이러한 학교교육 목표는 일반적인 의미에서의 교육목표나 학교장의 경영 철학, 지역적인 특성, 기타 학교의 설립 이념이나 전통 등을 고려하여 설정된 것으로서 하나의 선언적인 의미를 지니고 있다.

학교교육 목표를 달성하기 위해서 제반 인적 자원과 물적 자원을 활용하게 된다. 인적 자원은 교육목표 달성을 위해 필요로 하는 교사, 사무직원, 학생 등 인적요소 등을, 그리고 물적 자원은 시설, 매체, 재정 등 제반 물적 요소라고 할 수 있다.

2. 학교경영의 영역 및 업무

학교경영은 학교의 교육목표를 달성하기 위해 학교 내·외의 제반 요소들을 효율적으로 조정하고 통합시키는 행위이다. 이렇게 규정하고 보면, 학교경영의 영역은 매우 광범위하게 펼쳐져 있음을 알 수 있다. 교사와 학생과 교육내용이 만나는 생생한 교육의 장(場)을 둘러싸고 있는 모든 요소 및 업무들을 학교경영의 영역 속에 포함되기 때문이다. 교수-학습 상황을 중심으로 제반 매체, 시설, 재정, 조직, 인사, 사무, 환경, 대외관계 등이 직접 또는 간접으로 연결되어 하나의 동심원적(同心圓的)인 중층구조(中層構造)를 형성하고 있는 것이다.

여기서 동심원적 중층구조를 형성하고 있다는 것은 학교경영의 제반 영역이 학교교육의 가장 핵심이라고 할 수 있는 교수-학습활동을 중심으로 제반 학교교육 영역과 활동이 직접적 혹은 간접적으로 밀접하게 상호 관련되어 있을 뿐 아니라 모든 경영 행위가 이를 중심으로 수렴되고 있음을 의미한다. 물론 각 영역에 따라 관련 또는 지원의 정도는 달리한다고 볼 수 있을 것이다.

학교경영의 영역으로서는 교육과정 운영을 중심으로 제반 인적·물적 자원들을 활용하고 관리하는 여러 내용들이 포함된다. 여기서는 학교경영의 영역을 다음 몇 가지로 나누어 설명하도록 한다(서정화 외, 2002).

가. 교육과정 운영

교육과정 운영은 교육목표 달성을 위해 학교에서 계획적으로 이루어지는 학생들의 모든 교육적 경험을 관리하는 일로서 여기에는 시간 운영, 교과운영, 방과후 학교 운영, 특별활동 운영 등이 포함된다. 교육과정 운영 측면에서는 교육과정의 정상적 운영 여부 및 정도 교육과정 구성의 적합성 및 다양성, 학생들의 학력, 학습태도, 교육평가 활동 등의 측면이 주요 관심이 된다.

나. 학생 생활지도

생활지도는 학생들의 교내·외 생활·활동에 관한 안내, 지도활동으로서 상담, 진로, 안전, 건강 및 여가, 태도 및 성격 지도 등이 포함될 수 있고 또 적성 존중, 안전관리, 도덕성 및 개성 신장 등의 측면이 주요 관심이 된다.

다. 교직원 인사관리

교직원 연수 및 인사관리는 교직원의 직무 능력 향상을 위해 개인 또는 집단적으로 수행되는 연수활동과 교직원의 평정, 이동에 관한 내신, 교직원의 동기 유발 및 사기 앙양 및 인간관계 관리 등이 포함된다. 여기서는 교사 신규 채용의 합리화 연수의 기회와 질과 효과, 평정의 공정성 및 합리성, 근무조건 및 복지, 교사의 직무의욕, 교직원간의 소통 등이 주요 관심이 된다.

라. 교내장학

교내장학은 교사의 교수-학습지도 기술향상과 교육과정 운영 개선, 그리고 학급 및 학년경영의 합리화를 위해 교감 및 학교장 등 경영관리층에 의해서 수행되는 전문적 보조 활동이라 할 수 있다. 이러한 교내장학은 수업지도성(instructional leadership) 발휘, 교내장학 책임자로서의 학교장의 역할이 강조될 것임에 비추어 수업장학 또는 임상장학 형태의 실질적인 장학활동 수행과 그 도움 정도, 여건조성 등이 주요 관심이 되고 있다.

마. 사무관리

사무관리는 학교경영 활동을 수행하는 과정에서 수반되는 제반 기록과 장부의 작성 및 보관, 공문서 처리 등 문서관리 활동을 말한다. 사무관리는 학교내규, 학생 전출입, 장부의 작성 및 보관, 문서의 수발, 각종 사무용품의 조달 · 배분 등이 포함되며, 여기서는 교육활동에 지원 정도, 효율적 운영 등이 주요 관심이 된다.

바. 시설 및 매체관리

시설 및 매체관리는 학교교육활동 수행에 필요한 물적 조건과 자료 관리를 포괄적으로 지칭한다. 여기서는 교지(校地) 등 시설과 환경구성, 그리고 각종 교수-학습매체 및 기자재 관리 등이 포함되며, 시설 및 매체의 확보 정도, 쾌적한 환경 조성, 효율적 활용 등이 주요 관심이 된다.

사. 재무관리

재무관리는 학교교육활동에 필요한 경비를 조달 · 운영하는 활동을 말한다. 여기에는 학교 교비, 예산편성 · 집행 · 결산, 사립의 경우, 재정결함 보조금 활용 등이 포함되며, 학교재정 규모의 적정, 안정재원의 확보, 효율적 운영, 투명성 등이 주요 관심의 대상이 된다.

아. 학부모 및 대외관계

대외관계는 학부모, 지역사회, 행정 당국 등과의 관계를 말한다. 여기에는 학부모회 운영, 지역사회, 동창회, 행정 당국 등과의 관계와 지역사회 지원활용,

홍보활동 등을 포함하며, 학교교육에 대한 학부모의 반응 및 지원, 지역사회 및 학교의 상호작용 등이 주요 관심의 대상이 되고 있다.

3. 학교경영의 원리

원리(principle)란 상당한 정도의 경험적 근거를 가진 보편적이고 일반적인 진술을 말한다. 여기서 일반화는 두 개 또는 그 이상의 개념의 상호관계를 나타내는 진술이라고 할 수 있다.

학교경영의 원리는 법칙이나 이론은 아니지만 실질적인 경험적 근거를 가진 보편 타당한 일반적 진술이라 할 수 있다.

따라서 학교경영의 원리란 학교를 경영해 나가는데 있어서 일반적으로 따를 만한 지침이며 준거라고 할 수 있다.

학교경영을 담당하는 경영자는 학교 안에서 일어나는 문제들을 해결하는 동시에 학교교육의 효과를 높이기 위해 노력한다. 우리의 학교조직은 거대하고 행정 현상도 다양하고 복잡할 뿐 아니라 학생, 교사, 직원, 학부모 등의 구성원들이 이질적이기 때문에 전문적인 경영능력을 필요로 하고 있으며, 또 사회적인 변화에 능동적으로 대처해야 하므로 전통적인 관행과 습관에 따라 학교를 경영할 것이 아니라 창의성을 발휘하여 학교를 움직여 나가야 한다. 학교경영에 따라야 할 원리로서 다음 몇 가지를 들 수 있다.

가. 합목적성의 원리

학교교육 목표를 설정하고, 이 목적 달성에 부합하는 학교경영 활동을 전개해야 하는 것을 말한다. 학교경영은 그 자체가 목적이라기보다는 학교교육의 목표를 효율적으로 달성하기 위한 수단인 것이다. 말하자면 학생과 교육내용과 교사가 상호작용 교수-학습의 장을 잘 지원하고 유도하는 데 그 본질이 있다. 이러한 관점에서 보면 학교경영 활동은 학습효과를 높이고, 전체 학교교육의 효과가 극대화될 수 있도록 지원하고 조장하는 데 초점이 두어져야 한다. 그렇지만 실제 교육현장에서 교육활동을 전개하는 데 지장을 주고, 본말이 전도되는 경영 행위가 나타나는 것을 흔치 않게 찾아볼 수 있는 것 같다.

나. 자율성의 원리

단위학교가 스스로의 규범과 규칙을 결정하고 이를 자기주도적으로 통제하여 나가는 것을 말한다. 다시 말하면, 타인이나 외부적인 힘에 의하여 일일이 간섭과 통제를 받는 것이 아니고, 단위 학교교육 활동을 효과적으로 전개하여 나가는데 필요한 규범과 규칙을 스스로 선택 · 결정하여 이를 실천하고 자기통제(self-control) 원리에 따라 추진해 나가는 것이다.

학교에서의 자율성은 두 가지 측면에서 논의될 수 있다. 그 하나는 기관의 자율이다. 이것은 학교가 하나의 조직체로서 그 자체의 운영에 관한 의사결정에 있어서 가지는 자주성의 정도를 말한다. 즉, 교육과정 운영, 교수-학습방법, 교내장학, 생활지도, 교직원 인사, 시설, 재정 등에 있어서 어느 정도의 재량권을 가질 수 있는가 하는 것이다.

다른 하나는 교직원 및 학생들 개개인이 향유할 수 있는 자유와 자율의 정도와 관련된 것이다. 이것은 학교의 조직풍토, 학교장의 지도성, 교직원과 학생 개개인은 물론 집단으로서 자율성과 그에 수반되는 책임성을 유지하는 능력이다.

자율성의 원리는 다양성과 창의성이 존중되는 사회발전의 추세와도 부합되며, 자율적 능력을 지닌 인간을 기른다는 교육의 기본 취지에서 볼 때 너무나 다양한 논리이다.

다. 민주적 운영의 원리

학교교육의 목표설정과 경영계획 수립, 실천, 평가를 학교경영의 제반 과정 및 영역에 걸쳐 교직원과 학생, 그리고 학부모의 참여를 유도하고, 권한과 책임의 위임과 분산을 통해 이를 공유하고 함께 책임을 지는 것이다.

학교경영의 책임은 일차적으로 학교장에게 있지만 교장 한 사람의 지시나 명령으로 학교를 운영하는 것보다는 여러 사람들의 아이디어와 지혜를 모아 이를 실천하는 것이 훨씬 효율적이고, 또 경영의 효과도 더욱 높일 수 있다.

라. 능률성의 원리

학교교육 활동을 전개하는 데 있어서 최소한의 노력을 통해 최대한의 성과를 거두자는 것이다. 다시 말하면, 최소한의 인적·물적 자원과 시간, 정보들을 투입하여 목표달성의 극대화를 거둘 수 있어야 한다.

교육활동에 있어서 능률은 장기적인 관점에서 평가되어야 하는데, 이는 교육이 기본적으로 장기적인 투자이기 때문이다. 또한 경제적인 능률성 못지않게 구성원의 만족 내지 욕구 충족을 높이는 사회적 능률성이 강조된다. 그렇지만 교육에 있어서 가시적인 성과뿐만 아니라 무형의 성과도 매우 중요하다는 것을 기억할 필요가 있다.

마. 과학성의 원리

학교경영이 합리적으로 계획되고, 체계적인 운영체계를 갖추어 실천되며, 과학적으로 평가되어야 함을 말한다. 즉, 학교교육 현장의 실태에 관한 정확한 진단과 전망을 기초로 학교경영 계획이 수립되고 이를 차질없이 실천하여 객관적이고 공정하게 평가되며, 그 결과가 피드백되어야 한다는 것이다. 근자에

체제접근 방법을 통해 교육의 문제를 해결하고, 학교조직의 과업을 설계하고 달성하기 위해 다양한 경영기법들을 활용하는 것도 이러한 노력의 일환이라 할 수 있다.

바. 합법성의 원리

학교경영이 헌법적 가치를 토대로 한 국가의 법령과 규칙의 테두리 안에서 이루어져야 함을 의미한다. 학교의 자율적이며 창의적인 운영은 어디까지나 헌법을 비롯한 법령, 규칙, 조례 등에서 규정하고 있는 범주 내에서 이루어져야 한다. 이는 국민의 교육권을 보장하고, 국가 예산을 효율적으로 집행할 뿐만 아니라, 부당한 직무수행과 행정재량권의 남용을 방지하기 위해서도 필요하다.

사. 지역성의 원리

학교가 위치하고 있는 지역적인 특수성을 반영하여 학교를 이끌어 나가야 할 것을 말한다. 학교마다 학생 특성이 다르고 지역사회의 여건이나 학부모들의 배경 및 지역사회의 지원이나 전통 등이 다르기 때문에 이를 고려하여 계획을 수립하고 실천해 나가야 할 것이기 때문이다.

이상의 원리들은 한꺼번에 다 적용될 수 있는 것이 아니고 가치 갈등이 유발될 수도 있다. 적용 대상이나 영역에 따라 우선순위가 달라질 수 있다. 학교경영자의 가치나 선호에 따라 달라질 수 있으므로 상황에 맞게 적절하게 활용될 수 있어야 한다.

4. 학교경영의 과정

학교교육 목표를 효율적으로 달성하기 위하여 합리적인 과정을 거쳐 제반업무를 수행하게 된다. 학교경영 과정이란 학교경영 목표 설정에서부터 그 실천과 평가에 이르는 학교경영 활동의 전체 흐름이고 학교경영 업무를 추진하는 일체의 절차를 포함한다. 이러한 경영과정은 학교경영에 있어서 해야 할 일이 무엇인가를 밝혀 주며, 업무수행을 어떻게 할 것인가를 설명해 주는 절차다. 학교경영과정에 관한 학자들의 주장을 살펴보면 다음과 같다.

먼저 Fayol은 경영의 과정으로서 기획, 조직, 지휘, 조정, 통제를 주장하였다. Gulick은 경영의 과정으로서 기획, 조직, 인사, 지시, 조정, 보고, 예산 편성 등 소위 POSDCoRB을 주장하였다. Sears는 기획, 조직, 지시, 조정, 통제를, Gregg는 의사결정, 기획, 조직, 의사소통, 영향, 조정, 평가를, Voich는 기획, 실천, 평가를 그리고 Campbell은 의사결정, 프로그래밍, 자극, 조정, 평가 등을 들었다. 이 외에도 여러 학자들의 경영과정에 대한 주장은 많이 있어 왔다.

이상에서 살펴본 몇몇 학자들의 학교경영 과정의 요소를 약간의 차이가 있으나 몇 가지 점에서 공통되고 있다. 즉 경영과정은 계획과 실행 및 평가단계를 거친다는 것이다. 즉, 계획과 실천, 그리고 평가단계를 거치게 된다.

여기서 계획단계는 학교의 내적·외적 상태를 미래에 대한 예측을 바탕으로 하여 교육목표 내지 경영목표를 설정하고, 이를 달성하는 데 필요한 방침과 절차를 구체화하는 작업과정이다. 그리고 실천단계는 계획된 활동이 착수되는 학기 초부터 모든 경영활동이 끝나는 학년 말까지 과업수행의 전과정을 말한다. 평가단계는 평가계획에 따라 일정 기간의 실천과정을 거친 모든 활동에 대하여 경영목표의 달성 여부 및 그 정도를 통합적으로 평가하는 과정을 말한다. 평가결과는 학교경영 과정에 재투입되어 경영 개선을 위한 자료로 활용된다.

이와 같은 피드백은 학교경영의 장 · 중 · 단기계획의 맥락 속에서 이루어진다. 계획→실천→평가의 순환과정은 개념적인 수준에서 이론적으로 구분한 것에 불과하며 실제적으로는 각각의 단계가 서로 분리 · 독립되어 별개로 존재하는 것이 아니라 상호작용적인 관계를 가진다(서정화 외, 2002).

가. 계획단계

학교경영에 있어서의 계획은 장래에 대한 예측과 분석된 학교 여건을 바탕으로 하여 일정한 목표를 설정하고, 이 목표를 성취하는 데 요구되는 합리적인 행동을 예정하고 준비하는 과정을 말한다. 계획은 목표와 수단 사이에 내적인 일관성을 가지게 하고, 목표를 구현하기 위한 관리기능의 기초로서 학교조직의 각 부서 및 활동간의 조화와 균형을 갖도록 하는데 필수적인 요건이 된다. 뿐만 아니라 경영활동간의 중복을 피하고, 비경제적인 노력을 배제하며, 조정 내지 통제의 기초가 되기도 한다. 계획단계에서는 다음과 같은 일 또는 과정이 포함된다.

1) 학교교육 목표 설정

학교교육 목표 설정은 전술한 바와 같이 바람직한 인간의 행동 특성을 명시한 것이다. 따라서 학교교육 목표를 설정하는 일은 교육 관련 법규 또는 교육과정에 제시된 내용을 학교경영자와 교사들이 선택하는 일이라고 볼 수 있다. 어떻게 보면 학교교육 목표는 다분히 주어지고 있다고도 볼 수 있다. 대부분의 학교에서 설정, 제시하고 있는 바람직한 인간행동 특성으로서는 참된 사람, 부지런한 사람, 튼튼한 사람 등으로 나타나고 있는 것을 보면 쉽게 이해된다. 대체로, 학교별로 큰 차이 없이 대동소이하게 제시되고 있어 그 실질적인 의미는 적다고 보여지나 학교교육 목표는 하나의 선언적인 의미를 갖는 것이 사실이지만, 학교의 분위기나 전통을 형성하는데 많은 영향을 미친다.

2) 학교경영 목표 설정

학교경영 목표는 학교경영의 기본방향 내지 표적이 제시된 것이라고 볼 수 있다. 학교경영 목표는 학교교육 목표와는 달리 학교경영자를 포함한 교직원의 창의와 아이디어를 충분히 수렴하여 설정 · 진술되어야 한다. 이때 교육청 교육정책의 기본 방향이라든지, 시 · 도 교육(구)청의 행정지도 내지 노력의 중점 등이 반영된다. 그리고 학교의 실태, 예컨대 학생, 교사, 사무직원, 시설, 각종 학습매체, 학교재정 등의 실태 및 특설이 분석 · 활용된다. 아울러 실적이나 평가결과가 방영되고 학교 주위의 제반 환경 및 지역사회의 특수성, 향후 상황 전망 등도 반영된다.

여기서 경영목표는 구체적이며 포괄적으로 제시될 수 있어야 하는데, 경영목표는 한 학기 또는 학년도를 마치면서 활동의 결과 및 성과를 측정할 수 있는 기준이며 준거가 되기 때문이다.

3) 활동계획의 작성

활동계획은 경영목표를 실천하기 위한 구체적인 추진계획이라 할 수 있다. 따라서 활동계획은 학교경영 활동의 모든 영역이 포함되어야 하는데, 이는 교과지도와 특별활동을 포함하는 교육과정 운영과 생활지도가 정상 · 효과적으로 이루어질 수 있도록 하는 지원-관리활동이 모두 포괄적으로, 그리고 구체화된 추진계획이 제시되어야 한다는 뜻이다. 여기서 지원-관리활동은 교원인사, 교원연수, 시설 및 매체관리, 시간관리, 사무관리, 대외관계, 그리고 재무관리 등 교수-학습활동을 축으로 한 제반 유기적인 통합 활동이 포함된다.

이러한 활동계획은 구체적으로 제시될수록 좋다. 그리하여 활동계획은 실시

시기, 담당자, 목표량, 예산, 실시 여부 확인, 그리고 기타 제반 준비 사항과 유의점 등이 포괄된 양식을 만들어 활용하는 경우가 많은 것 같다. 이러한 학교 경영 계획의 과정은 학년 단위의 경영 계획으로 다시 구체화하여 추진될 수 있다.

나. 실천단계

실천단계는 계획 · 실천 · 평가로 이루어지는 경영과정의 순환적 흐름 속에서 계획된 활동이 착수되는 학년 초부터 이것이 종료되는 학년 말까지의 전과정을 말한다.

수립된 계획을 효율적으로 집행하여 경영의 성과를 극대화하기 위해서는 인적 조직의 합리화가 필요하다. 그리하여, 수립된 활동계획이 착수되는 학기 초부터 모든 경영활동이 수행되어 최종 평가가 이루어지는 학년 말까지 교사 및 직원과 학생의 조직 및 물적 자원을 효율적으로 배분하여 교육과정 운영효과가 나타나도록 모든 경영 · 관리 등의 일 또는 과정이 포함된다.

1) 조직

조직(organizing)이란 관리활동으로서 학교교육 목표의 효율적 달성을 위한 분업적 협동체제의 구성을 의미한다. 이것은 경영활동 수행에 필요한 기재로서의 한 도구로 활용되며, 책임과 업무의 분담 아래 구조적으로 맺어지는 협동적 관계를 맺어 주기 위해 필요하다. 이러한 조직은 여러 가지 형태로 구성할 수 있다.

2) 교육과정 운영

조직이 완료되면 협동적인 분업체제 아래서 제반 경영활동이 전개된다. 이

경영활동을 내용별로 분류하면 교육과정 운영과 이를 지원하고 조건을 정비하기 위한 경영 · 관리로 나눌 수 있다. 교육과정 운영은 학교체제 내에서 가장 중요하고 핵심적인 일이며, 경영 · 관리의 모든 활동은 이의 조건정비를 목적으로 하는 것이다. 여기서 교육과정은 교육목표 달성을 위하여 학교체제 내에서 계획적으로 이루어지는 학생들의 모든 경험을 의미하는 것으로서 이의 운영에는 교과지도, 특별활동 등이 포함된다.

3) 지원-관리

지원-관리는 교육목표 달성과 교육과정 운영을 위하여 학교 내의 모든 조건을 정비하고, 그 활용을 사정, 통합하는 일체의 경영활동을 의미한다. 교육과정 운영을 지원하는 모든 활동, 즉 인사관리, 교원연수, 사무관리, 시설 및 매체관리, 재무관리, 시간운영, 대외관계, 그리고 평가관리 등을 포함한다. 이상의 경영 · 관리활동은 하위 조직 또는 부서 단위로 세부계획 · 실천 · 평가의 단계를 거쳐 이루어지며, 이와 같은 경영 · 관리활동의 전과정에서 수업체제의 효율적 운영과 조건을 정비하는 모든 활동이 궁극적으로 경영성과를 올릴 수 있도록 다양한 지원과 관리기술이 충분히 활용되어야 한다.

다. 평가단계

평가단계는 계획 · 실천 · 평가로 이어지는 경영과정 가운데 마지막 단계로 계획단계에서 입안된 평가계획에 따라 일정 기간의 실천과정을 거친 모든 활동에 대하여 경영목표의 달성 여부, 또는 그 정도를 종합적으로 평가하는 단계다.

학교경영 평가는 학교경영의 문제점을 확인하고 이를 개선하는 데 필요한 자료 및 정보를 확보하여 의사결정에 제공하는 데 그 목적이 있다. 즉, 교육목표 달성도를 확인하고, 교수활동을 개선하기 위한 기초를 제공하며, 교원의 전문성 신장을 돕고 제반 행정적인 의사결정을 위한 기초를 제공하기 위함이다.

학교경영 평가는 ① 산출평가, ② 과정평가, ③ 투입평가, ④ 상황평가의 측면을 포함한다. 여기서 산출평가는 학교교육의 성과 내지 효과를 판정하고, 학교교육 목표달성을 정도를 측정하는 평가로서 추입과 과정을 거친 학생, 교원, 그리고 학교 및 학급풍토, 학부모의 특성 · 태도 등이 포함될 수 있다. 이것은 총괄평가의 성격을 띤다고 볼 수 있다.

과정평가는 학교교육 및 경영계획을 실천하는 과정에서 제기되는 문제점들을 발견하여 주기적인 피드백을 제공하는 평가로서 교육과정 운영과 지원-관리 활동이 주가 된다. 이 과정평가는 투입된 요소가 산출로 연결되는 전환과정에서 이루어지는 하나의 형성평가의 성격을 띤다.

투입평가는 학교교육 목표를 달성하기 위한 전략과 이를 실천하기 위한 설계를 확인하는 평가로서, 제반 투입요소와 학교교육 및 경영 계획의 목표 등 전환과정의 상호작용이 일어나기 이전의 상태 및 여건에 대한 점검활동이라 할 수 있다.

상황평가는 학교교육 목표 및 경영목표 설정을 위한 합리적인 근거를 제공하는 평가로서 적절한 학교 내 · 외적 상황이 규정되고, 이에 관한 당위적인 조건과 현실적 여건이 분석, 기술되며 충족되지 못한 욕구가 확인, 진단되는 평가라고 할 수 있다. 이러한 상황평가와 투입평가는 진단평가의 성격을 띠고 있다고 볼 수 있다.

평가대상 영역은 학교교육 및 경영계획, 교육과정 운영, 생활지도, 교원연수 및 인사관리, 교내장학, 사무관리 시설 및 매체관리, 재무관리 대외관계 등 학교경영의 제반 영역이 포함될 수 있다.

평가단위는 학교경영 평가의 주체라고 할 수 있는데 학급수준, 학년수준, 학교전체수준 등을 들 수 있다. 학교평가는 기본적으로 학급단위 평가를 기초로 학년경영 평가, 학교 전체 수준의 평가가 이루어진다.

앞으로 학교경영 평가활동에서 강조되어야 할 과제를 몇 가지 제시하면 다음과 같다.

먼저, 바람직한 학교경영의 모습 내지 원칙 탐구와 평가기준 제시 등에 관심을 기울일 필요가 있다.

둘째, 학교경영 평가영역 및 항목설정, 방법 및 절차 등에 관한 구체적인 자료의 개발활용이 필요하다.

셋째, 단위학교 수준에서의 경영계획 수립 및 실천, 그리고 평가수행을 위한 교육, 훈련이 필요하다.

넷째, 학교경영 평가를 주기적이고 지속적으로 전개할 수 있는 학교 자체 평가체제가 정착될 필요가 있다.

끝으로, 학교경영 평가는 학교의 위치나 규모, 학교급별에 따라 다양하고 창의적으로 적용되어야 한다. 또한 교육평가의 대가인 Stufflebeam의 말처럼 평가활동은 확인하고 보고하는 일보다는 경영개선에 필요한 자료 및 정보를 확보하는 하나의 활동(The purpose of evaluation is not to prove, but to improve)이라는 점이 강조될 필요가 있다.

5. 좋은 학교의 모습과 지향 가치

효과적인 학교(effective school), 우수학교 또는 성공적인 학교의 특징에 대한 연구결과들은 다양하게 제시되고 있다. Sergiovanni(2001)와 이수형(2003), 김성열(2010)도 좋은 학교의 특징들을 정리하여 제시하고 있다. 학교교육의 발전 전형(典型)을 제시하는 것은 한계가 있다. 앞의 논의들을 토대로 학교 현장의 상황을 감안하여 학교 발전의 지향 방향을 몇 가지 제시하면 다음과 같다.[1)]

1) 이 글은 필자가 한국교육행정학회 기조강연 "미래지향적 학교 발전 모형탐색"(2010. 6. 12) 내용을 축약한 내용임.

가. 목표와 지향 가치가 뚜렷한 학교

학교에서의 교육목표는 기본적으로 길러야 할 바람직한 인간상에 근거를 두어야 한다. 바람직한 인간상은 교육을 통해 길러야 할 능력과 자질 및 역량(competencies)이라 할 수 있다.

이는 학교경영의 지향 가치로 제시되고 학습자의 모습으로 드러난다. 즉, 학교교육 목표를 구현하기 위한 학교경영 목표 및 경영방침 등으로 학교의 지향점과 표적이 되어야 한다. 흔히 학교헌장(憲章) 또는 사명선언(mission statement)으로 제시되기도 한다.

이러한 지향 가치는 학교교육 이념 또는 건학이념으로 교훈, 학교교육 목표로 분명하게 제시되어야 한다. 이는 학교교육의 전 과정과 프로그램에 투영되어야 하며 학생, 교직원은 물론이고 학부모, 지역사회에 알려져야 한다. 이러한 목표와 지향점을 이해하고 함께 협력할 수 있어야 할 것이기 때문이다.

나. 모든 학생의 학업 성취를 높이는 학교

학교교육의 헌장(憲章)과 목표를 분명하게 제시하고 이를 끊임없이 확인하는 동시에 교사들이 학교의 다양한 교육프로그램 운영을 통해 그 구현을 위해 모든 교원들의 노력을 더욱 체계적으로 목표달성으로 수렴되도록 하는 것은 학교의 일차적인 과업이다.

학교교육 목표는 무엇보다도 학생들의 학업 성취 향상에 있다. 즉, 수월성 교육에 초점을 두지 않을 수 없다. 학습자 개개인의 잠재능력을 최대한 계발할 수 있도록 도와주기 위해 우수한 아이들의 능력을 더욱 개발할 뿐 아니라 뒤쳐진 아이들의 능력과 잠재력을 최대한으로 개발하고 끌어올리는 노력이 요청되고 있다. 또한 학업 성취가 향상된 학습 진단에 대한 격려와 자극도 필요하다.

미국, 영국, 일본 등 주요 선진국에서는 학업 성취도 향상에 교육개혁의 우선순위를 두고 있다. 학력 신장을 위해 주기적인 학력평가를 실시하여 학생들로 하여금 일정 학력수준에 도달할 수 있도록 평가하고, 또 학생수준에 맞는 지도를 할 수 있도록 평가 체제를 구축하는 것은 당연한 일이다. 특히, 기준 미달자들을 위한 지자체의 재정 지원은 매우 바람직한 일이 아닐 수 없다. 학생의 수준과 능력을 고려한 수업 운영은 학생들의 학습 흥미를 고양시켜 조기유학과 학교교육 공동화 현상을 어느 정도 방지해 줄 수 있을 것이다.

다. 인성, 전인교육을 위한 다양한 프로그램이 운용되는 학교

학업성취도 신장에 가장 우선순위를 두어야 하지만 못지않게 중시되어야 할 것은 바로 인성교육, 전인교육이라는 데 동의하면서도 학교교육 현실은 여기에 중점을 두기 어려운 것이 사실이다. 우리가 기대하는 창의적인 글로벌 인재를 육성하려면 특색 있는 창의적인 교육프로그램들을 더욱 적극적으로 추진해야 한다. 학생들의 능력과 수준에 맞는 교육프로그램을 위해 학생들의 수준에 적합한 능력별, 수준별 교육프로그램이 운용될 수 있는 지원 인프라 구축도 절실하다.

글로벌 시대에 걸맞는 세계시민으로서의 가치관 확립 및 품성계발과 관련된 창의적인 프로그램을 운용하는 데 학교간의 경쟁적인 노력이 필요하다. 시 · 도 교육청 및 지역 교육청에서는 지역의 특수성을 살려 소속 학교들이 차별적인 교육운영이 요청되고 있다.

그러려면 대학평가 과정에서 '초 · 중등교육 정상화에 대한 기여도'에 대한 평가기준 및 평가 요소들을 포함시키는 방안을 검토할 필요가 있다. 현실적으로 대학입시가 고등학교, 중학교, 심지어 초등학교 교육의 모습을 현실적으로 지배하는 상황 하에서 교육의 본질 추구와 학교교육을 정상화하려면 학교교육의 과정과 결과를 대학입학전형에서 제대로 반영할 수 있어야 할 것이다. 대학입시에 매달리는 학교교육으로부터 탈피하여 거꾸로 학교교육의 과정과 결과를 대학입학전형에 반영을 강화함으로써 학교교육 정상화를 가져올 수 있도록 하자는 것이다. 다양하고 창의적인 교육프로그램 운영의 과정과 결과를 제대로 반영할 수 있는 전형 기제를 마련하기 위해 생활기록부 체제도 개편할 필요가 있다.

그런 점에서 보면 고등학교 교육의 과정이나 결과가 학교의 건학이념과 교육목표에 따라 특색 있고 차별화된 교육프로그램을 운영하도록 지원해야 한다.

다행스럽게도 교육부에서는 학교교육의 자율적 운용을 위해 학교장의 교육과정 운영의 재량권 확대를 위한 노력을 기울이고 있다. 또, 입학사정관제가 도입되어, 확산되고 있거니와 입학사정관제의 가이드라인으로 학생의 인지적 특성, 정의적 특성, 잠재력 등을 포함하는 내용뿐 아니라 리더십이라든지 고등학교 교육과정 특성 등을 공통전형 요소로 예시안을 내놓는다든지 현실적인 실행 방안이 마련될 필요가 있다.

라. 교육 행복지수가 높은 학교

학생들의 학교교육 행복지수를 높여 나가야 한다. 하루 일과의 반 정도를 보내는 학생들의 학교생활이 재미있는 배움의 장이 되어야 하지만 과연 학생들이 얼마나 학교생활에 대해 만족스러워하는 '즐거운 학교, 행복한 학교'가 되고 있는가 생각해 보게 된다.

학교교육 행복지수를 높이기 위해서는 학생들로 하여금 자신의 객관적인 성적 자료에 대한 지나친 중압감과 스트레스에 잘 대처하고, 자신의 능력을 이해하고 발전시킬 수 있도록 지도할 뿐 아니라 교사나 학부모가 학생들 자신의 학업성취가 개선될 수 있다는 자신감과 효능감을 심어 주는 격려가 절실하다. 학교생활 뿐 아니라 가정생활, 개인의 성향과 밀접하게 관련되어 있으므로 적극적인 상담 노력도 강화되어야 한다.

학교의 특색을 살리고 학생들의 수준과 형편을 고려하여 인성, 품성교육을 위한 다양하고 차별화된 교육프로그램이 개발, 운용도 행복한 학교생활을 가져올 수 있는 단초가 될 수 있을 것이다.

학교 시설에 대한 만족도 수준과 학교교육 행복감에 관련된 한 연구에 따르면 학교시설 수준이 높을수록 학생들의 행복감이 높은 것으로 나타났다. 즉, 쾌적한 환경과 좋은 시설은 학생들의 만족감을 높이고 더 나아가서 학생들 자신의 주관적인 행복수준을 끌어올리는 것으로 나타났다(표 1-1 참조).[2]

이는 최첨단의 친환경 학교교육 시설 확보라든지 기자제재 확충 등의 필요성을 말해 주고 있다.

표 1-1 학교교육 행복감과 배경변인들 간의 상호 상관

변인	학업성취수준	가정의 사회·경제적 수준	가정에서의 행복도	학교시설 만족도
가정의 사회·경제적 수준	0.473**			
가정에서의 행복도	0.163**	0.178**		
학교시설만족도	0.108**	0.099**	0.226**	
학교교육행복감	0.331**	0.249**	0.389**	0.587**

*** $p < .001$

마. 자율적이고 책임성 있게 운영되는 학교

자율적인 인간을 기르는 것이 교육의 중요한 목표라고 볼 때 교수-학습 활동을 포함하여 학급 및 학교 경영, 교육정책의 결정·추진 등 전체 교육 운용 과정에서 자율이 강조되어야 한다.

2) 서정화 외(2006). 학교교육 행복지수 개발 및 적용에 관한 연구, 서울특별시 교육연구정보원.

그렇다고 '자율'의 가치는 그 자체가 목표일 수는 없으며 수단적인 가치라고 해야 할 것이다. 학교에서의 자율은 학부모들 수요자에 대한 설명 책임을 요하는 책무성 등의 가치와 바로 연계되어 있다.

사실, 그 동안 중앙집권적이고 획일적이며 관료적인 방식과 풍토가 지배해 왔다고 해도 과언이 아니다. 정범모 교수도 자율 신장에는 교육이 필수이고 교육 신장에는 자율이 필수라고 강조하면서 그 동안의 우리의 교육행태는 '중앙집권적, 관료권위주의적인 교육행정구조'이었다고 지적하고 이러한 상황을 청산하기 위해서는 점진적으로 지적, 정신적, 도덕적 자율 역량을 키워야 할 것을 강조한 바 있다(2008).

집권적이고 획일적인 분위기로 인해 우리의 학교 현장 교원이나 교육행정·경영자들은 의존적이고 수동적인 자세에 길들여져 왔다. 따라서 창의적이고 자발적인 노력을 제대로 기울이지 못하였다(교육개혁위원회, 1987). 결과적으로 교원이나 학생, 교육행정가들은 타율적이고 비민주적인 사고 방식과 분위기에 익숙해져 있다고 해도 과언이 아닐 것이다. 이제 종래의 방식으로부터 탈피하여 점차로 창의적이고 차별화된 교육프로그램들을 운영하는 방향으로 나가려는 단위학교의 노력이 절실하다.

학교에서의 자율은 창의적인 교육활동 수행의 바탕이 되는 동시에 생생한 교육의 소재(素材)가 된다. 이러한 자율의 개념은 시대에 따라 그 강조점과 뉘앙스가 다르고 개발도상국이든 선진국이든지간에 정도의 차이는 있을지언정 교육활동과 교육제도 운영에서 핵심적인 가치가 아닐 수 없다.

학교에서의 자율과 책무성은 궁극적으로 교육의 질적 수준 향상과 국가경쟁력 강화에 도움을 줄 때 그 의미가 있다.

바. 전문적이고 개방적인 분위기가 지배하는 학교

전문가 집단인 교사들이 교수-학습 활동을 수행하는 데 있어서 전문적 분위기가 형성되는 것은 기본이 될 것이다. 또, 교육활동 수행에 필요하다면 변화에 적극 대응하는 개방적 자세가 요청되고 있다. 그런 점에서 교사들이 교수-학습 활동에 더 많은 에너지를 투입할 수 있는 여건을 마련하고 자신감을 가지고 적극적으로 교육에 열정을 쏟을 수 있도록 전문성 신장의 기회를 확대하고 교직사회를 학습조직화할 필요가 있다.

교원능력 개발평가도 자연스럽게 수용되고 있는 것 같다. 2010년 3월부터 대부분의 학교에서 추진되고 있는 교원의 능력개발평가 결과를 토대로 우수교사를 위한 심화연수라든지 일부 극소수에 불과하겠지만 정신질환이라든지 도덕적인 문제가 있는 등 지탄을 받는 지도력 부족 또는 부적격 교사들에게 집중적인 연수를 받게 하거나 할 필요도 있다.

그리고 교원들로 하여금 높은 사기를 가지고 학생 교육에 열정을 불태울 수 있도록 보상체계를 새롭게 구축해야 할 것이다. 이러한 노력의 일환으로 성과급이 현장에 실제로 착근되도록 하는 동시에 개별적으로 뿐 아니라 학교 성과급 추진을 적극 검토할 필요가 있다. 교사 개개인의 학력과 연수 실적 등을 반영할 수 있는 새로운 보수체제 개편과 인센티브 확충, 그리고 우수교사를 위한 학습 연구년제 제도화 등도 적극 추진할 필요가 있다.

사. 공동체로서의 학교

Sergiovanni는 학교의 본질적 기능인 '배움과 돌봄'이 회복되기 위해 공동체로 다시 형성됨으로써 학생들의 행복한 삶과 장래의 준비를 강조한 바 있다. 교사, 학생, 행정가, 학부모 등 학교 구성원의 헌신적인 노력과 정성이 투입될 때 교육의 진정한 변화가 가능하다고 본 것이다.[3] 학교운영위원회도 사실 학교 교육 공동체 형성의 일환이라 할 수 있다. 학교가 학보모와의 파트너십을 형성하고 지역사회 등과의 긴밀한 네트워킹이 요청되고 있다.

---

3) 주철안 역(2004). 학교공동체 만들기(Building Community School, Thomas J. Sergiovanni), 에듀케어.

학교 내에서 사랑과 신뢰, 교직 전문성에 대한 상호 존중, 합리적 주장이 수용된 관계로의 회복과 교육적인 만남을 통해 본래적인 학교교육이 이루어질 수 있다. 구체적으로 구성원 모두가 삶의 창조적 주체로서 인간의 정체성을 확인하고 상황을 의미 있게 변화시키는 노력이 요청된다(정영수, 2003).

무엇보다도 교장 및 교사 위주 학교경영이 아니라 교육의 주인공인 학생을 중심으로 교직원이 함께 참여한 폭이 확대된 공동체적 노력이 강화될 필요가 있다.

아. 학부모 및 지역사회와 파트너십을 형성한 학교

학교경영은 교육목적 달성을 위해 학교 내 · 외의 인적, 물적 자원과 정보, 네트워킹 등을 총동원하여 활용하는 행위라고 할 수 있다. 이렇게 볼 때 유례를 찾아볼 수 없는 높은 교육열을 지니고 있는 학부모들의 도움을 최대한 받을 필요가 있다. 이는 학교교육 공동체의 일원으로 학부모를 학교교육에 참여하여 학부모의 의견을 수렴하여 학교운영위원회 등에 건의하는 등 실질적인 참여를 통해 학교교육의 질을 높이고 사교육에 대한 의존을 줄이는 일이기도 하다. 이런 차원에서 앞으로 학부모 자원봉사 활동, 학교교육 모니터 활동, 학생 복지 지원 등을 위해 학교교육 활동 참여가 활성화될 필요가 있다.

이를 위해서는 학교장의 파트너십 교육철학의 피력 및 개방적이고 우호적인 학교 풍토를 조성하고, 교사들에 대한 행정적 지원과 함께 학부모와의 의사소통을 강화할 필요가 있다. 아울러 실질적으로 도움이 되는 다양한 프로그램을 운용하고 의사결정 과정에의 실질적 참여와 도움, 협력이 요청되고 있다.4)

4) 이순형(2003). "지역사회 관계 관리", 교장론, 학교교육행정학회.

6. 학교발전과 학교장의 역할 및 직무

학교교육은 교장에 의해 크게 좌우된다. 그런 점에서 '학교는 교장'이라고 할 수 있다. 이는 유능한 학교경영자를 확보하고 유지 · 관리하는 노력이 얼마나 중요한가를 단적으로 표현한 말이다.

L. V. Gerstner(2001) 등은 21세기 학교 사업에 참여하여 성공을 거둔 학교사례들을 살펴보고 학교변화 및 지도성과 관련된 몇 가지 시사점들을 다음과 같이 제시하고 있다.[5]

① 학교 외부로부터의 지원이 필수적이다.

② 지도성 행사에 있어서 가장 중요한 것은 팀 형성이다.

③ 성공적인 지도자는 의사소통과 마케팅을 잘해야 한다.

④ 많은 사람이 참여하고 교장이 이끈다.

⑤ 지도자는 책임 있는 일을 할 때 최상의 업무수행 능력을 보이며, 학생의 학업성취에 대한 책무감을 갖는다.

⑥ 지도적 교사들(teacher leaders)의 역할이 성공적인 학교변화에 결정적 기여를 한다.

이어서 Gestner 등은 학교의 변화를 위한 핵심적인 선결사항을 축약하여 제시하고 있는데 그것은 다음과 같다.[6]

먼저, 지도성을 제대로 발휘할 수 있는 유능한 교장을 선발 · 임용한다. 유능한 교장은 '학교 내 · 외의 다양한 사람들과 원활한 의사소통을 할 수 있는 사람,

---

5) 김용구 · 허병기 · 천세영 · 김혜숙 · 신현석(2001). 학교가 달라져야 한다, 미래경영개발연구원.
6) 김용구 · 허병기 · 천세영 · 김혜숙 · 신현석(2001). 학교가 달라져야 한다, 미래경영개발연구원.

교사, 학생, 학부모들로부터 존경을 받고 있는 사람, 활력과 열의가 있는 사람, 전문가로 구성된 집단을 일깨우거나 감화시키고 그들에게 활기를 불어넣을 수 있는 사람, 학교가 안고 있는 문제를 이해하고 적절한 해결책을 찾아낼 수 있는 사람'이다.

둘째, 교장과 관련 직원들에게 자율과 권한을 부여한다. 현재는 '관료화 속에 자율성이 실종된 상태에서 교재와 수업에 관한 세세한 지침을 비롯한 갖가지 규제와 규칙들에 둘러싸여 거의 모든 활동이 제약을 받아야 하는 상황이고 많은 학교가 자유로운 운신의 폭을 크게 제한받고' 있지만 보다 자율성의 폭이 확대되어야 한다.

셋째, 기준을 정하여 학교의 성과를 평가하도록 한다. 학교지도자들에게 부여되는 자율은 결과에 대한 책임을 동반한다. 이를테면 학부모, 기업인, 행정당국, 납세자 등 학교 밖의 여러 집단과 관계자들은 학생들의 학업성취도와 학부모, 교직원, 학생의 만족수준에 대한 증거를 학교에 요구하여야 한다. 또한 학교의 독자성을 확보하고 변화 노력을 지원하는 동시에 학교에 대하여 성과의 창출을 요구하여야 한다.

앞으로 자질을 갖춘 유능한 학교경영자들을 확보할 수 있도록 주기적인 리더십 개발 함양을 위한 연수를 강화하고 유능한 학교경영자를 확보할 수 있는 방안이 마련되어야 하며, 이를 위해서 학교행정가의 역할에 걸맞는 자질 및 자격요건을 설정하고, 유능한 학교경영자로서의 품성과 자질, 능력 등을 끊임없이 개발, 발전시켜 나가야 할 것이다.

학교장은 교육활동에 대한 전문적인 지식과 식견, 경험을 가지고 있을 뿐 아니라 행정 능력과 합리적인 리더십을 발휘할 수 있어야 한다. 특히 교직원과 충분히 소통할 뿐 아니라 의사결정 과정에 최대한 그들을 참여시키면서 일의 가닥을 잡아 주고 방향을 제시하는 동시에 공동체 의식 형성과 함께 구성원의 힘을 결집시키는 노력이 필요하다. 또 냉소적이고 매너리즘에 빠져들기 쉬운 조직의 분위기 쇄신과 함께 교육행정가 및 전문직, 일반직 등 구성원들의 능력

개발과 동기 유발 및 책임의식 고양을 위한 학교경영자들의 혁신지향적인 마인드와 여건조성 및 뒷받침 노력은 절실한 과제라고 본다.

여기서, 교사들을 동기화시키고 그들의 열정을 이끌어 낼 수 있는 단위학교 경영자와 교육청 및 지역 교육청 전문직과 직원들의 리더십이 그 요체가 될 것이다. 그런 점에서 조직구성원들을 이끌어 가는 지도자의 비전과 관리능력, 솔선수범, 구성원을 동기화시키는 능력을 지닌 교육 CEO들의 자질과 역량 함양을 위한 노력이 무엇보다도 중요하다. 또한 다양한 진입 경로를 통해 유능한 학교경영자들을 확보하고 또, CEO들로서 최상의 리더십을 발휘할 수 있도록 연찬 기회도 확대될 필요가 있다. 특히, 교장들의 관료적 권위뿐 아니라 전문적 권위가 확립되고 관계적 권위, 그리고 도덕적 권위가 확립되어야 한다.[7] 교육에 대한 시각의 지평을 넓힐 수 있는 적극적인 연구 기회도 확대할 필요가 있다. 이에 더하여 교장을 평가하되, 평가 결과에 대한 보상 방안도 강구될 필요가 있다.

7) 주철안 역(2004). 학교공동체 만들기, 에듀케어.

참고문헌

감석주 · 권대봉(2008). 명문학교 만들기. 서울: 원미사.
국가교육과학기술자문회의(2009). 교육선진화를 위한 교직 경쟁력 강화 방안.
국가교육과학기술자문회의(2010). "개방과 협력을 통한 교육과학기술자 선진화 추진 전략."
교육개혁심의회(1986). 韓國敎育의 實相.
김용구 · 허병기 · 천세영 · 김혜숙 · 신현석(2001). 학교가 달라져야 한다(Reinventing Education, Louis V. Gerstner). 미래경영개발연구원.
김희삼(2009). "교육문제의 쟁점과 과제 - 형평성과 효율성의 관점에서." KDI 포럼 발표자료.
바른정책연구원(2007). 인류국가를 향한 바른정책백서.
박부권 외(2002). 고등학교 평준화정책의 진단과 보완방안에 관한 연구. 교육인적자원부.
박세일(2007). 대한민국 선진화 전략. 서울: 21세기 북스.
박세일 · 우천식 · 이주호 편(2002). 자율과 책무의 학교개혁: 평준화 논의를 넘어서. 한국개발연구원.
박하식(2009). 좋은 학교를 넘어 위대한 학교로. 서울: 글로세움.
서울특별시교육청(2009). "2009학년도 수석교사 시범운영 계획." 2009. 1.
서정화 외(2002). 교장학의 이론과 실제. 경기: 교육과학사,
서정화 · 정일환 외(2008). 선진한국의 교육비전. 경기: 교육과학사.
서정화(2010). "이명박정부의 교원정책 진단 및 평가." 한국교원교육학회, 제57차 학술대회 발표자료.
서정화(2008). "자율과 시대의 교원교육: 진단 과제." 한국교원교육학회, 제53차 교원교육학술대회 발표자료.
서정화 외(2006). 학교교육 행복지수 개발 및 적용에 관한 연구. 서울특별시 교육연구정보원.
우형식(2008). "이명박정부 1년, 주요교육정책 추진현황." 제20회 미래인재포럼 발표자료.
윤정일(1999). "학교교육 붕괴의 종합 진단과 대책." 학교교육 붕괴 이대로 방치할 것인가. 한국교원단체총연합회, 제33회 교육정책 토론회 발표자료.
이종재(2007). '지식기반 사회에서 공교육 내실화 비전과 전략.' 초등 전문직 리더십 향상 연수회 발표자료. 경상남도교육청.

이돈희(2007). 대한민국의 희망은 교육이다. 민사고.

이혜영 외(2008). 미래학교 모형 탐색 연구. 한국교육개발원.

전제상(2006). 일본 지도력 부족교사 평가시스템 분석. 한국교원교육연구, 제23권 1호, 193-214.

전제상 · 조동섭 · 김수영 · 신상명(2008). 교원의 전문성 신장을 위한 교원능력개발평가의 결과 활용방안연구. 정책연구과제 2-8-위탁-6. 교육과학기술부.

정영수(2003). "미래지향적 교육공동체 형성의 방향과 과제". 미래지향적 교육공동체 형성의 방향과 과제. 2003연차 학술대회 발표자료집. 한국교육행정학회.

주삼환 · 이석열 · 정일화(2009). 미국의 최우수학교 블루리본 스쿨. 서울: 학지사.

주철안 역(2004). 학교공동체 만들기(Building Community School. Thomas J. Sergiovanni). 에듀케어.

제2장

미래교육과 학교교육의 변화

김진숙(한국교육학술정보원 연구위원)

1. 미래교육과 학습자 역량 이해
2. 미래교육에서의 학습 방향
3. 교육과 ICT 융합정책 이해
4. 교육과 ICT 융합 교육과정 운영

이 장에서는 미래교육과 학습자 역량에 대한 이해를 기반으로, 학교교육의 변화 방향을 살펴본다. 그 과정에서 정보통신기술(이하 ICT)의 적용이 어떻게 학교 변화를 이끌 수 있을지에 대해 대표적인 정책인 스마트교육을 통해 알아보고, ICT 적용을 통한 교육 내용, 방법, 환경의 변화를 살펴본다. 나아가 교육과 ICT 융합을 실천할 수 있는 구체적인 학교 단위에서의 교육과정 운영 절차를 상세히 살펴본다.

이 장을 통해서 결국 학교교육의 변화는 교육 내용, 방법, 환경 등의 통합적 관점에서의 변화를 이야기하며, 모든 변화의 중심에 학습자를 두고, 사회에서 요구하는 핵심역량을 어떻게 길러야 할지에 대해 초점이 맞추어져야 한다는 것을 이해한다. 이 과정에서 학교장을 비롯한 학교의 리더 그룹은 교육의 미래를 예측함과 더불어 새로운 학교교육에 대한 비전을 구성원들에게 제시할 수 있어야 한다. 또한 비전에 기반한 학교교육의 변화된 추진 방향을 구성원들과 함께 공유하고, 실천하고, 평가하여, 학교교육을 부단히 개선해 나가는 역할과 책임을 가져야 한다는 것을 확인할 수 있기를 기대한다.

1. 미래교육과 학습자 역량 이해

교육은 미래사회를 살아갈 학습자들이 경쟁력을 가지고 행복한 삶을 누리기 위한 필수적인 지식, 기능, 태도를 함양하는데 그 목적이 있다. 따라서 미래교육에 대한 이해는 학습자가 가져야 할 학습 역량에 대한 이해로부터 시작된다. 미래사회의 예측에 기반한 미래교육의 방향과 함께 학습자 역량을 살펴본다.

가. 미래교육 패러다임 변화

미래사회의 변화 중에서 과학기술 관련성, 사회 · 경제 · 정치 · 생태적 측면의 파급 효과, 대응의 시급성 등을 평가하여, 국가정보화전략위원회(2012)에서 선정한 미래 핵심이슈를 보면, ① 세계 경제 · 정치 질서의 재편, ② 갈등의 심화, ③ 인간안보의 중요성 증대, ④ 인구구조의 변화, ⑤ 사회가치 및 정서의 변화, ⑥ 에너지 · 자원 및 환경문제의 심화, ⑦ 기술과 사회의 공존이며, 이 중에서 기술과 사회의 공존 측면에서 보면 미래사회는 소셜네트워킹이 강화되고, 스마트워크가 활성화되며, 사이버레이션(cyber+relation의 합성어. 인터넷을 통한 새로운 관계 형성)이 가속화될 전망이다.

미래사회의 변화에 편승하여, 미래의 교육환경도 지금과는 다른 모습이 될 가능성이 높은데, 미래교육 환경의 변화를 구체적으로 살펴보면 다음과 같다(천세영 외, 2012).

- 미래 교육 패러다임의 변화로 인하여, 학습자의 요구가 개별화되고 다양화됨에 따라 교육내용과 방법의 다양화가 요구
- 앞으로 도래할 미래교육에서 학생들의 학습형태는 개별화된 수준별 학습과 학생의 동기와 흥미를 반영한 맞춤형 학습이 될 것임
- 미래교육을 위한 교육과정은 명시적 지식뿐만 아니라 암묵적 지식을 반영하고, 창의적이고 혁신적인 능력과 태도 등 보다 고차원적인 능력을 기를 수 있도록 구성
- 미래학교는 다양한 교육대상에게 폭넓은 학습기회를 제공하는 평생학습기관이 되며, 이를 위해 학제운영의 다양성과 유연성을 확보

교육의 변화를 Cisco(최상덕 외, 2011, 재인용)에서는 교육 1.0, 교육 2.0, 교육 3.0으로 발전 단계를 표현하고 있는데, 교육 1.0은 교사 중심의 일방적 교육이

이루어지는 19세기형 전통적 공교육을 의미하고, 교육 2.0은 20세기 후반 교육의 책무성을 강조하며 학력 향상을 위한 학교교육 차원의 시스템 개혁을 추진하는 20세기형 교육인 반면, 교육 3.0은 창의적이고 협력적인 인재 양성을 목표로 정보통신기술을 활용한 열린 교육시스템을 통해 교육과정, 교수법, 평가를 포함한 총체적 교육개혁을 달성함으로써 학생 중심의 쌍방향 교육을 실현하고자 하는 21세기형 교육이다.

교육 3.0이 목표로 설정한 '학습사회'는 발달된 정보통신기술과 최첨단 학습이론을 활용해 글로벌 교육시스템을 구현하고자 하는 교육 3.0의 비전을 잘 나타내 주고 있다(최상덕 외, 2011, 재인용).

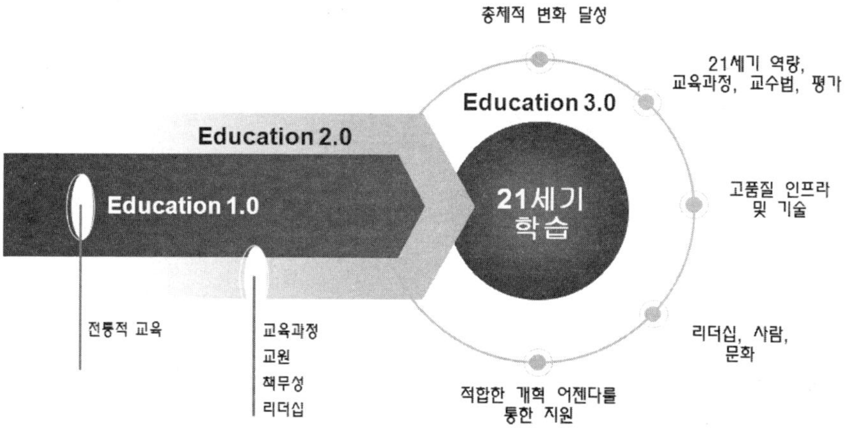

[그림 2-1] 교육 3.0과 21세기 학습

출처: 최상덕 외(2011)에서 인용.

교육의 변화 방향에 따라 미래학교, 미래의 교실이 어떤 모습이 될지 전망해 보면, 크게 다섯 가지 측면에서 큰 변화가 있을 것이라 예측된다(천세영 외, 2012).

첫째, 미래학교는 지역의 학습 문화를 공동으로 만들어 가는 장소로 변모할 것이다. 지역의 학습문화센터는 학교가 단순히 학습하는 공간이 아니라 개인의 일생을 설계하는 곳이 될 것이고, 학부모와 지역민 모두의 학습을 지원하는 공간으로서의 역할을 하게 될 것이다.

둘째, 학교와 사회가 체계적으로 연계될 것이다. 미래학교는 설계단계에서부터 지역사회의 연계를 반영하여 만들어지게 되어, 학교와 지역 주민 모두에게 양질의 자원과 시설로 서로 혜택을 받을 수 있는 형태로 만들어질 것이다.

셋째, 미래학교의 건물과 교실은 기존의 획일적인 직사각 형태에서 벗어나 학습 환경에 대한 새로운 시각을 토대로 창의적이고 융통성 있게 변화하는 모습을 갖게 될 것이다.

넷째, 각종 첨단 기술이 도입될 것이다. 예를 들어 네트워크 기반의 스마트 행정, 시설 관리 시스템, 문제 발생 시 원격 장애 지원을 하는 시스템 등이 미래학교를 더욱 편리한 곳으로 만들 것이다.

다섯째, 미래학교는 혁신적이고 창의적인 사고를 할 수 있도록 다양한 기능의 공간들로 만들어질 것이다. 기존의 학습 공간뿐만 아니라 맞춤형 커리큘럼 설계와 진로 탐색을 도와주는 학습컨설팅 룸이 중요한 학습의 지원 공간이 될 것이고, 다양한 프로젝트 학습, 프레젠테이션, 작품 전시, 퍼포먼스, 토론 등을 할 수 있는 소규모 공간들이 곳곳에 만들어질 것이다.

나. 학습자 역량 이해

미래교육에 대한 관심이 고조되면서, 미래사회에 요구되는 핵심역량이 무엇인지에 대한 논의들이 이루어지고 있다. 대표적인 핵심역량 연구로 OECD가 진행하고 있는 DeSeCo(Definition and Selection of Competencies) 프로젝트는 1997년부터 2003년까지 7년간의 연구를 통해 생애핵심역량에 대한 개념적, 이론적 기초를 마련하였다. 또한 최근 EU를 비롯한 선진국, 글로벌 기업들은 미래사회에서 요구되는 핵심역량에 대해 높은 관심을 갖고 연구에 많은 투자를 하고 있는데, 시스코, 마이크로소프트, 인텔과 같은 글로벌 기업들이 후원하고 호주, 핀란드 등 여러 국가들이 참여한 가운데 '21세기 역량의 평가와 교육(Assessment and Teaching of 21st-Century Skills, 이하 ATC21S) 프로젝트'가 2009년부터 추진 중이다.

OECD가 수행한 DeSeCo(Definition and Selection of Competencies) 프로젝트는 1997년부터 2003년까지 7년간의 생애핵심역량에 대한 연구를 통해 미래사회에서 요구되는 핵심역량을 다음 3가지로 범주화해 제시하고 있다(OECD DeSeCo 보고서, 2005).

첫째, 도구를 상호작용적으로 활용하는 역량(언어, 상징, 텍스트를 상호적으로 활용하는 소통 도구 활용 역량, 지식과 정보를 상호적으로 활용하는 역량, 기술을 상호적으로 활용하는 역량)

둘째, 사회적으로 이질적인 집단에서의 상호작용 역량(인간관계 역량, 협업역량, 갈등관리 및 해결 역량)

셋째, 자율적인 행동 역량(전체 조직 내에서 협력적 · 자율적으로 행동할 수 있는 역량, 자신의 인생계획 · 프로젝트를 구상 · 실행하는 역량, 자신의 권리, 이익, 한계, 필요 등을 옹호 · 주장하는 역량)

'21세기 역량의 평가와 교육(ATC21S) 프로젝트'는 특히 협력적 문제해결 역량과 정보문해 역량을 측정할 수 있는 혁신적 평가방법을 개발하기 위해 주력하고 있으며, 이 프로젝트에서는 연구 결과 21세기에 요구되는 역량을 〈표 2-1〉에서와 같이 사고방식, 직무방식, 직무수단, 생활방식의 4개 영역으로 구분하여 제시하고 있다(최상덕 외, 2011).

표 2-1 ATC21C 핵심역량

범주	사고방식 (Ways of Thinking)	직무방식 (Ways of Working)	직무수단 (Tools for Working)	사회생활방식 (Ways of living in the world)
역량	- 창의력 · 혁신역량 - 비판적 사고력 · 문제해결력 · 의사결정력 - 자기주도 학습 역량	- 의사소통력 - 협업역량 (팀워크)	- 정보 문해 - ICT 문해	- 시민의식(지역/글로벌) - 인생 및 진로 개척 역량 - 개인 및 사회적 책임 의식

우리나라의 미래사회 핵심역량 관련 연구로, 한국교육과정평가원에서 2007년과 2008년 2차년에 걸쳐 '미래 한국인의 핵심역량 증진을 위한 초·중등학교 교육과정 설계 방안 연구'가 수행되었는데, 1차년도에 수행된 윤현진(2007)의 연구에서는 핵심역량의 개념을 '삶을 위해 필요한 핵심적인 지식, 기술, 태도, 경험 등을 포함한 내·외적 능력의 총체'로 정의하였다. 이후 2차년도에 수행된 연구(이광우 외 2008; 이광우 외, 2009)에서는 1차년도 결과를 수정·보완하여 미래 한국인의 핵심역량으로 10개의 영역에서의 역량요소들을 제시하였다. 이 연구에서는 핵심역량의 영역을 창의력, 문제해결력, 의사소통능력, 정보처리능력, 대인관계능력, 자기관리능력, 기초학습능력, 시민의식, 국제사회문화 이해, 진로개발능력으로 설정하였다.

표 2-2 초·중등학교에서 요구되는 핵심역량

영 역	요 소
창의력	창의적 사고 기능과 성향
문제해결능력	문제인식, 해결 방안의 탐색 및 실행과 평가, 논리와 비판적 사고력
의사소통능력	말하기, 듣기, 쓰기, 읽기
정보처리능력	정보 수집, 분석, 활용, 윤리 및 매체활용 능력
대인관계능력	타인 인해 및 존중, 협동, 갈등 관리, 관계형성, 리더십
자기관리능력	자아정체성 확립, 여가 선용, 건강관리, 합리적 경제생활, 기본 생활습관, 자기주도적 학습능력
기초학습능력	기초적 읽기, 쓰기 및 수리력
시민의식	공동체 의식, 준법정신, 환경의식, 윤리의식, 봉사정신
국제사회문화 이해	우리 문화, 다문화, 국제 사회 이해, 문화 향유 능력 및 외국어 소양
진로개발능력	진로인식, 진로탐색, 진로설계

2011년 한국교육학술정보원(허희옥 외, 2011)에서는 "미래학교 지원을 위한 교수-학습 활동 개발"이라는 주제로 미래학교의 모습을 4W1H의 모습으로 그리고, 21세기 학습자 역량을 세 가지 영역으로 분류하여 제시하였다.

- Who (교사와 학생) : 누가 가르치고 배우는가?
- Where (학습 공간) : 소통과 학습의 장
- When (수업 시간) : 나만의 수업 시간표
- What (교육과정, 교과서, 평가) : 유연하고 다양한 교육내용
- How (교수-학습활동과 상호작용) : 테크놀로지를 활용한 의미 있는 활동

21세기 학습자 역량으로, 첫째, 기초능력으로, 21세기를 살아가면서 필요한 기초적이고 필수적인 능력이 포함된다. 주로 인지적 영역의 학습 능력과 밀접한 관계를 가지고 있는데, 창의적 능력, 문제해결력, 협력, 테크놀로지 리터러시, 예술적 사고 등이 여기에 포함된다.

둘째, 인성 영역으로, 21세기 사회에서 요구되는 도덕적 가치관 형성을 포함하며, 주로 정의적 영역의 학습 능력과 밀접한 관계를 가지고 있다. 배려, 전심전력, 도전의식, 윤리의식이 포함된다.

셋째, 경력 영역으로, 기초적인 지적 능력과 인성이 조화롭게 융합되어, 실제적 사회 상황에서 활용될 수 있는 능력과 연계되는데, 사회적 능력, 유연성, 자기주도성, 리더십, 책무성이 포함된다.

2. 미래교육에서의 학습 방향

학습자 역량에 대한 많은 연구가 수행되면서 이러한 역량 증진을 위한 학습 활동 변화 방향에 대한 연구와 고민이 수행되고 있다. 앞서 연구에서 이루어진 학습자 역량 증진을 위한 범주를 학생들의 지식 구성, 커뮤니케이션(대표적으로 토의토론), 문제해결, 그리고 협업(또는 교류) 학습이라는 측면에서 정리하고 이를 위한 학습 방향을 개괄적으로 제시하면 다음과 같다(Innovative Teaching and Leaning Research, 21st Century Learning Design, 2012에서 정리).

가. 지식을 구성하고 적용하는 학습

학생들의 지식 구성 활동은 단순히 정보를 조사하는 것이 아니라 학생들에게 정보를 탐색하는 과정에서 새로운 아이디어와 이해를 만들어 낼 것을 요구해야 한다. 학생들은 정보의 해석, 분석, 통합, 판단을 할 수 있어야 한다. 그리고 생각해 낸 아이디어를 실생활에 적용해 보도록 요구해야 한다. 단순히 어떤 인물이 저지른 범죄를 기술하는 보고서를 작성하라는지, 인터넷 검색을 통해 학생이 사는 지역의 환경 보호 활동에 대한 정보를 찾아보고 발표하라는 것은 지식구성 활동이 아니다.

지식을 해석하고, 분석하고, 통합하고, 판단하는 일은 단순히 보고서를 작성하는 활동을 넘어서, 인물이 범죄를 저지른 이유를 추론해 볼 수 있어야 하며, 정보를 찾아보는 활동을 넘어서, 환경보호 활동에 미치는 요인을 파악하는 일이 되어야 한다. 다양한 출처에서 가져온 정보를 비교 · 대조해 보고, 판단할 수 있어야 한다. 또한 학생들로 하여금 정보의 해석, 분석, 통합, 판단의 활동을 통하여 배운 내용을 새로운 맥락에서 적용해 볼 수 있도록 학습 활동이 촉진되어야 한다. 우리 지역의 인구통계를 분석하는 활동을 넘어서 향후 우리 지역의 주택 개발 프로젝트를 계획해 보는 것이 새로운 상황에서의 적용 활동이라 할 수 있다.

나. 커뮤니케이션을 능숙하게 하는 학습

학습 측면에서의 커뮤니케이션은 단순히 문자나 몇 문장의 글을 가지고 커뮤니케이션을 하는 것을 의미하지 않는다, 해결해야 할 문제에 대해 어느 정도 서로 연결된 아이디어를 제시하는 커뮤니케이션이 되어야 한다. 예컨대, 웹 세미나에서 친구가 발표하는 내용에 대해 후속 질문을 하는 정도가 아니라, 학생 본인 역시 자신의 설정한 다양한 주제를 또래 친구들에게 제시한 다음 후속 질문에 답을 해 나가야 한다. 또한 커뮤니케이션에서 가장 중요한 것은 자신의 생각을 사실이나 사례, 이론으로 뒷받침하는 증거가 있어야 한다는 것이다. 지구 온난화의 문제에 대해 커뮤니케이션을 할 때 단순히 사실만 나열하는 것이 아니라, 자신의 주장이나 가설, 결론을 주장하고 이를 뒷받침하는 증거를 제시할 수 있어야 한다.

일반적으로 교실 수업에서 이루어지는 커뮤니케이션의 가장 일반적 형태인 토의토론 학습에서도 해당 주제에 대한 각자의 이야기를 하는 형태를 넘어서 결과물을 기록하고, 다른 사람과 공유하는 활동까지 확장되어야 한다.

다. 현실 문제를 해결하고 변화시키는 학습

오늘날 직업 사회에서는 주어진 문제를 해결하는 과제가 많아진다. 이 과정에서 학생들이 이전에 배운 답이나 절차를 이용하여 문제의 정답을 맞추는 것은 문제해결이라 할 수 없다. 오히려 학생들이 아직 모르는 문제, 그리고 현실

생활에서 나올 수 있는 문제를 해결할 것을 요구해야 한다. 예를 들어 이야기를 읽고, 읽은 내용의 퀴즈를 푸는 것은 문제해결이 아니다. 오히려 학생이 다른 인물의 시각에서 이야기를 다시 써 보는 활동 등이 문제해결이라 할 수 있다. 문제해결 과정에서는 학생들로 하여금 학생 자신의 아이디어나 대안을 만들어 보라거나 본인만의 접근 방식이나 절차를 탐색하고, 해결책을 설계하고 제안하는 일이 포함되어야 한다. 현실적인 문제이냐의 관점에서 보면, 예를 들어 단순히 녹색 식물과 대기 중의 이산화탄소의 관계를 조사하는 것은 현실의 문제해결 활동이 아니다. 조사 결과가 우리 학급에서 키우는 식물로 공기의 질이 개선되는지 조사하는 것이 현실 세계의 문제해결 과제가 되는 것이다.

라. 다른 사람과 책임을 공유하고 협업(교류)하는 학습

협업 역량은 학생들이 프로젝트에 대해 협상하며, 논쟁을 해결할 합의가 필요한 부분에 대해서는 합의를 하며, 일을 분배하고 타인의 아이디어를 경청하여 여러 가지 아이디어를 하나의 일관성 있는 결과를 도출하는 과정을 배우는 데서 생긴다. 모둠 또는 그룹에서는 문제를 논의하고 해결하며 결과물을 창출하는 과정에 함께 참여하게 된다. 단순히 학생들이 팀을 이루어 교사가 정한 역할 목록을 근거로 역할을 할당하는 것이 아니라, 학생들이 함께 할 연구 프로젝트 수행에 팀원 각자의 작업 계획과 역할을 결정하도록 해야 한다. 또한 협업의 결과물은 모든 학생의 참여를 전제로 하고 그 결과물이 상호의존적이어야 하는데, 예컨대 프로젠테이션의 각 페이지를 각각 만들고 단순히 합치는 것은 상호의존적이라 할 수 없다. 개구리의 순환, 소화 기능 등 각자 조사한 것을 토대로 종합적인 개구리의 해부 관련 보고서를 함께 작성하는 것이 협업 활동의 결과가 되어야 한다.

3. 교육과 ICT 융합정책 이해

정보통신기술의 발달은 우리가 그 동안 교과서나 경험으로 제공했던 정보를 넘어서는 무한한 정보의 탐색을 가능하게 하며, 전에는 불가능했던 방법으로 학생들이 협업하도록 돕거나 새로운 표현 매체를 통해 자신의 생각을 표현하고 소통하도록 도울 수 있다. 교육과 ICT 융합의 최근 정책인 스마트교육에 대한 정책 이해를 바탕으로, 정책에서 추진하는 과제가 어떻게 학습자 역량 증진을 위한 교실 수업의 개선을 가져올 수 있는지 살펴본다.

가. 스마트교육 정책의 이해

스마트교육은 정보통신기술을 활용하여 앞서 밝힌 우리 사회가 요구하는 인재가 가져야 할 역량을 기르기 위한 교육이다. 스스로의 지식 구성을 통해 창의적인 아이디어를 만들어내는 인재, 현실의 문제를 해결하고 변화시키는 인재, 남들과의 올바른 협업 역량을 갖춘 인재, 설득과 증거 기반의 커뮤니케이션을 수행하는 인재, 무엇보다 스스로 자기 학습을 조절할 수 있는 인재를 키우는 것이 그것이다. 모든 교육정책은 이러한 학습자 역량을 키우기 위한 공동의 목표를 가지고 수행되고 있으며, 특히 스마트교육은 정보통신기술의 장점을 이용하여 학습자 역량을 키우는 교육 방식의 개선에 초점을 둔다.

교육과학기술부(2011)는 스마트교육을 '21세기 학습자 역량 강화를 위한 지능형 맞춤 학습 체제로 교육환경, 교육내용, 교육방법 및 평가 등 교육체제를 혁신하는 동력'으로 정의하고 있다. 이 정의를 실행 전략적 측면에서 다시 기술해 보면, '정보통신기술과 이를 기반으로 한 네트워크 자원을 학교교육에 효과적으로 활용하여, 교육내용 · 교육방법 · 교육평가 · 교육환경 등 교육체제를 혁신함으로써 모든 학생이 글로벌 리더가 될 수 있도록 재능을 발굴 · 육성하는 21세기의 교육 패러다임'으로 정의된다(교육과학기술부, 2011).

기존의 전통적 교육이 3R(Read, wRite, aRithmetic) 중심의 교육이 이루어졌다면, 스마트교육은 공간, 시간, 교육내용, 교육역량, 교육방법의 측면에서 기존의 영역이 확대되는 것을 의미한다. 특히, 미래사회에 필요한 역량을 비판적 사고력과 문제해결력, 창의성과 혁신, 협동과 리더십, 상호문화 이해, 소통력, 정보통신기술력, 직업과 삶의 기술의 함양으로 확장하였다는 것이다.

나. 교육과 ICT 융합 기반의 학교체제 변화

교육 내용, 방법, 환경 등의 통합적 변화를 이끌고자 하는 스마트교육으로 인해 변화되는 학교체제의 모습은 다음과 같다.

현재(As-is)	미래(To-be)
(교육내용) 정형화 지식, 교과서 · 참고서 따로	서책형 + 디지털교과서 병용 (교과서 · 참고서 통합, 풍부한 교육자원 활용)
(교육방법) 단방향 주입식 수업, 교실 중심 수업	쌍방향 상호작용 수업, 교실 및 온라인 수업으로 확장
(교육환경) 단말기 보급 등 인프라 중점	교원역량 및 정보기술 활용 강화

1) 교육내용의 변화 : 디지털교과서 등 다양한 콘텐츠를 활용한 지식 구성 수업이 이루어진다.

- 디지털교과서는 기존 교과내용(서책형교과서)에 용어사전, 멀티미디어 자료, 평가문항, 보충 · 심화 학습 내용 등 ① 풍부한 학습 자료와 ② 학습 지원 및 관리 기능이 부가되고, ③ 교육용 콘텐츠 오픈 마켓 등 외부자료

와의 연계가 가능한 미래형 교과서이다.

- 디지털교과서는 기존의 서책형 교과서가 갖는 한계, 즉 다양하고 새로운 정보와 자원을 담지 못하다는 것을 극복하여 교사와 학생이 필요한 자료를 수시로 수정 · 보완하여 수업에 활용할 수 있도록 만들어졌다.
- 다양한 정보의 탐색은 궁극적으로 학습자 스스로 주어진 문제를 해결하기 위한 새로운 지식을 구성하는 활동의 기반이 된다.
- 디지털교과서는 클라우드 환경 기반의 체제에서 일반 PC는 물론, 태블릿 PC, 스마트 TV 등 다양한 기기에서 언제 어디서나 활용 가능하다.
- 2014년 교육부는 초등학교 3, 4학년 과학, 사회, 중학교 1, 2학년이 사용할 수 있는 과학, 사회, 영어 디지털교과서를 개발, 보급하는 정책을 추진하고 있다.

2) 학습 방식의 변화 : 온라인 수업을 통해 학습 선택권이 확대된다.

- 온라인 수업은 정보통신기술을 활용하여 실시간 또는 비실시간으로 교육내용을 전달하고, 상호 소통하는 수업이다. 기존 교실 수업의 한계를 극복하고자, 온라인 학습 콘텐츠 및 정보통신기술을 활용하여 언제 어디서나 모든 곳이 배움으로 연결되는 교육 환경을 구축하게 된다.
- 천재지변, 질병, 지리적 여건 등 부득이한 사유로 학습 공백이 생긴 학생, 미개설 선택과목 이수를 희망하는 학생, 집중이수제로 인한 학습결손이 생긴 학생의 학습선택권을 보장하기 위해 온라인 수업을 실시한다.
- 또한, 교사와 학생간의 학습의 범위가 학생과 지식, 학생과 학생, 학생과 전문가 등으로 확장됨으로써 활발한 의사소통 학습이 가능하게 된다.

3) 교원의 역량 변화 :교원이 학습촉진자, 지원자로 변화된다.

- 스마트교육을 위한 교수설계, SNS활용 스마트교육, 창의성 신장 스마트

교육, 앱 활용 스마트교육, 협력학습 방법 등 실제적 교수-학습에 도움이 되는 연수를 실시한다.

- 교원 스스로 수업 개선을 위한 역량 계발에 참여함으로써, 정보전달자에서 학생의 학습과정을 학생과 함께 기획하고, 학습활동을 촉진하며 지원하는 역할로 바뀌게 된다.

4) 학습 환경의 변화 : 클라우드 기반의 교육서비스가 제공된다.

- 클라우드 서비스란, 인터넷상의 서버에 교육 콘텐츠를 올려놓고 언제 어디서나 서버에 접속하여 콘텐츠를 이용할 수 있는 서비스를 의미한다.
- 클라우드 서비스를 통해 시간과 공간의 제약을 초월한 교실학습 · 현장학습 · 가정학습을 가능하게 한다. 또한 선생님과 학생은 다양한 학습자원에 대한 접근성이 높아지고, 공동 활용하고 협력할 수 있게 된다.

4. 교육과 ICT 융합 교육과정 운영

교육에서의 ICT 융합 교육인 스마트교육과정 운영 절차는 준비, 도입, 운영, 관리 등의 4분야, 12단계로 나누어 살펴볼 수 있다(계보경 외, 2012 요약 정리). 각 단계별 활동과 업무 담당자를 명확하게 확인하고 설정하는 것이 무엇보다 중요하다. 각 단계별 주요 활동을 운영 절차의 [그림 2-2]에서 제시한 순서대로 살펴본다.

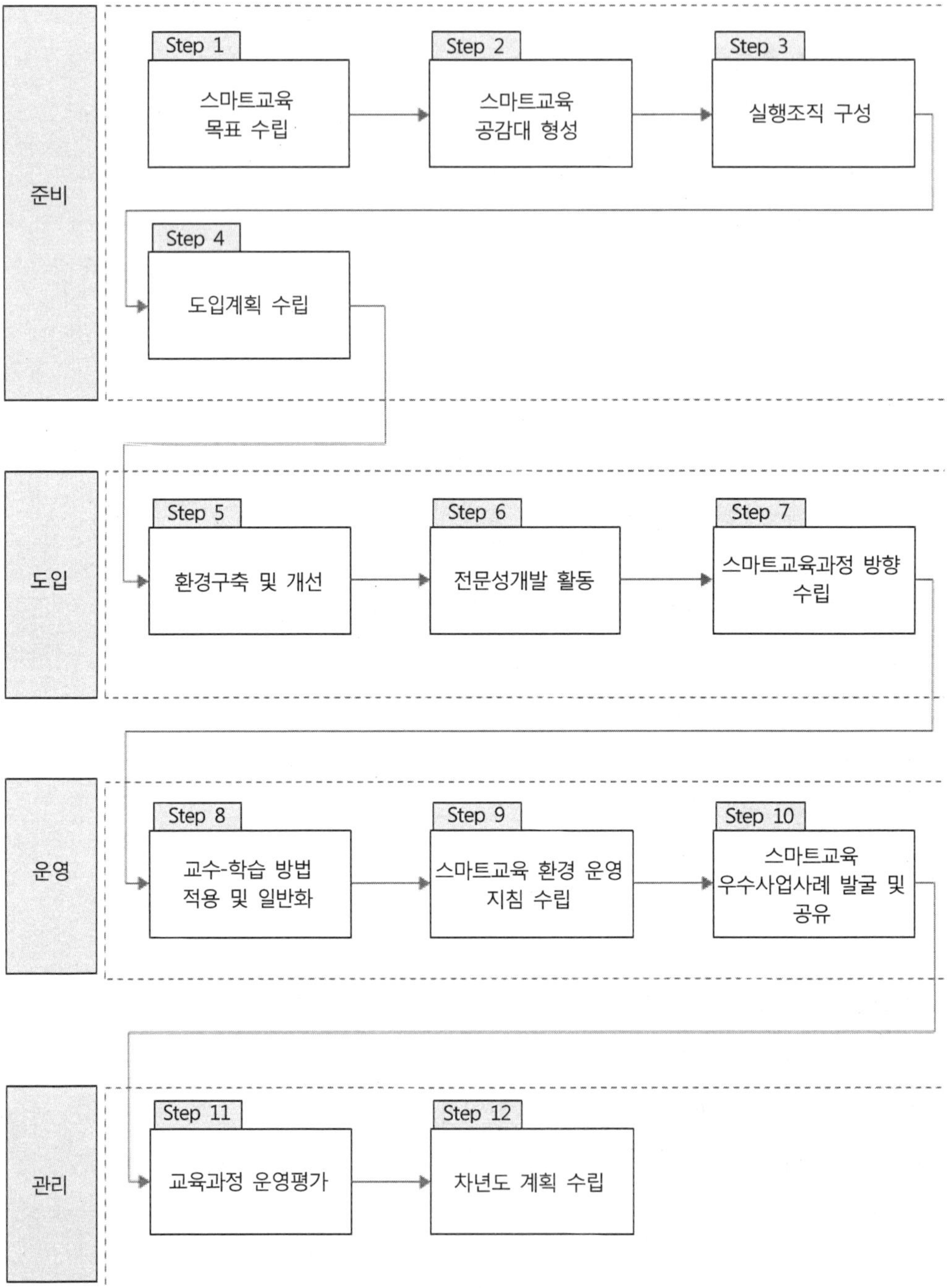

[그림 2-2] 스마트교육과정 운영 절차

가. 준비단계

1) 교육 목표 수립

스마트교육에 대한 이해를 높이기 위한 자료와 사례를 검토하고 먼저 도입한 학교를 연구하여 학교의 ICT 융합 교육에 대한 목표를 정하는 단계이다.

스마트교육 이외에도 다양한 교육정책에 의해 운영되는 연구학교에 대한 정보는 에듀넷(www.edunet.net)의 '연구학교' 메뉴에서 확인할 수 있다.

사례 연구 및 벤치마킹 단계에서는 관련 문헌 및 자료 검토, 세미나 참석 등을 통해서 스마트교육의 정의 및 필요성을 사전에 인식하고 학교의 스마트교육 목표를 수립하는 것이 필요하다.

벤치마킹 대상은 각 학교별로 구축 및 운영 특징이 있으므로 사전에 학교별 특징을 알아보고 방문하는 것이 필요하다. 벤치마킹의 주요 내용으로는 스마트교실 환경 구축 시의 고려 사항, 스마트교육 수업 모형 개발 방안, 스마트교실 운영 시의 이슈 사항 등이 있다.

방문일정 수립 → **벤치마킹 수행** → **결과 및 참고사항 정리**

방문일정 수립
- 벤치마킹 대상 Contact 및 방문일정 수립
- 벤치마킹 인터뷰 자료 준비
- 벤치마킹 수행 목적 정의
- 벤치마킹 대상 선정을 위한 기준 수립 및 선정
- 벤치마킹 수행 영역 정의

벤치마킹 수행
- 벤치마킹 실행
- 학교 견학 및 주요담당자 (연구부장, 정보부장) 인터뷰

결과 및 참고사항 정리
- 벤치마킹 결과 정리
- 우리학교 적용 사항 정리

[그림 2-3] 벤치마킹 절차

또한 도입 초기 단계에서는 선생님들이 이해하기 쉽고 빠르게 받아들일 수 있는 목표 수립이 필요하다. 정보화 기기 관련 목표로 한정짓는 것은 지양해야

하며 교실 수업 개선이라는 공동의 목표와 각각의 선생님들에게 역할을 줄 수 있는 세부목표가 설정되어야 한다.

2) 스마트교육 공감대 형성

스마트교육 이해도 제고를 위해 학교 내에서 공유 활동 및 관련 연수를 진행하는 단계이다.

공감대 형성을 위해서는 학교 리더의 명확한 학교 비전 및 방향 수립과 확고한 추진 의지를 바탕으로 공개적으로 교육 이해관계자들과 내용 공유가 되어야 한다. 스마트교육 준비단계에 있어서 선생님들의 긍정적인 합의 도출이 중요하며, 선생님들의 불만을 최소화하고 유기적인 협조 체계 구축 및 계획 수립을 위한 방편으로 스마트교육 공감대 형성은 선행되어야 할 과제이다.

공감대 형성 절차 및 방법

- 연수, 훈화, 설명회 등을 통한 학교장의 학교 비전 및 추진 의지 공유
- 학교 홈페이지, 설문, 공문 등을 통한 스마트교육의 내용 공유
- 선생들의 반응 취합 및 필요와 요구 사항 반영
  - 적절한 역할 부여
  - 교사 스스로 스마트교육, 방법론을 결정할 수 있도록 함
- 별도 연수, 워크숍 등을 개최
- 업무 추진 시 필요와 요구 사항에 따르는 제도적으로 지원 가능한 사항 확인

이 과정에서 스마트교육의 정의 및 도입 방법 등을 소개하는 연수를 오프라인뿐 아니라 온라인으로 먼저 접해 보는 것도 하나의 방법이다. 스마트교육에 대한 원격 연수 콘텐츠는 각 시 · 도 교육청 연수원 및 에듀넷에서 확인할 수 있다.

3) 실행 조직 구성

스마트교육 도입 및 운영을 추진하기 위한 조직 및 조직의 역할을 정의하는 단계이다.

스마트교육 실행 조직 구성 시, 교육과정을 녹일 수 있는 각 부서간의 연계가 필요하다. 스마트교육은 어느 특정 교사 혼자서 추진하는 것이 아니며 모든 선생님이 참여할 수 있도록 하는 것이 필요하다.

실행 조직 시 각 역할별 정 · 부로 나누어 업무의 연속성을 가질 수 있도록 한다. 정보 분과는 IT 관련한 업무가 많이 발생할 수 있으므로 전산보조원 역할을 할 수 있는 인력을 배치하는 방안도 고려해 볼 수 있다.

담당자(부서)별 역할

- **교장/교감**
  - 스마트교육 추진의 목표 및 방향성 수립 및 관련 예산 확보
- **교무부**
  - 스마트교육 추진의 전반적인 계획 및 실행 총괄 담당
- **연구부**
  - 스마트교육을 위한 수업모델 개발, 관련 연수 계획 및 운영, 수업 모니터링 등 담당
- **정보부**
  - 스마트교육 추진에 있어 물리적 환경 구축(H/W,. S/W, 네트워크 등), 정보화 기기 연수 및 유지보수 등 담당
- **연구회**
  - 스마트교육 관련 교수-학습 모델 개발을 위한 연구 활동
- **동호회**
  - 교수-학습 모델, 연수, 정보화 기기 등 스마트교육 관련 동호회 활동
- **전산보조원**
  - 스마트교육 도입 및 운영을 위한 IT 관련 부분을 지원

4) 도입 계획 수립

스마트교육의 물리적인 환경 부분에 있어서 도입 범위를 정의하고 이를 근거로 세부 구축 항목을 정하며, 세부 실행 계획 및 예산을 수립하는 단계이다. 학교가 보유하고 있는 물적, 인적 자원 현황 및 스마트교육을 위해 투입 가능한 총예산 규모를 고려하여 구축 범위를 정의한다.

사업계획서의 작성 요소는 목적, 현황 분석, 추진 내용(대상 및 범위, 환경 구축 범위, 연수 및 운영 방안 포함), 추진 방법, 추진 일정, 예산 등이다.

표 2-3 스마트교육 환경 구축 범위

도입 범위	장점	단점	H/W	N/W
이동형 디바이스 및 무선환경	• 가격이 적게 들기 때문에 도입에 부담이 없음 • 초기 도입 시 적용 가능함	• 망 분리가 안 되어 있는 경우에는 보안이슈가 있음 • 전반적인 교과에 적용은 어려움이 있음	• 단말기 30대, 동글, 이동형 보관 및 충전함	• Enterprise급 무선 AP 2대 • 학생용, 교사용 망이 분리되어 있어야 함
1개 교실	• 과도기적으로 스마트교육을 시범 운영하기 좋은 도입 범위	• 스마트교육을 학교 전체로 확산하고 선생님들의 참여를 유도하지 못하면 전시를 위한 교실로 운영될 위험이 있음	• 단말기 30대, 미러링 장비, 디스플레이 장비	• 학생 20명당 AP 1개 • 네트워크 공사를 고려해야 함
1개 학년 이상	• 환경 구축을 우선적으로 함으로 교사들의 참여를 유도할 수 있어 스마트교육의 정착을 보다 쉽게 할 수 있음	• 투입 예산 규모가 큼	• 단말기 교실당 30대, 교실당 미러링	• 교실당 학생 20명당 AP 1대 • 네트워크 공사를 고려해야 함

나. 도입단계

1) 환경 구축 및 개선

스마트교육 환경(건축 환경, H/W, S/W, 네트워크)의 구축을 진행하는 단계로 구축을 위한 절차 및 구축 시 학교에서 고려해야 하는 요소들을 참고로 하는 단계이다.

먼저, 기자재 도입은 소규모 기자재(단일 품목 2,000만 원 미만 시) 구입 시 조달청에 등록되어 있는 제품을 나라장터를 통해서 구입하고, 대규모 기자재 도입 시 금액 규모가 2000만 원 이상이면 나라장터에서 자동적으로 2단계 입찰로 넘어가게 되어 있으며, 최저가 입찰로 진행이 된다. 그러므로 학교에서 특정 규격의 제품이 필요할 때는 일반 입찰로 진행하여야 한다.

기자재 도입 절차의 확인과 함께 기자재 선정위원회를 구성하는 것이 필요하다.

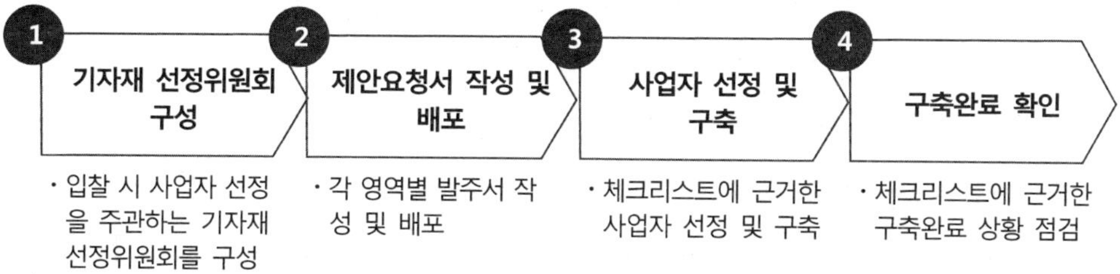

[그림 2-4] 기자재 도입 절차

기자재 선정위원회의 역할

- 기자재 선정까지 단계별 세부 추진 계획 수립
- 기자재 구축을 위해 적절한 예산 편성 계획 수립
- 교과별 기자재 구축협의회 실시 및 의견 수렴
- 기자재 시연회 및 전 교직원 대상 기자재 활용 연수 실시
- 기자재 활용 및 관리를 위한 매뉴얼 제작 등

2) 전문성 개발 활동

교사들의 스마트교육과 관련해서 실질적으로 수업을 진행하기 위한 역량 강화를 위해서 다양한 연수 프로그램을 운영하는 단계이며, 연수 활동은 교내 연수와 외부 연수로 나눌 수 있다.

교내 연수는 먼저, 정보화 기기에 적응이 빠른 선생이 주축이 되어서 수업 시작 전까지 정기적으로 내부 연수를 운영하도록 한다. 또한 동아리 내에서 스마트교육 관련 주제를 가지고 꾸준한 연수를 운영하는 것도 바람직하며, 동아리 내에서 비슷한 관심을 갖고 있는 선생들끼리 정보 공유 및 자료 활용을 하도록 한다. 그리고 정보화 기기 및 소프트웨어 구입 시에 업체와 협의를 하여 관련 기기 및 소프트웨어 사용 방법 및 수업 적용 방법을 연수를 통해 진행하도록 하며, 연수의 방법과 횟수 등을 기기 구입 전에 미리 협의하도록 한다. 연수 장소는 학교 내에서 진행하도록 한다.

외부 연수는 각 시 · 도교육청 및 교육지원청별로 스마트교육과 관련해서 기기 활용법, 또는 S/W 활용법에 대한 연수 프로그램이 많이 개설되어 있으므로 교육청 연수를 활용할 수 있고, 교육청에서 운영하는 원격 연수 또한 활용할 수 있다. 최근 스마트교육에 대한 관심과 실질적인 수업 사례가 확산되면서 이를 공유하기 위한 커뮤니티가 온라인에서 운영되고 있으므로, 이러한 커뮤니티에 참가하여 궁금한 점이나 필요한 자료를 확보할 수 있다. 가장 대표적인 커뮤니티로는 페이스북(www.facebook.com)의 '선생님과 함께하는 스마트교육'이 있다.

3) 스마트교육과정 방향 수립

학교에서 학생, 학부모, 지역사회의 수준을 고려한 스마트교육 전반의 프로그램 개발 및 교수-학습 방법 개발의 기초 자료로 사용하기 위한 사전 분석 자료

조사를 거쳐서 현재 우리 학교를 진단하고 스마트교육의 방향성을 수립하는 단계이다.

다. 운영단계

1) 교수-학습 방법 적용 및 일반화

현재 교육과정을 분석하여 스마트교육에 적용할 수 있는 부분을 추출하고 스마트교육 교수-학습 모델 적용 및 일반화하는 단계이다.

교수-학습 방법 적용 및 일반화 절차는 먼저, 기존 교육과정에 대한 분석을 통해서 스마트교육을 적용할 수 있는 범위를 선택한 후, 스마트교육을 통해서 시너지가 날 수 있는 모형을 개발한다. 그리고 교과별 연계 방안을 수립하는 것이 필요하다. 그리고 활동 목표, 관련 교과 단원, 학습 개요, 활동 개요, 활동 과정 등을 포함하는 교수-학습 과정안을 제작한다.

2) 스마트교육 환경 운영 지침 수립

스마트교육 환경의 원활한 운영을 위해서 필요한 다양한 지침을 수립하는 단계로서, 먼저 스마트교육 도입 시 학생들에 미치는 영향을 고려하여 단말기 지급 시기 및 단말기 사용 시간 등 관련 지침이 필요하다. 학생들에게 지급되는 단말기 파손 시 해결 방안이 필요하며, 학부모로부터 동의서를 받아서 파손에 대한 책임을 명확히 하는 것이 필요하다. 다음으로, 앱/콘텐츠/소프트웨어 구매 및 관리 지침이 필요하며 앱/콘텐츠/소프트웨어 구매는 학교에서 구매하는 것을 원칙으로 한다. 앱 같은 소액결제의 경우는 학교에서 선생님별로 사전에 예산을 책정한다.

또한, 스마트교육을 시작하면 다양한 자산이 늘어나게 되어 있으며, 정보화 기기의 구매, 운영 및 폐기에 대한 관리 지침이 필요하다.

마지막으로, 학생들이 수업 시간에 지켜야 할 지침을 명확하게 목록화해서 학생 지도에 활용한다. 저작권, 유해 사이트 관리 등 수업 시간 또는 수업 시간 외적으로 학생 지도가 필요한 부분에 대한 지침 수립도 필요하다.

3) 우수 수업 사례 발굴 및 공유

스마트교육 운영과 관련된 사항 및 수업모델을 지속적으로 발전시켜 나가기 위해서 학내 멘토링 및 외부 컨설팅을 통해 스마트교육의 우수 수업 사례를 발굴하고 공유하는 단계이다.

내부 멘토링 활용은 교과별 멘토링과 학년별 멘토링으로 나눌 수 있으며, 교과별 멘토는 교과별 자료 공유, 기타 수업모델에 대한 공유를 하며 교과별로 스마트교육과 관련된 수업모델을 추가 · 구안하거나 기존 구안한 수업모델에 대해 발전시켜 나가기 위한 활동을 수행한다.

학년별 멘토는 동 학년별로 각종 자료 공유, 일반화 자료를 개발하고 학년별로 이미 구안된 수업모델에 대해서 자체적으로 의견을 수렴하여 발전시켜 나가는 활동을 수행한다.

외부 컨설팅을 적극적으로 활용할 필요가 있는데, 크게 수업 컨설팅, 능력 개발 컨설팅, 학교 경영 컨설팅, 장학 지원 컨설팅으로 나눌 수 있다.

수업 컨설팅은 교사의 수업 전문성 개발 및 학생의 학력 신장을 지원하고 교실 수업 개선 지원을 위한 교수-학습자료를 제공한다. 뿐만 아니라 교수-학습과 관련된 연수 정보 및 훈련 기회를 제공하고 수업 컨설팅의 지원 활성화로 교실 수업의 질을 향상시킬 수 있다.

능력 개발 컨설팅은 교사의 전문성 개발을 위한 연구 활동(현장 연구 등)을 지원하고 각종 연구 대회 수상자를 컨설턴트로 위촉 · 연계하여 교원을 연구할 수 있다. 교직 생애에 맞는 교원 맞춤형 진로상담을 지원한다.

학교 경영 컨설팅은 학교 관리자로서의 역량을 발휘할 수 있는 리더십을 배양할 수 있도록 지원한다. 또한 학교 관리자로서의 경영 능력 제고를 위한 교육인 CEO 경영 전략을 지원하며 단위학교의 학교 경영 및 학교 공동체의 참여 관리 컨설팅을 지원한다.

장학 지원 컨설팅은 교과 캠프 운영 및 교사 동아리 활동 프로그램 지원하고 소질과 적성에 맞는 진로 선택을 위한 학생 진로교육을 지원하며 기타 학력 및 진로교육 분야에서 지원을 필요로 하는 사항에 대해 정보를 얻을 수 있다.

라. 관리단계

1) 교육과정 운영 평가

현재 학교에서 운영하고 있는 학교교육 운영 평가를 활용하여 스마트교육 운영에 대한 평가를 실행하는 단계이다. 현재는 수업 과정 평가를 스마트교육 수업 과정 평가로, 교육 운영 평가를 스마트교육 운영 평가로 변형하여 평가를 수행한다.

스마트교육 운영의 평가 결과를 이용하여 스마트교육 발전을 위한 차년도 계획 수립에 적극적으로 활용하고, 선순환적인 스마트교육 환경 구축의 운영 체계가 되도록 한다.

2) 차년도 계획 수립

교육과정 운영 평가 결과를 반영하여 차년도 계획을 수립하고 계획 수립에 따른 세부 예산을 책정하는 단계이다. 스마트교육 도입과 운영에 대한 평가 결과는 차년도의 스마트교육 도입 및 운영 계획에 반영하는 것이 필요하다.

차년도 운영 계획 수립시 고려 요소

- 수업모형 : 새롭게 개발된 수업 시나리오 반영 계획 수립

- 정보화 기기 : 추가적으로 필요한 정보화 기기 도입 계획 수립
- 소프트웨어 : 새로운 수업 시나리오에 필요한 소프트웨어 도입 계획
- 예산 : 정보화 기기 및 소프트웨어 도입 계획, 선생 연수 계획 등 세부적인 내용을 반영한 예산 계획 수립
- 운영제도 : 스마트교실 운영 시 필요한 새로운 제도 도입 계획 수립
- 연수 : 선생들이 필요로 하는 연수 계획 수립, 학부모 연수 계획 수립

참고문헌

계보경 외(2011). 미래학교 체제 도입을 위한 Future School 2030 모델 연구. 한국교육학술정보원, 연구보고 KR 2011-12.

계보경 외(2012). 스마트학교 운영 가이드라인 개발 연구. 한국교육학술정보원, 연구보고 CR 2013-9.

교육과학기술부(2011). 인재대국으로 가는 길 '스마트교육 추진전략'. 보도자료.

김진숙 외(2012). 스마트교육 수업 시나리오(1), (2), (3). 한국교육학술정보원, 교육자료 TM 2012-35.

김현진 외(2012). 스마트교육 교원연수 프로그램 개발 연구. 한국교육학술정보원, 연구보고 CR 2012-7.

윤현진 · 김영준 · 이광우 · 전제철(2007). 미래 한국인의 핵심역량 증진을 위한 초 · 중등학교 교육과정 비전 연구(I): 핵심역량 준거와 영역 설정을 중심으로. 한국교육과정평가원, 연구보고 RRC 2007-1.

이광우 · 민용성 · 전제철 · 김미영 · 김혜진(2008). 미래 한국인의 핵심역량 증진을 위한 초 · 중등학교 교육과정 비전 연구(II): 핵심역량 역량별 하위 요소 설정을 중심으로. 한국교육과정평가원, 연구보고 RRC 2008-7-1.

이광우 · 전제철 · 홍원표 · 허경철(2009). 핵심역량 기반 초 · 중등학교 교육과정 설계 방안 탐색을 위한 세미나. 한국교육과정평가원, 연구자료 ORM 2009-20.

천세영 외(2012). 스마트교육 혁명, (주)북이십일 21세기북스.

천세영 외(2013). 스마트교육 정책성과 지표 개발 연구. 한국교육학술정보원, 연구보고 KR 2013-1.

최상덕 외(2011). 21세기 창의적 인재 양성을 위한 교육의 미래전략 연구. 한국교육개발원, 연구보고 RR 2011-01.

한국교육학술정보원(2014). 스마트교육 중앙선도교원 연수자료.

허희옥 외(2011). 21세기 학습자 및 교수자 역량 모델링 연구. 한국교육학술정보원, 연구보고 KR 2011-2.

ITL research(2012). *21st Century Learning Design.* Microsoft.

OECD(2005). *Definition and Selection of Competencies*(DeSeCo).

제3장

지원 중심의 학교장 리더십

배영직(서울특별시교육청 장학사)

1. 비전 리더십
2. 구성원 관계 리더십
3. 학습 촉진 리더십

현대의 교육사조는 교육방법에 대한 연구와 노력을 강조하고 있다. 교직이 다른 영역과 다른 점은 교육방법에 대한 전문성을 가지는 것이라고 본다. 교육목표와 내용 그리고 평가가 잘 조화되어 이루어지게 하려면 교육자의 수업에 대한 전략이 강화되어야 한다. 교수전략에 대한 전문성 확보는 아무리 강조하여도 지나치지 않는다. 이는 교과내용을 단계적이고 효과적으로 가르치는 방법 또한 중요한 것이라는 것을 강조하는 것이다.

교육내용을 효과적으로 구성하는 과정에서 바른 인성이 바탕이 되는 생활교육으로 학생들의 생활관리가 잘 되도록 하여야 한다. 가정에서는 물론 학교교육에서도 각자가 생활, 시간, 학습, 건강관리 등 학생들의 자기관리 능력과 더불어 바른 인성 함양이 되어야 학습의 효과를 증대할 수 있다.

위의 세 가지인 교육내용, 교육방법, 학생관리가 아무리 잘 되어도 교육자의 열정이 없다면 핵심이 없는 나열식 교육이 될 것이다. 교육자의 열정은 과거 성직으로써의 희생적인 것이 아니라 교사의 내적 권위를 바탕으로 한 교육리더십을 발휘하는 것을 의미한다. 현대의 리더십은 권력을 바탕으로 한 리더중심의 리더십에서 구성원 각자의 능력을 강조하는 구성원 중심의 리더십으로 점차 변화되고 있다.

교육리더십은 학문적인 권위를 바탕으로 구성원과 상호작용하는 통합적 리더십을 가지는 것이다. 교사와 학생의 충분한 상호작용이 일어나도록 리더십을 발휘하는 것이 교육자의 열정을 가지는 교육리더십이다.

학교장의 리더십에 대한 연구는 매우 다양하면서도 많이 이루어지고 있다. 이는 학교 현장에서 학교장의 리더십이 매우 중요한 한 영역이라고 볼 수 있다. 학교장의 리더십은 전통적인 리더십과 새로운 리더십으로 구분할 수 있으며, 전통적인 리더십에서 리더십은 학교장의 개인 특성과 행위에 따라 학교의 효과성이 증대된다는 이론을 바탕으로 하고 있다. 그러나 학교현장이 매우 급변하는 상황에서 새로운 리더십이 더욱 요구되는 실정이다(서울특별시교육청 · 한국학교교육연구원, 2012). 학교 현장에 필요로 하고 학교교육력 제고를 위하여서는 구성원과 지역사회에 대한 소통과 배려하는 능력이 매우 중요시된다. 새로운 학교장의 리더십은 비전 리더십, 관계 리더십, 촉진 리더십으로 나눌 수 있다. 이 세 가지 리더십은 별도로 분리되어 발휘되는 것은 아니고 통합되어 나타나기도 한다.

본 장에서는 학교장의 세 가지 리더십의 유형을 살펴보고 학교 현장에서 실천할 수 있는 방안에 대하여 제시하고자 한다.

1. 비전 리더십

학교장의 역할이나 관심은 점점 더 커지고 있다. 반면에 학교장에 대한 신뢰도가 많이 낮아지기도 하였다. 한 기관의 장으로서 그 역할이나 어떤 조직을 이끌어 나가는지에 대한 연구나 그 방향 제시 정도에 우리는 관심을 집중하기도 한다. 학교장의 비전은 학교기관이 추구하는 방향을 파악하고 조직을 효과적으로 이끌어서 한 방향으로 바라보게 하는 능력이라 할 수 있다.

우선 학교장은 미래사회의 변화를 읽고 학교교육 방향을 인식할 필요가 있다. 그리고 좋은 학교와 우수학교를 조명할 필요가 있다. 나아가서 학교교육의 비전과 목표를 설정하여 제시하여야 한다. 설정된 비전과 목표에 대한 홍보나 효과적으로 표현할 필요가 있다. 그런 것이 학교교육 브랜드명을 설정하는 것이라 할 수 있다.

이에 대한 구체적인 학교장의 비전 리더십을 제시하면 다음과 같다.

가. 학교교육 방향 인식

학교교육은 사회의 변화에 민감하다. 변화 정도와 속도도 점차 빨라지고 있다. 사회의 변화와 학교교육에 미치는 정도를 조망하여 학교교육의 방향을 인식하는 것이 학교장의 비전 리더십을 형성하는데 중요한 의미가 있다.[1)]

첫째, 사회는 저출산 사회가 도래하고 초고령 사회로 도입하고 있다. 그에 따라 학교에서는 학령인구가 감소하고 있다.

둘째, 세계화에 따른 무한 경쟁으로 교육 시장과 다문화 사회 진입 등으로 교육의 글로벌화가 이루어지고 있다.

셋째, 지식 주기는 짧아지고 지식의 양은 폭발적으로 증가하며, 노동시간 고용 관행의 변화가 이루어지고 있다. 이로 인하여 과학기술 혁신과 네트워크에 대한 확장이 요구되고 있다. 학교교육은 창의 과학 또는 융합 과학과 함께 공유와 협력을 강조하는 인성교육이 강화되고 있다.

넷째, 물질주의에서 탈물질주의로, 탈권주의와 개성시대 등으로 전통적 가치관이 약화되고 새로운 가치의 대두와 생활양식의 변화하고 있다. 이에 학교교육은 가치관 형성 및 인성교육의 중요성이 다시 한번 강조되고 있다.

다섯째, 비형식 교육중심 평생학습이 확대되고 지역사회 기관이나 평생학습 기관이 지속적으로 증가되고 있다. 이에 학교교육은 교육과정 운영이 보다 확대되는 영역까지 다루어야 하는 시기가 되고 있다.

여섯째, 스마트폰의 자유로운 학습장, 가상과 현실의 실험실습, 스마트 패드로 실시간 정보검색 등으로 2030년대 디지털(스마트) 미래학교가 전망되고 있다. 그리고 이에 대한 연구도 활발하게 이루어지고 있다. 학교교육은 소규모의 다양

---

1) 본 내용은 서울특별시교육청(2012)의 학교경영 길라잡이, pp. 17~18의 내용을 다시 정리하여 작성함.

한 학습 공간을 제공하고 학생들의 출석을 자동으로 확인하여 학습의 전과정을 자동화를 추진하고 있다.

일곱째, 미래지향적인 변화에도 불구하고 학교에 교육의 본질인 안전, 성장, 행복이라는 대전제 또한 지속적으로 강조되고 있다.

나. 좋은 학교 조명

학교교육이 사회의 변화에만 의존하지 않고 변화를 선도하거나 바람직한 변화를 이끌어 나갈 필요가 있다. 특히, 가치관의 혼란이나 인성교육에 대한 적절한 목적성을 확보하는 것이 중요하다. 따라서 학교장은 좋은 학교를 조명하여 학교교육의 비전을 제시하는 것이 학교장의 적극적인 역할이 된다.

좋은 학교는 다음과 같은 특징을 나타내고 있다.[2)]

첫째, 학교장은 뚜렷한 목표 의식을 갖추고 비전을 제시하는 새롭고 탁월한 리더십을 발휘한다.

둘째, 학교마다 여건과 필요가 다름을 바탕으로 한 자율경영 능력이 있어서 학교의 독특한 조건들을 고려하여 학교교육의 적합성과 성과를 높인다.

셋째, 교육과정 편성 · 운영 및 결과를 중시하여 충실한 교육과정 운영과 학업 성취에 노력한다. 이에 대한 자체 평가 시스템 확보와 학교 정보를 공개한다.

넷째, 학생들의 특성에 적합한 맞춤형 프로그램을 운영하여 학생 각자의 특성이 최대한 발휘되고 상호작용을 통해 긍정적인 자아개념을 형성하고 있다.

다섯째, 교원의 전문성과 헌신성을 확보하여 수업과 생활지도의 전문적인 능력을 발휘하고 교직원들은 이를 적극적으로 지원하고 있다.

여섯째, 학부모와 지역사회가 참여하는 교육공동체를 구축하여 협력적인 관

---

2) 본 내용은 서울특별시교육청(2012)의 학교경영 길라잡이, pp. 18~19의 내용을 다시 정리하여 작성함.

계를 바탕으로 교육력의 극대화와 교육 안전망을 확충하고 있다.

일곱째, 학교가 개방적이고 스스로 목표 달성 정도를 평가하는 시스템을 갖추며, 학교구성원 간의 신뢰와 정보 공유로 협력적인 학교 풍토를 조성하고 있다.

여덟째, 첨단정보 학습을 위한 교육시설과 환경의 현대화를 추진하고 있다.

다. 학교교육 비전 제시

사회의 변화를 읽고 학교교육의 방향을 인식하여 학교교육 비전을 제시하는 것이 매우 중요하다. 학교 구성원들과 학생들을 설득하고 지역사회의 공감을 얻을 수 있기 위해서는 학교장은 수시로 학교교육의 비전에 대한 타당성과 확고한 열정을 나타낼 필요가 있다.

학교교육의 비전 설정은 교육청의 교육정책 방향, 학교교육 목표, 학교경영 목표, 학교장 경영관, 추구하는 인간상 등과 관계가 깊다.

우선 학교경영은 교육 계획의 기저를 분석하여 이를 근거로 목표 달성을 위한 학교 조직을 설계하여, 교수-학습 활동을 전개하며, 그 결과를 평가하는 등 일련의 과정을 거친다. 이 과정에서 교육비전은 계획기저(교육정책의 방향과 교육과정 목표)와 교육목표 설정에 바탕이 되고 교육과정 운영 방향을 제시하는 중요한 열쇠가 된다(서울특별시교육청, 2012).

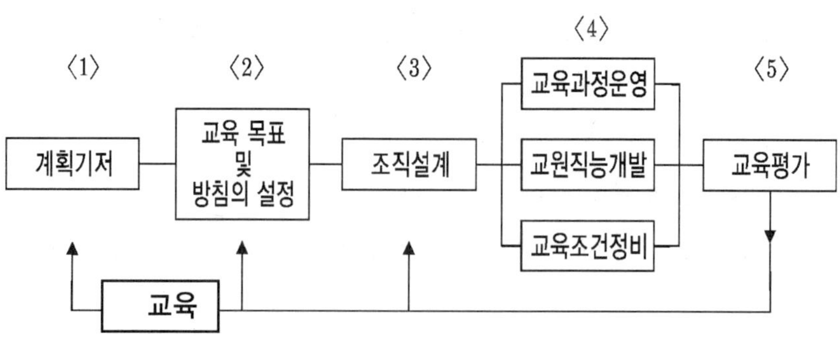

[그림 3-1] 학교경영 계획 과정(서정화(2002). 교장학의 이론과 실제. 경기: 교육과학사).

다음으로는 학교장 경영관과 인간상 설정이 학교교육 비전 설정의 근거가 된다.

표 3-1 **학교장 경영관과 인간상 설정 예시**

구분	내용
가. 학교장 경영관	• 교육의 방향, 학교경영의 방향에 대해 학교장으로서의 철학과 신념을 제시 • 효율적인 학교교육이 이루어지도록 추구하는 인간상(학교상, 교사상, 학생상, 학부모상)을 함께 제시 • 화려한 수식어로 장식하기보다는 교육목표와 학교 특색 사업, 노력 중점과 일관된 교육철학이 바탕에 깔려 있어야 하고, 단위학교 구성원의 수준과 특성이 반영되어야 함
	• 학교 경영관은 경영자와 구성원의 인간관, 사회관, 세계관 등과 관련이 있으며, 교원 간 인간관계, 교사와 학생과의 인간관계, 조직, 제도 등의 문제와도 관련되는 부분임 • 지나치게 구체적인 제시는 학교교육 목표와 혼동이 되기 쉬움
나. 추구하는 인간상	• 교육기본법 제1조(교육 이념)와 2009 개정교육과정이 추구하는 인간상을 바탕으로 지역 여건과 학교의 특수 상황에 비추어 도출 • 학교장 경영관에 따라 학교교육을 상징하는 목표를 제시한 후 학교, 교사, 학생, 학부모의 입장에서 추구하는 인간상을 도출

출처: 서울특별시교육청, 2012.

신규로 학교장으로 발령을 받거나 전보된 학교에 부임하는 경우에 빠르게 학교 현황을 파악할 필요가 있다. 대개는 다음의 자료3)를 참고하여 학교 현황을 파악하는 효과적인 방법이다.

- 학교관계자와 대화, 학교 홈페이지 등을 살펴보고 학교의 기초 현황 파악
  - · 학교의 역사, 교육목표, 비전, 교훈

3) 서울특별시교육청(2012). 학교경영 길라잡이, p. 22.

· 학생의 학력 수준 및 정의적 특성
· 학부모 및 지역사회의 특성
· 학교 전반적 시설 및 교수-학습을 위한 시설 여건
· 올해의 우선순위 사업과 목표
· 학교 중장기 발전 계획과 현안 및 애로사항
· 학교운영위원회, 학부모회, 학생회의 구성 현황 및 동창회 현황

• 세부적인 상황 파악 확인(필요시 관계 서류 확보)
· 학교 현황 및 업무분장표
· 학교 규정 및 각종 위원회 구성 현황
· 교직원 현황 및 이동 상황, 특별 교직원 파악
· 역점 추진 업무 목록과 현안 및 기획 중인 사항
· 관인, 공인 목록 및 차량 목록
· 보존문서 목록 및 비밀 소유 현황
· 비품 및 도서 목록
· 재산 조서 및 채무 확정액 조서
· 세입, 세출 현계표
 - 학교회계 수지 현계표, 일상경비 세출 예산 현계표
 - 세입, 세출 외 현금수지 현계표, 학교발전기금수지 현계표
· 현금 및 예금 현재고 조서, 학교 계좌 파악
· 학교 교육계획서, 학생 · 학부모 안내 책자, 학교 홍보지
· 직원 연락망, 학교의 팩스번호, 전화번호(내선 포함)
· 학생회 명단 및 학교운영위원회, 학부모회, 유관기관 연락처
· 교장실에 비치된 컴퓨터(비밀번호 포함)나 전화 사용 확인
· 열쇠함의 위치, 보안관리업체 및 보안관리요원 배치 여부, 보안장치, 경보판 위치

끝으로, 학교교육 비전 설정에는 위에서 제시한 것을 바탕으로 방법적인 기법이 요구되기도 한다. 다음과 같은 기법으로 비전을 설정하는데 도움을 받을 수 있다. 비전 설정 기반의 분석은 학교의 실태 분석, 지역사회 여건, 학교 구성원의 성향, 중장기 발전 계획 등을 고려하면서, 실태 분석 연구 방법을 도입하여 적용하여 본다. 실태 분석 연구 기법으로는 SWOT 분석, 전문가 컨설팅(델파이 기법, NGT 등), 설문조사 등이 있다.

이 기법들을 설명하면 다음과 같다(서울특별시교육청, 2012).

1) SWOT 분석법

- SWOT는 강점(Strength), 약점(Weakness), 기회(Opportunity), 위협(Threat)의 경영 전략을 수립하기 위한 분석 도구이다. 내적인 면을 분석하는 강점/약점 분석과, 외적 환경을 분석하는 기회/위협 분석으로 나누기도 하며 긍정적인 면을 보는 강점과 기회 그리고 그 반대로 위험을 불러오는 약점, 위협을 분석할 수 있다.

2) NGT(Norminal Group Technic) : 의사결정의 참여 전략 중 하나

- 1단계 : 참여자들이 의문점, 문제점 또는 과제를 말이나 글로써 제시한다.
- 2단계 : 과제에 대해 시간을 갖고 생각한 것을 개개인에게 배부된 쪽지에 적는다. 이때 누구와도 의견을 나누지 않는다.
- 3단계 : 각자의 쪽지에 적은 자신들의 의견을 하나씩 돌아가며 제시하고, 제시된 의견은 칠판이나 누구나 볼 수 있는 큰 종이에 기록. 이 단계에서는 어떠한 평가도 하지 않는다.
- 4단계 : 모든 의견이 기록될 때까지 차례로 돌아가며 의견 제시한다.
- 5단계 : 기록된 의견에 대해 간단히 설명하고 각 문항에 순서를 매긴 후 문항 순서에 따라 의견의 명료성, 합리성을 검토한다.
- 6단계 : 참여자들이 의견에 대해 선호하는 순서를 정하거나 몇 가지 의견을 선택하는 방법을 통해 개인적 의견을 집계하여 공동의 결과를 산술적으로 산출한다.

3) 델파이기법

- 델파이기법은 내용이 아직 알려지지 않거나 일정한 합의점에 달하지 못한 내용에 대해 다수의 전문가의 의견을 자기기입식 설문조사 방법이

나 우편조사 방법으로 표준화와 비표준화 도구를 활용하여 수회에 걸쳐 피드백(feedback)시켜 그들의 의견을 수렴하고 합의한다.

- 분석방법은 의견의 평균치(중간치) 중시, 극단적이거나 대립된 견해도 존중하고 이를 유도한다.
- 전문가의 선정기준은 델파이기법에 있어서 전문가 선정에 대한 문제는 매우 중요한 문제이다. 원래 델파이기법이 전문가적 직관을 객관화된 수치로 나타내는 방법이기 때문에 해당 분야에 경력자로 하되, 경력이 높은 교원과 저경력 교원들로 고르게 분포하여 신구 조화를 이루어서 실용적이고 창의적인 아이디어 창출한다.

4) 기타 PEST 분석, 프레임기법 등이 있다.

세부적인 기법에 대한 설명은 학교경영기법 장에서 다루고자 한다.

라. 학교교육 브랜드명 설정

학교교육의 목표와 비전이 설정이 되면 이것을 브랜드화함으로써 효과가 증대하게 된다. 학교교육 브랜드명을 보고 교사나 학생 그리고 학부모들은 지향하는 꿈을 갖고 거기에 맞는 교육활동 내용을 선택하여 전념할 수 있게 된다.

브랜드명을 설정하는 방법은 우선 교육과정의 교육목표와 추구하는 인간상을 연계하여 이미지화된 학교 비전을 나타낸다.

다음으로 그것을 바탕으로 창의적인 교육 브랜드명을 제시한다.

창의적인 교육 브랜드명의 예시는 다음과 같다.[4)]

4) 서울특별시교육청(2012). 학교경영 길라잡이, p. 23.

- 꿈 채움 교육으로 참삶을 가꾸는 교육
- 꿈 UP! 실력 UP! All STAR 으뜸 교육
- 꿈·열정·실천이 이루는 창의 · 인성 인재 양성
- 창의 · 배려의 행복 배움터, STAR로 키우는 학교
- 돌봄 · 탐색 · 즐거움이 있는 행복한 학교
- 배움과 나눔의 교실 수업 개선 '같이의 가치' 실현
- 소통 · 나눔 · 배려로 학생과 선생이 성장하는 학교
- 창의 · 인성 키움!! 청솔 RAINBOW 교육과정 운영
- 선택을 존중하고 나눔을 실천하는 좋은 학교
- Service-Study-Support 전략을 통한 창의적 인재 양성
- 행복 · 만족 · 신바람으로 '행복 꿈터' 만들기
- 큰 꿈, 좋은 생각, 새로운 도전

2. 구성원 관계 리더십

학교장의 비전 리더십이 강하면 강할수록 구성원들과 관계 개선에 노력이 필요하다. 현재 학교 구성원들은 매우 다양하다. 교원, 교육행정 직원, 강사, 학교 회계 직원 등이 각자의 역할을 수행하기도 하지만 각자의 이해관계가 엇갈리기도 한다. 특히, 20대에서 60대까지 층을 이루고 있는 교원들의 관계를 바람직한 방향으로 이끌어 가는 것은 여간 어려운 일이 아니다.

학교장은 우선적으로 봉사와 희생이 필요하고, 좋은 관계를 형성하기 위하여 노력하여야 한다. 그리고 구성원들을 협력적 동반자로 여기는 것이 중요하며, 협력의 방법으로 의사소통 기술이 필요하게 된다. 소통이 어려운 일이 발생되기도 한다. 이럴 때 갈등 해소 등 기제관리가 필요하게 된다. 결국 다양한 의견과 소통 그리고 필요한 정보를 공유하는 네트워킹 전략이 요구된다.

가. 봉사와 희생

학교장이 리더로서 권위를 확보하는 방법으로는 학교장으로서의 탁월한 업무 능력을 발휘하는 것, 학교 구성원, 학부모 등과 좋은 인간관계를 맺는 것, 적재적소에 사람을 배치하는 것 등이 있으나 가장 중요하면서 확실한 방법은 구성원들과 학교 관련자들을 위하여 봉사하거나 희생하는 것이다.

권위는 학교장이 구성원들과 학교 관련자들을 향한 봉사와 희생에 바탕을 두며, 학교조직의 리더에게 있어 봉사와 희생의 구체적인 내용은 구성원들의 당면한 욕구를 규명하고 충족시키는 것이라 할 수 있다. 리더의 봉사와 희생은 사랑에 근거한다. 여기서 사랑은 감정으로서의 사랑이 아닌, 행동으로서의 사랑이다(서울특별시교육청, 2012).

이 봉사와 희생은 바로 의지와 관련되어 있다. 의지는 의도와 행동이다. 의도와 행동이 조화를 이룰 때 비로소 바람직한 사람, 바람직한 리더의 길에 들어서는 것이다. 확고한 의지를 가지고 자신을 닦아 나가며 구성원들을 위한 희생과 봉사라는 실천을 행동하고 그로 인하여 형성된 자연스러운 영향력과 권위에 기반하여 리더십을 발휘하는 것이 구성원 관계 리더십의 첫 번째라 할 수 있다.

나. 관계 형성자

학교 조직의 인간관계 형성에서 학교장의 역할은 매우 중요하다. 학교 조직에서 동료 간의 인간관계, 직원간의 인간관계 등이 교직에서 더 많이 강조되고 있다. 학교생활에서는 인간관계 형성에 따라 학교의 분위기가 달라진다.

학교 조직에서 좋은 인간관계를 형성하기 위한 원칙들이 있는데 그 내용은 다음과 같다.5)

---

5) 서울특별시교육청(2012). 학교경영 길라잡이, p. 25.

① 상대방에 대하여 비판하기 전에 자신을 먼저 돌아보라.
② 명령하지 말고 협조를 구하면서 도움을 청하라.
③ 작은 일에도 칭찬을 아끼지 마라.
④ 경청하라, 그리고 적절한 질문을 하라.
⑤ 인간관계 형성을 밑바탕으로 하는 신용 있는 사람이 되라.

관계 형성자의 중요한 역할 중에는 효율적인 의사결정 과정이 필요하다.

학교교육활동 중에서 생활교육의 예시를 들어 보면 다음과 같다.

생활교육은 법령과 학교 규정이 중요하다. 이 법령과 규정을 살펴보는 것이 무엇보다도 우선되어야 할 요소다. 그 다음에는 규정에 따른 절차가 중요하다. 학교규정에 제시된 각종 위원회의 설치와 회의 진행 그리고 관련 서류도 또한 중요한 절차에 속한다. 각종 위원회에서는 공동사고로 충분한 의견과 브레인스토밍을 한다. 위원회 또는 각종 회의에서 결정된 내용에 대하여 학교 관리자는 빠른 결정을 내린다. 빠른 의사결정의 과정은 신중하지만 진행은 신속하게 이루어져야 한다.

많은 학교에서 의사결정 과정에 오류를 범하는 것은 결정에 대한 잦은 번복이다. 이 번복은 매우 위험한 학교 문화를 만드는 결과를 가져오기 때문에 주의하여야 할 사항이다(서울특별시교육청, 2012).

다. 협력적 동반자

관계 형성과 더불어 중요한 것은 동반자 관계를 형성하는 일이다. 동반자 관계 형성은 학교 구성원들과 공감대를 형성하고, 학교교육의 목표 달성에 기여하게 되며 그에 따라 교육 가족들의 만족도를 높이게 된다.

또한 학년경영과 학급경영의 중요성이 대두되면서 학년경영이나 학급경영이 강조되고 있다. 학교경영은 학교장과 학년 또는 학급을 경영하는 교사들과 동반적인 관계 형성이 긴밀하게 이루어질 필요가 있다. 학교장의 동반자적인 마인드는 중간 리더인 학년부장이 팀 리더십을 발휘하고 교사들이 생활 · 인성교육을 강조하게 되어 학급경영기법이나 마인드를 형성하는 것에 크게 영향을 미친다. 이는 교직원이나 학부모들과도 똑같이 적용이 된다.

학교교육에서 교직원과 학부모 등과 동반자 관계를 유지하기 위한 전략은 다음과 같다.

우선은 정직한 의견과 정보를 서로 공유하여 신뢰를 가지는 것이다. 정확한 정보를 제공하는 것은 리더로서의 책임감을 가지는 것이 그 바탕이 된다. 또한 어떻게 하면 서로 지원하고 도움을 줄 것인가를 고민하는 것도 동반자 유지 전략에 중요한 요소가 된다. 정보를 서로 공유하고 지원하는데 몰두하려면 노력을 필요하다. 노력은 또한 성실성과도 연계되기도 한다.

라. 의사소통 활용 기술

구성원들과 관계를 형성하고 동반자로서의 그 역할을 다하기 위하여서는 구성원들과 의사소통이 잘 이루어져야 한다. 이를 위한 전략적인 방안은 다음과 같다.[6)]

① 주의집중 기술 : 수용, 관심, 비언적 기술, 공감, 성실성, 친밀감, 이해
② 대화촉진 기술 : 적극적 경청, 격려, 질문, 침묵
③ 반추 기술 : 환언, 명료화, 해석, 요약
④ 저항 해소 방법 : 저항 인정, 저항 명료화, 문제해결, 해결책 확인

학교장은 평소에 적극적인 의사소통을 실천하여야 한다. 다음과 같은 단계를 거치면서 실천하면 용이하다.[7)]

---

6) Jerry W. Gilley, Steven A. Eggland & Ann Maycunich Gilly(2003, 장원섭 역). 인적자원 개발원론, 서울: 학지사.
7) 서울특별시동작교육지원청(2007). 위고(We Go) 리더십 프로그램 운영집.

1) 침묵의 대화

상대방의 이야기에 침묵으로 들어주는 것을 말한다. 침묵으로 들어준다는 것이 무표정하게 아무 말도 하지 않고 있는 것을 뜻하지 않는다. 때에 따라서 고개를 끄덕이든가, 눈을 맞추고 적극적으로 경청하는 등 침묵을 벗어나는 것도 필요하다. 상대방이 반드시 대답을 듣고자 할 때도 침묵을 지켜야 하는 것은 아니다. 방해되는 말을 하지 않고 들어주는 것이다.

2) 대화의 열쇠로 사용하는 말투

대화의 열쇠란 교직원이 자연스럽게 자신의 감정이나 문제를 이야기할 수 있도록 유도해 주는 간단한 말들을 가리킨다. 자신의 감정이나, 아이디어, 판단 등을 이야기하는 것이 아니라 상대방으로 하여금 자신의 느낌이나 생각, 아이디어를 이야기하게 하는 것이다. 좀 더 적극적으로 이야기할 수 있게끔 도와주는 것이다. 이 때 주의할 점은 무비판적인 말들이어야 한다는 점, 그리고 질문, 충고 등의 말은 피해야 한다는 점이다.

3) 깊이 듣는 대화

상대방의 말을 적극적으로 듣는 것이 필요하다. 이것을 적극적 경청이라고도 한다.

- 상대방의 표현 속에 숨겨진 느낌이나 생각을 찾는다.
- 무엇 때문에 그런 느낌이나 생각이 들었는지 그 이유를 찾아본다.
- 찾아 낸 감정을 가지게 된 원인을 이야기한다.

4) 업무에 대한 대안 함께 찾기

관리자가 서둘러서 어떤 대안을 제시해 주지 말고 교직원이 스스로 대안을 생각해 보도록 하는 것이 좋다.

그러나 교직원이 스스로 해결책을 생각해 낼 수 없을 때는 관리자가 어떤 대안을 가볍게 제시해 주는 것이 좋다. 교직원이 어떤 문제에 닥쳤을 때 관리자의 역할은 도움을 주는 전문가의 역할이라는 것을 명심하여야 한다.

또 다른 대안으로는 관리자가 자기 노출을 하는 것이다. 만약 지난 시절에 그와 유사한 상황에 직면한 경험이 있었다면 자신의 경험을 털어놓으면서 당신이 성공했던 해결책을 말해 주도록 한다.

교직원이 선택한 해결 방안이 위험한 경우나 가치관에 위배되는 경우가 아니라면 설령, 교직원이 실패할 확률이 높은 대안을 선택할지라도 잠잠히 수용할 수 있어야 한다. 결국 교직원은 실패한 아이디어를 통해서도 배울 것이 많은 것이다.

최종적으로 교직원이 무엇을 언제 하려고 하는지에 대하여 물어 보도록 한다. 부드럽게 질문하도록 하고 교직원이 일련의 행동을 취할 준비가 아직 되어 있지 않다면 상당한 시간이 필요하다는 사실을 인정할 필요가 있다.

학교가 의사소통이 잘 이루어지다가 어떤 경우에 의사소통의 걸림돌이 실제로 발생하는 경우가 있다. 이를 해결하는 방안으로는 다음과 같은 방법들이 있다.

(1) 교직원과 재미있는 시간 갖기

- 간단한 기구를 가지고 놀이하기 : 윷놀이, 공놀이 등
- 특별한 간식 만들어 주기

- 같이 산책하면서 이야기 나누기
- 농담하기 혹은 유머 나누기

(2) 방법

- 최소의 비용을 들여서 함께 즐길 수 있는 활동을 한다.
- 교직원에게 아이디어를 물어 보되, 나름의 아이디어를 가지고 있어야 한다.
- 함께 진정으로 즐겨야 한다.
- 놀이 시간을 이용해서 평소에 교직원이 잘못했던 행동을 지적하지 않도록 한다.
- 놀이와 함께 놀고 난 소감을 서로 나누는 습관을 갖는다.

마. 기제[8]관리

학교 조직 생활에서 다양한 구성원들과 함께 교육활동을 전개 시 나타나는 기제에 대한 전략적인 관리가 필요하다.

1) 칭찬과 벌

칭찬은 집단적으로 하는 것도 가능하고 개인적으로 접근하는 것도 가능하다. 일관성이 있어야 하고 많이 할수록 효과가 많다. 칭찬은 적재 적시가 중요하고 진정성에서 나와야 한다. 진정성이 없는 칭찬은 오히려 독이 되기도 한다. 칭찬은 구체적으로 제시하는 것이 좋은 방법이다. 또한 칭찬은 대상에 따라 다르게 적용하는 것이 중요하다. 적절한 보상도 중요하지만 전문가인 경우에는 신뢰와 격려의 방법을 주는 것이 한 조직에 열정을 다하게 된다. 칭찬은 학교 조직에서

8) 인간의 행동에 영향을 미치는 심리의 작용이나 원리.

가장 많이 활용할 수 있는 방법이다.

피그말리온 효과, 플라시보 효과 등 긍정의 원리에 따라 칭찬하되, 대상과 수준에 맞게 적절한 칭찬이 타당하며, 필요시 벌을 활용할 수 있지만 가급적으로 벌은 최우의 수단이여야 한다.

2) 갈등 해소

학교교육 활동에서 의사소통과 의사결정 그리고 성과 달성과 구성원 만족도 등에 따라 다양하게 나타나는 갈등을 신속하고도 합리적으로 해결하는 열쇠가 갈등관리다. 다음은 갈등관리의 전략이다.

3) 갈등관리 전략

(1) 전략 1

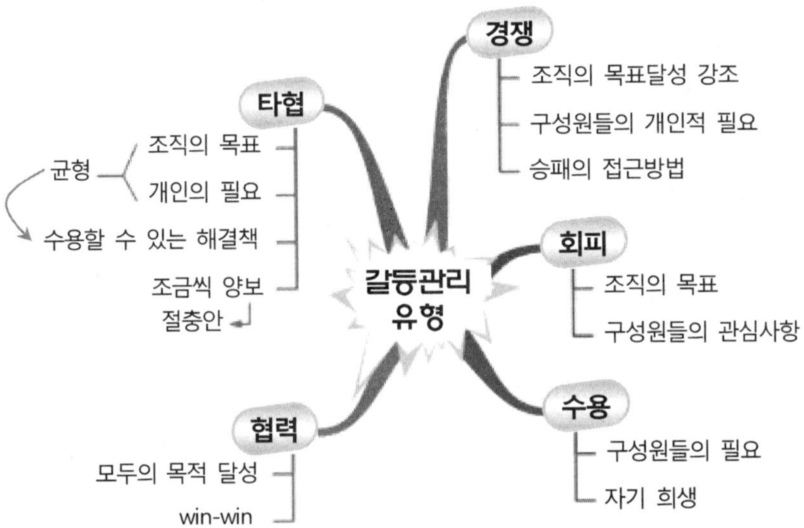

http://howto.egloos.com/2063128

(2) 전략 2

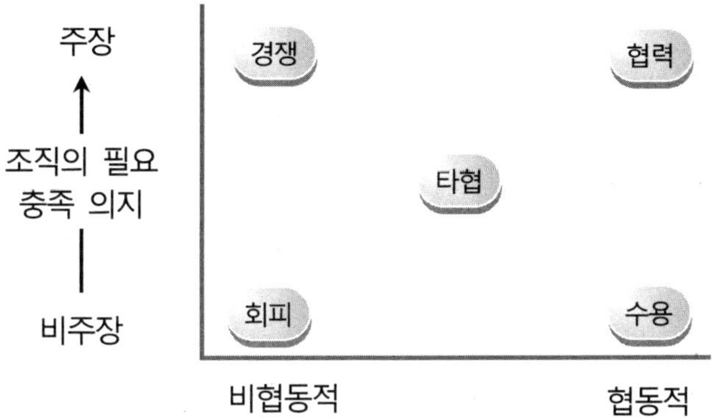

http://howto.egloos.com/2063128

(3) 전략 3

① 경쟁이 적절한 상황

- 신속한 결정이 요구되는 긴급 상황
- 중요한 사항이지만 인기 없는 조치가 요구되는 경우
- 조직의 성장에 매우 중요한 문제일 때
- 타인을 부당하게 이용하는 사람에게 대항할 때

② 회피가 적절한 상황

- 쟁점이 사소한 것일 때
- 해결책의 비용이 효과보다 훨씬 클 때
- 사태를 진정시키고자 할 때
- 더 많은 정보를 얻는 것이 꼭 필요할 때
- 다른 사람들이 문제해결을 더 효과적으로 해결할 수 있을 때
- 해당 문제가 다른 문제의 해결로부터 자연스럽게 해결될 수 있을 때

③ 수용이 적절한 상황
- 자기가 잘못한 것을 알았을 때
- 다른 사람에게 더 중요한 사항일 때
- 보다 중요한 문제를 위해 좋은 관계를 유지할 때
- 손실을 극소화하기 위할 때
- 조화와 안정이 특히 중요할 때

④ 협력이 적절한 상황
- 양자의 관심사가 매우 중요하여 통합적인 해결책만이 수용될 때
- 학습하는 것을 목표로 할 때
- 다른 관점을 지닌 사람들로부터 통찰력을 통합하려 할 때
- 합의와 헌신이 중요할 때
- 관계증진에 장애가 되는 감정을 다루기 위할 때

⑤ 타협이 적절한 상황
- 목표가 중요하지만 잠재적인 문제가 클 때
- 당사자들의 주장이 서로 대치되어 있을 때
- 복잡한 문제에 대한 일시적인 해결책을 얻기 위하여
- 시간 부족으로 신속한 행동이 요구될 때
- 협력이나 경쟁의 방법이 어려울 때

4) 분노 조절[9)]

(1) 반대로 행동한다.

격렬한 감정을 다스리려면 반대로 행동해야 한다. 분노의 반대는 회피하거나

9) 유태우 역(2009). 내 몸 젊게 만들기, 김영사.

터트리는 것이 아니라 공감대를 형성하는 것이다. 새치기한 사람을 욕하는 대신, 그에게 그럴 수밖에 없는 이유가 있을 거라고 생각해 본다.

(2) 자신의 행동을 돌이켜 본다.

자신이 하루동안 느꼈던 모든 감정과 그 이유를 기록해 본다. 그러면 자신에게 분노를 일으키는 상황과 유형을 깨닫게 된다. 대개 자신이 존중받지 못했거나 귀한 시간이 낭비될 때 또는 모욕을 당했을 때 분노가 치민다.

(3) 운동을 한다.

화가 날 때 자기 자신에게 '무조건 참아야 한다.'라고 말하는 것은 가장 나쁜 방법이다. 왜냐하면 내 몸은 위협이나 분노를 느낄 때 뭔가 행동을 하도록 만들어져 있기 때문이다. 팔굽혀펴기나 스트레칭 또는 심호흡을 하는 것이 좋다.

(4) 적절한 말을 사용한다.

'절대로' 또는 '언제나' 같은 단어를 신중하게 사용해야 한다. "이젠 더 이상 안되겠네" 또는 "당신은 언제나 그래" 같은 표현은 정확하지 않을 뿐 아니라 화만 돋우고 문제를 해결할 방법을 없애 버린다.

바. 네트워킹(networking)

학교경영에서 구성원 관계 리더십으로써 네트워킹을 활용하는 것은 정확한 정보를 파악하고, 구성원들을 배려하고 이해할 수 있으며, 원만한 인간관계를 형성하게 하는 중요한 요소이다.

우선 정확한 정보를 파악하기 위하여 구성원의 특성과 심리의 파악이 필요하고 구성원의 과업과 상호작용, 집단의 역동 구조를 이해할 필요가 있다. 그리고 구성원의 역할 구조를 파악하고 구성원의 내·외적 문화를 이해하는 것이 필요하다. 구성원의 개별 특수 사항을 이해하는 것도 한 방법이다.

다음으로 배려와 이해를 위하여 인간적인 친화력과 상대를 배려하려는 노력이 필요하고, 구성원 각각에 대한 세심한 관심을 갖는 것이다. 이는 상호존중과 수평적 관계 형성에 도움을 준다. 그리고 자율성과 전문성을 존중하고 소외자와 낙후자의 자신감을 회복하도록 격려하는 것도 한 방법이다.

다음으로 원만한 인간관계를 형성하기 위하여서는 인간중심에서 비롯된 사회적 친화력과 사교성을 육성하는 것이 필요하다. 그리고 인간적인 매력을 유지하고 개인차의 인정과 배려, 개인의 강점과 잠재력 판단, 가치명료화 능력, 목표 달성을 위한 헌신적인 태도, 집단 토의력, 경청 및 수용력, 협의·협상력, 협동심 자극력, 소신 관찰력, 갈등 해소력, 모델화 능력 등의 방법을 활용하는 것이 필요하다.

원만한 관계 형성 전략으로는 학교경영자는 효과적인 훈화 전략이 필요하다. 우선 호흡을 가다듬고 천천히 말하고, 또박또박하게 말하며, 말끝을 분명하게 말하는 것이 좋다. 분위기를 타고 가며 강조기법과 유머를 활용하는 것도 중요하다. 유머 전략과 웃는 표정 등이 관계 형성에 중요한 방법이 되기도 한다.

끝으로 학교경영자가 고민하고 생각하여야 할 부분이 교육공동체 형성에 대한 과제[10]이다.

학교는 학생, 교사, 관리자, 지역사회의 교육공동체이다. 학교교육과 관련해서 공동체 형성을 위한 방안으로는 다음과 같다.

우선, 학교교육을 위한 공동체 의식을 가진다. 학교교육은 교사뿐만 아니라 관리자, 지역사회 및 국가적 차원에서의 협력을 필요로 한다는 뜻이다. 이는 학교교육의 제 관련자 및 기관이 학교교육의 발전을 위해 공동으로 노력해야

10) 충청북도교육청(2003). 충북교육 발전을 위한 교육 공동체의 참여 실천 방안, 교육정책연구 2003-공모-1.

하며, 이런 공동의 노력들은 학교교육 발전에 기여한다.

이를 효과적으로 추진할 수 있는 세부 실천 방안은 주인의식을 갖고 서로의 영향력에 의한 관련성을 인식하는 것이다. 또한 욕구와 가치관에 대한 서로 조절과 충족을 생각하여 보고 유대감을 향상할 수 있는 기회와 효과를 얻을 수 있는 다양한 프로그램을 실시하도록 한다.

학생, 교사, 관리자, 지역사회 모두가 학교를 자신들의 삶과 성장에 도움이 되는 곳이라고 인식하는 것을 공동체 의식이라고 할 수 있다. 학교는 학생들이 그들의 발달에 필요한 개인 · 사회적 지식을 전수를 받는 것에서 그치지 않고 교사 및 관리자들도 학교라는 사회적 장소를 통해 또 그곳에서 행해지는 교육활동을 통해 자신들의 삶을 성장시킬 수 있는 곳이다.

3. 학습촉진 리더십

학교경영자는 학교교육의 목표와 비전을 갖고 구성원들과의 원만한 관계 형성이 되어 학교교육의 발전이 이루어질 것으로 기대하게 된다. 그런데 이럴 때 발전적인 학교 모습을 기다리고만 있으면 되는 것일까?

학교경영자는 학교의 발전을 위하여 교직원들의 개인 개발과 조직 개발을 위하여 교장으로서 지원 역할이 필요하다는 생각이 들게 된다. 그러나 막상 지원하려고 하지만 좋은 방법이 떠오르지 않아 고민이 된다. 학교장은 적극적인 지원을 하기 위하여 학습조직이 이루어져야 하며, 이를 촉진하는 리더십을 발휘할 필요가 있다.

학습촉진 리더십에는 지원중심 컨설팅과 학습촉진자 역할 그리고 조직 개발로 나눌 수 있다.

가. 지원 중심 컨설팅

지원 중심의 컨설팅을 하기 위하여서는 방법적인 요소가 필요하다. 방법적인 요소로 많이 활용되는 것은 코칭, 멘토링, 컨설팅 등이 있다. 이를 교육과 상담 등과 각각 구분하여 보면 다음과 같다.11)

표 3-2

구분	대상	목표	커리큘럼	주도역할	기타
코칭	1 : 1	불분명	불분명	상호	코칭(조언)과 대상자가 함께 방안을 모색하고 현재와 미래의 관계에 집중
멘토링	1 : 1	불분명	불분명	멘토	시범 및 롤모델 제시, 관련업무의 선배 등 멘토가 주도적이기는 하지만 멘티의 적극성에 따라 성공 여부의 관건
컨설팅	1 : 1 또는 기타	분명	불분명	상호	상호 동등한 관계로 컨설티의 요청에 성립되지만 문제해결 방법은 컨설턴트가 제시
상담	1 : 1 또는 기타	분명	불분명	상담자/상호	현재 문제와 과거의 관계에 집중
교육	1 : 다수	분명	분명	교사/상호	정해진 교육과정과 교사의 선택에 따라 다양한 방법 구사

이 방법들을 학교경영에 활용 때는 교직원 상황이나 여건 그리고 문제상황에 따라 적절한 지원 방법을 다르게 구사하는 전략이 필요하며, 특별히 강조되는

11) 서울특별시교육청, 2012.

방법은 멘토링이다. 멘토링은 전문가와 비전문가의 연결이라는 개념보다는 서로를 이해하고 도와주는 협력적 관계의 의미가 강하다. 이 관계는 멘토와 멘티가 서로 바뀔 수 있고 수시로 변화될 수 있는 유기적 관계로 보는 측면이 강하다. 앞으로의 모든 교육의 분야는 멘토링과 같은 방법이 주류가 될 것으로 보인다.

멘토링의 적용 분야를 구체적으로 살펴보면 다음과 같다.12)

1) 신규교사 적응력 향상 멘토링

- 신규교사와 경력교사 및 전문가를 1 : 1 또는 1 : 소수 인원으로 연결한다.

2) 업무수행 멘토링

- 새로운 보직교사와 기존 보직교사를 연결한다.
- 전문가 양성 대상자와 전문가를 연결한다.

3) 교직 생활 멘토링

- 슬럼프(slump)에 처한 교원과 이를 극복한 모범교원을 연결한다.
- 고충이나 애로사항이 있는 자와 이를 극복한 교원을 연결한다.

4) 핵심역량 개발 멘토링

- 승진 대상자와 관리자 및 전문가를 연결한다.
- 수업 전문가와 수업 방법 개선 희망자를 연결한다.

---

12) 서울특별시교육청, 2012.

5) 첨단지식 및 기술공유 멘토링

- 자격증 희망자와 자격증 소지자를 연결한다.

나. 학습촉진자

학습촉진자의 의미와 역할은 다음과 같다.13)

학교현장은 적극적인 지원하는 개발과 촉진이 매우 필요한 시점이다. 지원이라는 의미는 교육수요자가 만족만 하는 단계로 기본적인 단계이다. 보다 큰 만족과 충족이 이루어지기 위하여 지원, 개발, 촉진까지 확대의 개념으로 해석하여야 할 필요가 있다. 단순히 학생, 학부모, 교사들에게 만족하는 소극적인 지원은 현행 유지에는 효과가 있지만, 보다 큰 만족을 위하여서는 학생, 교사, 학부모까지를 포함한 모두가 자기의 능력을 자발적으로 개발하도록 하는 것이다. 나아가서 미래를 향하여 각자의 리더십을 발휘하면서 자기의 잠재된 능력을 발현하도록 촉진하는 것까지 확대하는 것을 말한다.

지식과 수업 경험을 연결하여, 교사들이 새로운 정보를 수업에 적용할 수 있도록 돕는 역할이다. 정보를 교사들의 개인에게 친숙한 일반적인 경험을 통해 삶과 연결시켜 주어야 한다. 학습에 동기와 촉진을 진작시키는 역할이다.

학습촉진자는 요구사정, 교수활동, 프로그램 설계와 개발, 평가 기술을 가지고 있어야 한다. 또한 구조화된 공식적 교육과 비구조화된 비공식적 학습 모두를 이해해야 한다.

학습촉진자 역할에서 동기유발은 매우 중요한 요소이다.

동기 유발과 만족감을 부여하는 것은 학습촉진자의 매우 핵심적인 요소이다. 현재 교원들의 경력단계는 2정, 1정, 교감, 교장 등으로 구분되어 있다. 한

13) 서울특별시교육청, 2012.

사이클 형식에서 다차원 형식으로 경력단계에 따라 구분하고 있다. 일률적인 지원보다는 교원의 연령과 생애주기에 맞는 지원이 필요하다.

교직원 교육조직 역량 강화를 위한 교육프로그램 운영 강화 방안으로 교직원 가임여성용, 결혼초기 교직원, 교직원 학부모용, 원로교직원용, 정규직용, 학교 회계직용 등을 연령과 환경에 맞는 지원이 필요하다. 또한 개인 개발과 조직 개발의 조화가 필요하다고 할 수 있다. 승진 또는 타 기관 등 파견이 보다 자유롭게 이루어지도록 하여 개인 개발이 활발하면서도 학교 조직의 공헌도를 고려한 인사 제도가 필요하다는 의미이다. 즉, 교육조직의 고착화가 아니라 교육조직의 다변화를 지원한다.

다음으로 학습촉진자는 변화를 이끄는 역할이 필요하다. 교육자 또는 훈련가, 행동모형 연구자 또는 이론가, 자원 정보 제공 및 연결 고리 전문가, 지원자 또는 촉진자, 진단, 학습, 점검 등 문제해결을 지원하도록 한다.

변화촉진자의 역량은 다음과 같다.

- 개인적인 경험에서 우러난 자신의 가치관, 기술, 능력, 인성과 일치된 이론에 기초
- 대인관계 능력 : 의사소통기술, 경청, 면접 기술
- 개념화 능력 : 교직원 관심을 문제와 기회, 사고방식으로 이끌어 내는 능력
- 기술적 능력 : 다양한 체계적 절차들을 수행하는 능력
- 위 능력을 통합할 수 있는 능력

학습촉진자의 활동을 구체적으로 나타내어 보면 다음과 같다.

첫 번째, 래포를 형성하는 것이다. 적절한 개별적 관계 형성으로 래포형성으로 서로에 대한 호감도를 높일 필요가 있다.

두 번째, 요구를 파악하는 것이다. 학습활동을 설계하기 전에 질문지, 인터뷰, 초점집단, 공식적 토론 등을 통해 학습에 대한 요구와 의욕을 확인한다.

세 번째, 학습촉진자는 학습활동 전과 후에 업무수행에 어느 정도 영향을

미칠지를 파악하고 파악된 요구와 의욕에 따라 프로그램의 우선순위를 결정하도록 한다.

네 번째, 학습자와 상황에 맞는 관련 정보를 적재적소에 제공하도록 한다.

다섯 번째, 프로그램을 설계한다. 수행목표를 설정하고, 그 목표를 달성하기 위한 학습활동들을 선정하며, 그것들의 우선순위를 결정한다. 학습활동에 적절한 매체 자료, 훈련 보조물을 선정하도록 한다.

여섯 번째, 평가에서는 타당하고 신뢰성 있는 도구를 설계 · 개발하는 일과 성취도검사, 적성검사, 설문조사 등을 상황에 맞는 적절한 평가방법을 선택한다.

성공적인 촉진자 역할을 위한 구체적인 방안에 대한 예시로는 다음과 같다.[14)]

- 확실하고, 공정하며, 유연성이 있고, 유머감각을 가지도록 한다.
- 학습자가 말하는 모든 것들에 대하여 반응하여라. 학습자는 따뜻하게 환영받는 것을 좋아한다. 그들의 애교, 습관적인 행동들 그리고 학습과 관계없는 어떠한 것들에 대해서도 이야기하여라.
- 학습 그 주의 첫날 이전에 학습내용을 안내하라. 그리고 일관성이 있도록 하여라.
- 질문은 가급적 빨리, 적어도 24시간 이내에 응답하도록 하여라.
- 오랜 기간 동안에 학생들에게 예고 없이 학생을 떠나지 마라. 접촉이 불가능하다면 다른 방법(전화, 메일 등)으로 학생들과 접촉하도록 하여라.
- 유인물, 메시지, 그 날의 생각, 또는 매일매일의 일들에 대하여 보내지도록 노력하여라. 촉진자가 항상 거기에 있다는 것을 알게 하여라. 같은 내용의 파일을 나누어서 주기적으로 제공하여라.
- 일정상에서 자주 그리고 주기적으로 피드백하라. 또한 피드백 속에 일부 긍정적인 사항을 항상 제공하여라.

14) 서울특별시교육청, 2012.

• 유머감각을 활용하고 유지하여라. 유머감각을 가지고 있는 사람들이 보다 창조적이고 새로운 아이디어와 방법에 기꺼이 노력한다.

다. 학교 조직 개발

미래 지향 인재는 크게 두 가지로 자기수행능력과 조직발전의 영향력을 가진 인재라 할 수 있다. 그런 인재는 우선 학습관리, 시간관리, 건강관리 등 자기관리능력을 가진 인재이다. 그런 능력이 바탕이 되면 자기의 능력을 최대한 발휘할 수 있는 임파워먼트가 길러진다. 다양한 문제를 신속하고 빠르게 대처할 수 있는 문제해결력 또한 중요하다. 이런 자기관리능력, 임파워먼트, 문제해결력은 다양하고 적절한 체험적 경험을 통하여 길러진다.

개인능력을 갖추었다고 할지라도 학교 조직의 발전을 추구하지 않는다면 그것은 바람직한 인재라 할 수 없다. 협력적 팀워크가 바탕이 되는 대인관계 기술이나 대화는 그 시작의 기본이 된다. 서로의 지식을 공유하고 개인발전과 더불어 조직의 발전에 기여할 수 있어야 한다. 이때 지식 공유는 정보활용 능력을 활용하여 신속하고 빠르고 정확하게 이루어져야 한다. 개인적인 수행능력과 조직발전 능력은 한 마디로 리더십의 발휘라 할 수 있다. 기존의 많은 조직이 개인수행관리에 너무 치중하여 우수한 인재가 사회와 나라의 발전에 기여하지 못한 이유가 여기에 있다.

1) 학교 조직 개발과 개인 개발의 관계

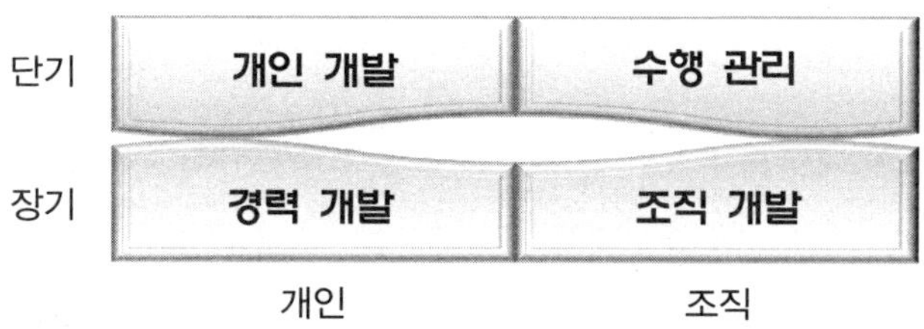

[그림 3-2] 인적자원개발 모형(인적자원개발론, 장원섭 역, 2003)

2) 학교 조직 개발의 과정

- 먼저 문제에 대한 정확한 규명이 필요하다. 또는 선정할 과제에 대한 명확한 인식이 중요하다.
- 다음은 관계 설정 단계로 서로의 역할과 기대를 파악한다.
- 다음으로는 진단단계로 자료나 현황을 정확하게 분석한다. 현황에서 원인이나 환경을 파악한다.
- 진단에 따른 해결책을 제시한다. 해결 전략은 막연한 방안보다는 구체적이고 현실적인 것이 타당하다.
- 이어서 해결책 실행단계이다. 방안 제시로 끝날 것이 아니라 실행하는 단계까지 이어져야 하며, 실행에 따른 환류와 평가단계도 반드시 거쳐야 할 필요 요소이다.

3) 학교 조직 개발 전략

학교 조직 개발의 효과적인 전략은 단순한 이론적인 요소이기보다는 실천적인 요소라 할 수 있다. 실천적이고 구체적인 전략으로는 다양한 경영과 조직 개발 기법을 활용하는 것이 바람직하다. 이에 대한 내용은 다음 장에서 다루고자 한다.

참고문헌

경남교육청(2004). 3분 훈화연구와 전달 방법 모색.
김도기 외(2012). 컨설팅장학 지침서 개발 연구. 한국지방교육연구소.
김성열(2012). 어떤 학교가 좋은 학교로 되는가? 교육개혁: 제도개혁에서 학교 개혁으로 세미나 자료.
배영직(2010). 교육정책포럼 2010년 통권 207호. 한국교육개발원.
부산시교육청(2008). 창조적 학교경영을 위한 관리자 매뉴얼.
서울교육연구정보원(2011). 교직실무편람.
서울특별시교육청(2011). 2011~2014 서울교육 발전계획 발표자료.
서울특별시교육청(2012). 학교경영 효과성 제고를 위한 학교경영 길라잡이. 정책연구과제 보고서.
서울동작교육지원청(2007). 위고 리더십 캠프자료.
서정화(2002). 교장학의 이론과 실제. 경기: 교육과학사.
아시아경제. 2030년 미래학교의 모습은 어떻게 바뀔까? 2011. 07. 15. 기사.
전세훈(2011). cafe.daum.net/tpgnswjs.
충청북도교육청(2003). 충북교육 발전을 위한 교육 공동체의 참여 실천 방안. 교육정책연구.
Michael Fredric Roizen(2009, 유태우 역). 내몸 젊게 만들기. 서울: 김영사.
Jerry W. Gilley, Steven A. Eggland. & Ann Maycunich Gilly(2003, 장원섭 역). 인적자원 개발원론. 서울: 학지사.

http://cafe.daum.net/tpgnswjs
http://cafe.daum.net/nanumspring
http://howto.egloos.com/2063128
http://kousa.tistory.com/549
http://k.daum.net/qna/openknowledge/view.html
학교학교교육연구원: http://korise.kr/mboard.asp?strBoardID=leadership01
우수 학교장의 리더십 특성 분석: http://blog.naver.com/ggotk/90074719183
한국교육개발원: https://www.edpolicy.net/
https://www.kedi.re.kr/khome/main/research/listExternalForm.do

제4장

효율적인 학교경영기법

배영직(서울특별시교육청 장학사)

1. 과제 관리
2. 원인 분석
3. 문제 해결
4. 실행 평가

학교에 맞는 효과적인 교육활동은 결국 구성원의 공동사고와 창의적 의사결정에서 나온다고 볼 수 있다. 기존에는 관리자의 결정에 의하여 주로 정하였다면 이제는 구성원의 협의를 바탕으로 관리자의 선택적 결정하는 쪽으로 변화하고 있다. 이것은 기존의 학교문화가 점차 바뀌어 가고 있다고 보아야 한다.

이런 학교조직의 변화를 위해서는 구성원들이 모두 자발적인 참여와 열정을 가지도록 비전을 인식하고 지속적인 성장을 위한 학습 촉진이 이루어지도록 하는 것이다. 구성원 혼자만의 역량을 강화한다는 것이 아니라 구성원 전체의 역량을 강화한다는 의미이다.

이를 위한 방법적인 대안으로 학교 내에서 일방적으로 전달하거나 대규모의 연수, 에너지 소모적인 회의, 참여가 이루어지지 않는 워크숍 등은 지양하고 참여를 통한 공동사고와 창의적 의사결정이 이루어지는 MASA 액션러닝 기법 등을 활용한 학교 운영 협의, 학습동아리와 같은 체제로 새롭게 운영할 필요가 있다.

본 장은 구성원들의 공동사고와 창의적 의사결정으로 구성원들의 역량을 강화할 수 있는 실제적인 학교문화 개선 프로그램(MASA 액션러닝 기법 활용)을 구안하고 학교 현장에 적용하여 효과적인 학교경영을 하는 기법을 제공하고자 한다.

학교문화는 조직문화에 대한 연구와 이해에서부터 출발하였다. 학교조직에서 나타나는 많은 것들은 학교문화의 맥락 속에 해석되어야 한다(Hoy & Miskel, 2001). 기존 학교문화는 학교 교육활동의 성과를 거두기 위한 조직 역할의 의미가 강하였다. 따라서 주로 학교장의 지도력과 교사들의 열정에 대한 연구가 다수였다. 그러나 학교풍토라는 개념의 도입으로 보다 심리적인 요인을 포함하는 구성원들의 관련성을 강조하게 되었다.

학교문화라는 개념을 정의하여 보면 그 학교의 전통, 역사, 교육풍토, 지리적 위치, 시설, 교직원 구성, 학부모의 기대 등이 한데 어우러져 만들어 내는 그 학교의 독특한 행동양식이라 정의하고 있다(석태종, 1996). 구성원들의 행동양식으로 행위의 시작과 과정 그리고 결과로 해석이 된다.

학교문화에서 관리자의 지원적 행동, 지식적 행동, 제한적 행동이 구분되고 구성원들의 단체적 행동, 친밀한 행동, 일탈적 행동으로 행동양식이 나타난다. 이와 관련된 구성원들의 행동양식과 학교문화(학교풍토) 유형의 관련성을 다음과 같이 나타낼 수 있다.

표 4-1 행동양식과 학교문화 유형

행동양식	학교문화 유형			
	개방	몰입	일탈	폐쇄
지원적	높음	낮음	높음	낮음
지시적	낮음	높음	낮음	낮음
제한적	낮음	높음	낮음	높음
단체적	높음	높음	낮음	낮음
친밀감	높음	높음	낮음	낮음
일탈적	낮음	낮음	높음	높음

출처: Hoy, W. K. & Miskel, C. G.(2001). Education Administration-Theory, Research, and Practice(6th Ed.). McGraw-Hill Higher Education.

구성원들의 행동양식에서 보면 지원적이고 친밀감이 높으면 개방적이고 학교 교육활동에 몰입 정도가 높다는 것을 알 수 있다. 구성원들이 서로 지원하고 친밀감을 가지고 개방적이 되려면 공동사고와 의사결정이 바람직하게 이루어져야 한다.

이것은 학교문화에서 공동사고와 참여적 의사결정이 중요한 행위 절차라 할 수 있다. 의사결정이 단순한 수적인 의미에서의 결정이 아니라 학교문화를 미래 지향적이고 올바른 방향으로 나아가는 것을 의미하다. 학교에서 의사결정의 방법인 회의, 워크숍, 연수 등에 대한 의미와 효과적인 기법에 대하여 심도있게 생각해 볼 필요가 있다.

학교에서는 여러 가지 워크숍 또는 테스크포스팀 운영 등이 많이 운영되고 있다. 그 워크숍과 데스크포스 개최의 목적은 전문가들의 공동사고를 모으고 어려운 과제를 해결하기 위한 방안을 모색하는 것이다. 그런데 기존의 방법대로 운영하면서 워크숍이라는 이름만 있고 내용은 전달식 연수나 안내로 끝나는 경우가 대부분이다. 학교구성원들은 자신의 의견을 청취하여 공동사고를 바탕으로 창의적 의사를 결정하는 것을 요구하고 있다. 학교업무에 의사결정을 해야 하는 많은 안건들이 있을 때, 그 안건을 효과적이면서 빠른 의사결정이 이루어지도록 하는 것이 중요하며, 그 과정에서 구성원들의 의견을 잘 수용하고 그 안건이 반영되어 학교 교육활동이 효율적으로 실행되게 하는 것도 관리자의 중요한 역할에 해당된다(성기옥 외, 2012).

학교경영을 지원하는 기법으로 가장 활용되는 것이 컨설팅 기법이다. 학교컨설팅(진동섭, 2003)이나 컨설팅장학 등으로 변화하면서 발전을 거듭하고 있다. 그 진행과정을 설명하면 다음과 같다.

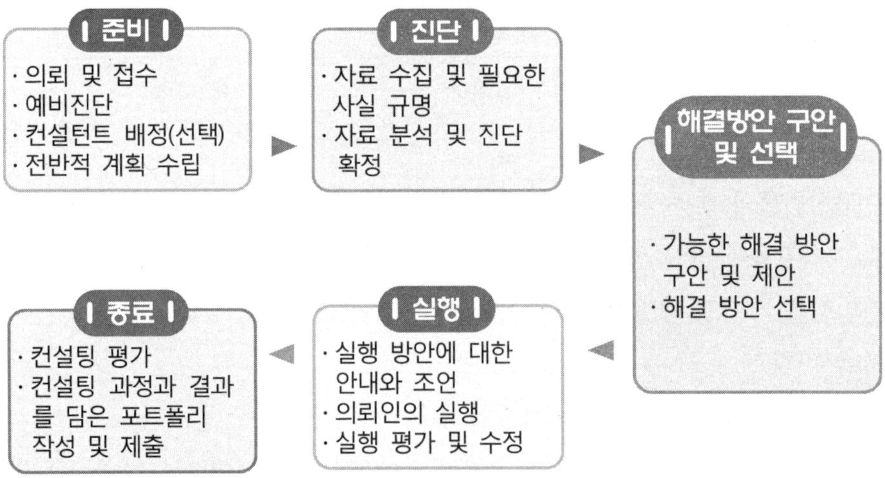

[그림 4-1] 컨설팅장학모형(김도기, 2012)

세부적인 기법과 절차의 예시는 [그림 4-2]와 같다.

준비

기반 조성	◁	- 기본 체제 구축 및 제도 마련 - 인적, 물적 자원 확보 및 관리 - 홍보 및 마케팅
학습 지원	◁	- 기본 컨설턴트 교육프로그램 - 전문 분야별 학습 모임
행정 지원	◁	- 컨설팅 계획 수립 및 안내 - 의뢰서 접수 및 판단 - 의뢰인과 컨설턴트 연결 및 안내 - 진행 절차 안내 및 서식 제공

진단 및 대안 모색 지원

협의회 참석	◁	진행 상황 파악
정보 및 자원 지원	◁	- 진단정보 및 도구 활용 지원 - 필요 인력 지원 - 유사 컨설팅 사례 제공
갈등 조정 및 중재	◁	- 모니터링을 통한 갈등 상황 파악 및 중재

종료

만족도 조사	◁	- 컨설팅 과정, 결과, 컨설턴트에 대한 만족도 조사
의뢰인의 자기평가 지원	◁	- 의뢰인이 자기평가를 하도록 지원 - 반성적 저널 작성 또는 질문지 조사
인력풀 재구조화 및 수행 결과의 학습 자료화	◁	- 만족도 조사결과를 바탕으로 우수 컨설턴트 풀 재구조화 및 보완 - 홈페이지상에 탑재하여 의뢰인이 선택할 수 있는 기능 연동 - 우수사례와 컨설팅 경험을 학습 자료화

[그림 4-2] 컨설팅 운영 과정과 전략

본 컨설팅기법은 학교컨설팅기법을 기반으로 하고 있다.

다음으로 교육청에서 주로 이루어지고 있는 컨설팅장학은 다음과 같은 절차에 따라 이루어지고 있다.

단계	내용	주체	세부 내용
계획 수립	컨설팅장학 추진 계획 수립 · 안내	교육청	컨설팅장학 추진 계획을 수립하여 학교에 안내
지원 장학	지원 장학 주간 운영	학교담당장학사	학기 초 담당학교를 방문, 연간지원 장학 및 일정 협의
장학 신청	컨설팅장학 신청	학교	장학 희망일자, 장학위원, 컨설팅분야 등을 기록하여 제출
장학 준비	컨설팅장학 시행 계획 수립 · 안내	교육청	장학 일정 및 장학위원을 해당 학교에 알림
사전 협의	컨설팅장학 사전 협의 실시	장학반	세부 장학 방향, 내용, 절차에 대한 사전 협의
장학 시행	컨설팅장학 시행	장학반	진단단계⇒대안 수립단계⇒실행 지원단계
결과보고서 제출	컨설팅장학 결과보고서 제출	장학반	결과보고서 작성 후 학교 및 학교담당 장학사에게 제출
결과 보고	컨설팅장학 결과 보고	학교	만족도통계표를 학교담당 장학사 및 교육청에 제출

출처: 2013 컨설팅장학지원단 워크숍 자료(서울교육연구정보원)

학교컨설팅 기반이나 교육청에서 이루어지고 있는 컨설팅장학은 진행 절차와 과정에 대한 설명은 충분히 다루고 있다. 그런데 이것을 학교현장에 실제로 적용하면서 어려움이 발생하게 되었다. 학교 현장이 매우 바쁘게 업무가 추진되고 있는 상황에서 반드시 거쳐야 하는 절차로 인식하면서 업무 과다로 여겨서 절차는 있는데 그 세부적인 운영기법에 대하여서는 특별한 안내가 부족하였다. 그러다 보니 학교현장에서 필요한 것이 아니라 하나의 거쳐야 하는 과정으로 여기게 되면서 형식화되기 시작하였다. 컨설팅의 도입은 학교현장에서 필요한 내용을 충족시켜 주고자 시작된 것인데 불구하고 오히려 애물단지가 되어 버린

경향이 종종 발생하였다.

이에 대한 새로운 모색으로 학교경영을 위한 효율적인 방법으로 새로운 기법인 액션러닝이 도입되고 있다. 그 중에서 가장 체계적으로 정리된 MASA 액션러닝기법을 도입하여 컨설팅, 회의, 워크숍, 연수에 적용하기 시작하였다.

MASA 액션러닝은 2012년 교육과학기술부에서 위탁을 받고 한국지방교육연구소와 한국학교교육연구원이 공동으로 개발된 컨설턴트 실무 역량 프로그램이다. MASA 액션러닝의 모델과 프로그램 내용을 살펴보면 다음과 같다.

표 4-2　MASA 액션러닝의 모델과 프로그램

프로세스(과정)	적용 기법	공통 기법
팀 빌딩 (Team Building)	Ice Breaking & Spot 기법	성찰
과제 관리 (Management)	브레인스토밍(Brain-Stoming)	
	PEST, SWOT	
	명목집단법(NGT), 다중투표법(Multi-Voting)	
원인 분석 (Analysis)	마인드맵, 다이어그램	
	5Why, 6가지 사고모자	
	Logic Tree, MECE	
문제 해결 (Solution)	사례분석, 아이디어릴레이,	
	의사결정그리드, PMI, 다중투표법(Multi-Voting)	
	5Why, 스캠퍼(SCAMPER)	
실행 평가 (Action)	Action Plan, 간트 차트, Blank Chart	
	포트폴리오	
	해결방안 평가 Sheet, 실행제안서	

출처: 성기옥 외(2012). 모든 교사는 컨설턴트다. 경기: 교육과학사.

이 경영기법의 도입은 다음과 같은 의미를 가지고 있다.

학교에서 공동사고와 창의적 의사결정을 위한 회의, 워크숍, 연수에 이 기법을 도입함으로써 학교의 자율성과 자생력을 확보하는 것이며, 나아가서 교원들의 자율성과 자생력을 확보하는 중요한 기법이 되고 있다.

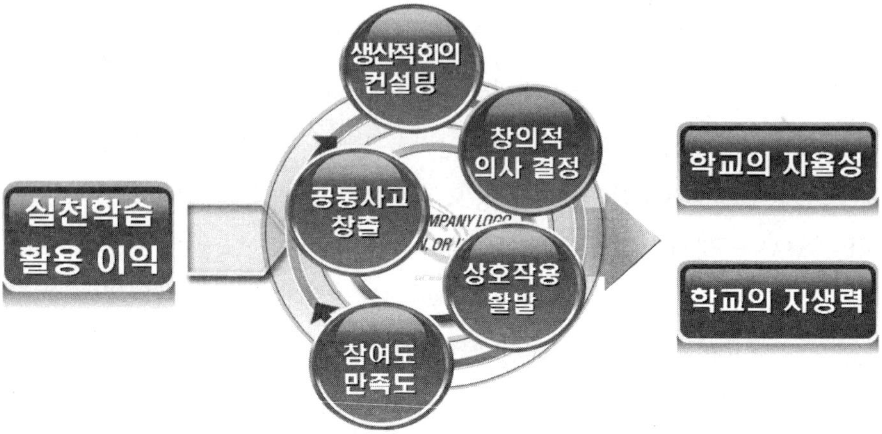

[그림 4-3] 액션러닝과 학교 교육활동의 의사결정

이 MASA 액션러닝 프로그램의 연수 결과를 바탕으로 학교 교육활동의 회의와 워크숍 등에 적용을 시도하였다(성기옥 외, 2012).

MASA의 4 과정과 각각의 기법을 실제 활용 측면에서 설명하면 다음과 같다.

1. 과제 관리

과제 관리는 바람직한 상태와 지금 현황의 격차를 줄이기 위해 현황을 진단하고, 과제를 선정하며, 과제의 이해 및 명료화하는 과정이다. 이 과정은 매우 중요한 과정이 된다. 여기서 잘못 과제가 선정되거나 구성원이 분명하게 이해되지 않으면 나중에 다시 여기로 돌아오는 경우가 종종 발생한다.

과제 관리의 절차와 기법은 다음과 같다.

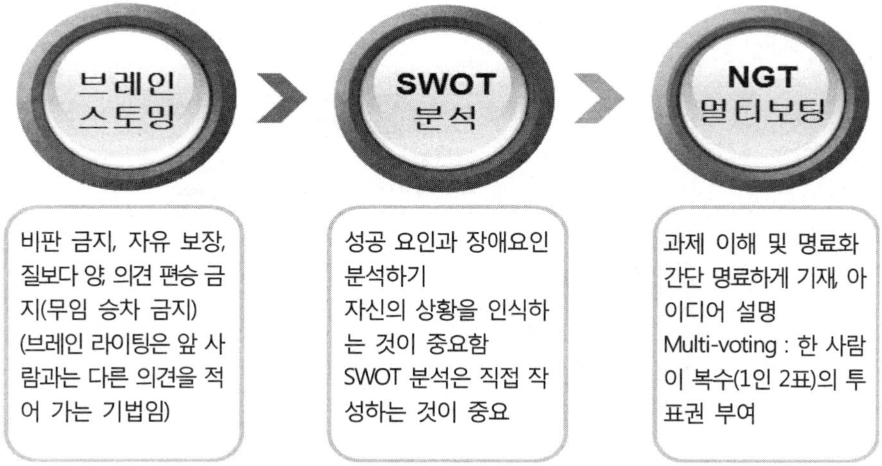

[그림 4-4] 과제 관리 절차와 기법

가. 브레인스토밍

브레인스토밍은 MASA 전과정에서 기반되는 기법이다. 우리가 해결해야 할 주제나 의사결정해야 할 과제가 나타나면 먼저 다루어야 할 것은 그 주제에 대한 충분한 논의가 필요하다. 논의는 그 주제에 대한 다양한 아이디어를 이끌어 내도록 하는 것이다. 이 기법은 주제에 대한 이해가 필요하며, 주제에 대하여 충분히 서로 공유하고 공감대를 형성하는 것을 의미한다. 서로 이야기를 하거나 간략하게 논의점을 제시하는 등이 있다. 이런 내용을 간략하게 쪽지와 포스트잇 등에 기록하여 제시하는 브레인라이팅과 같이 이루어지기도 한다.

나. SWOT 분석

브레인스토밍이나 브레인라이팅한 것을 바탕으로 현재 상황을 분석하는 기법이 SWOT 분석이다. 다음의 상황을 SWOT 분석과 분석에 따른 전략 과제 추출 방법이다.

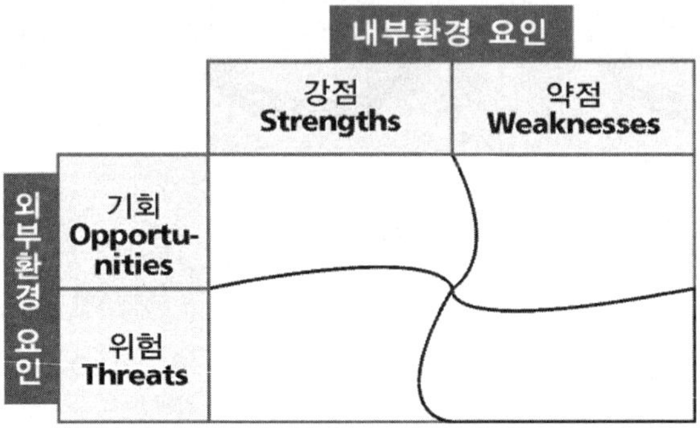

[그림 4-5] SWOT 분석 예시

표 4-3　SWOT 외부 환경 분석

외부 환경 분석	
기회 요인	• 전철 00역이 가깝게 있어서 전철을 이용한 현장 체험 학습에 유리 • 00산을 활용한 녹색 환경체험 학습에 유리 • 000대학교가 지역사회에 있어서 방과후 지도 및 협조 강사로 활용 가능 • 00복지관이 근접하게 있어서 지역사회 기관과 연계 활동이 가능함
위협 요인	• 학구가 광범위하여 여러 가지 안전 문제가 제기될 수 있음 • 학교주변에 이용할 수 있는 교육적인 문화시설이 부족함 • 생활교육은 이루어지고 있으나, 지속성과 체계성 확보가 미흡한 편임 • 학생들의 학력 향상과 진로에 대한 관심은 있으나, 방향 설정과 체계성에 대한 우려가 있음

표 4-4 SWOT 내부 여건 분석

• 내부 여건 분석		
강점	학생	• 학생 대부분이 정서가 안정되고 선생님 말씀을 잘 듣는 편임 • 교우관계가 원만함 • 학교 방과후 교육활동에 적극 참여함
	학부모	• 자녀 인성교육에 힘쓰고, 인성교육을 학교교육에서 중점을 두어야 한다고 생각함 • 배려와 나눔의 학부모 단체에 자발적으로 참여 · 봉사함 • 학부모 상호관계가 돈독한 편임
	교사	• 동료장학에 적극적으로 참여함(2012 학년별 동료장학 공개수업 98% 실시) • 교사들의 수업개선 및 전문성 신장을 위한 연수활동이 활발함 • 학생의 교육활동을 최우선으로 하는 교장의 경영 마인드 및 투명한 재정 운영
약점	학생	• 학습부진 및 결손이 누진되어 개별 지도가 필요한 학생이 상당수 있음 • 가정환경의 불안으로 인한 부적응 및 주의력 결핍 및 과잉행동장애 아동이 다수 있음
	학부모	• 가정적으로 방임 · 방치되는 경우가 많고, 가정폭력 등의 위기가정세대가 다소 있음
	교사	• 학급당 학생수가 많은 편으로 다른 학교에 비해 학급담임 업무비중이 높은 편임

표 4-5 SWOT 분석에 따른 방안 수립

구분	대 책
기회-강점 (SO) 대책	• 진로 적성에 따른 미래 인재 육성을 위한 기본 교육 조성과 방향 설정 강화 • 학교 구성원들의 공동사고와 창의적 의사결정으로 참여중심의 내실 있는 학교 운영 • 학교 주변을 활용한 환경 · 녹색체험프로그램 등 창의적 체험활동 개발 및 운영

구분	대 책
위협–강점 (ST) 대책	• 실천적 생활교육의 지속성과 체계성 확보를 위한 인성교육 및 팀프로젝트 학습의 기반 조성 • 책임 있는 소집단 수준별 수업 운영(부진아전담강사 활용)으로 기초학력 정착 • 다양한 동아리활동(토요동아리) 및 방과후학교 프로그램 개설 및 충실한 운영(문예체 활성화) • 교과와 연계한 창의적 체험활동 실시교육으로 안전사고 대비 철저
기회–약점 (WO) 대책	• 학부모 자기계발 기회 제공 등 지역연계 교육공동체 활동 강화 • 합리적인 업무분담으로 교원의 교육활동 전념 지원 강화 • 다양하고 친절한 학교활동 홍보 및 안내로 맞벌이 가정의 교육 참여도 신장
위협–약점 (WT) 대책	• 학기 중 부진학생을 위한 「해오름교실」 프로그램 운영 • 교과 체험학습 및 창의적 체험활동 활성화로 다양한 체험 경험을 제공함으로써 지역의 한계를 극복함 • 온종일 돌봄교실의 운영으로 맞벌이 가정의 자녀관리

다. NGT와 투표기법

SWOT 분석의 전략과제를 가지고 명목상의 집단으로써 전문적인 의견을 제시하는 방법이 NGT기법이다. 이 때 제시된 의견은 그룹화되면서 중복되는 것을 제거하거나 비슷한 것을 분류하기도 한다. 이렇게 제시된 의견을 가지고 팀원들이 투표하여 결정하는 것이다. 투표는 안건의 수에 따라 1인이 투표하는 수가 다르다. 일반적으로 1인 2표나 3표 등이 있다. 한 건에는 1표만 투표가 가능하다. 이는 투표의 결과로 안건의 순위가 나오게 하기 위해서이다. 팀원들이 최종적으로 주제와 과제를 선정하게 되는 과정에서 활용하는 기법이다.

다음 그림은 실제로 활용한 예시이다.

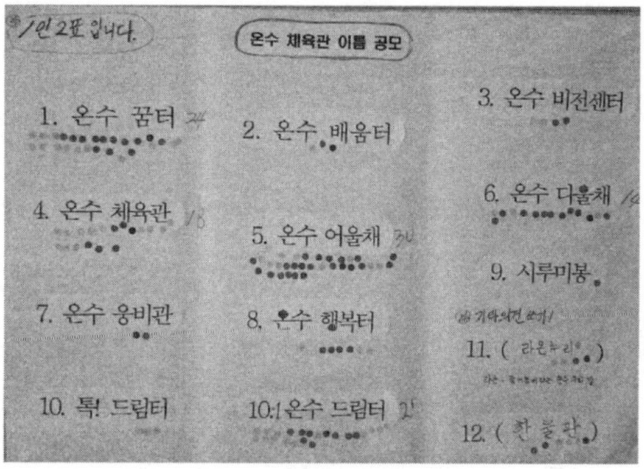

[그림 4-6] NGT와 투표기법의 예시

2. 원인 분석

원인 분석은 최종 선정된 과제(바람직한 상태)에 관련된 현 상태에서 나타난 문제들이 무엇 무엇이 있고, 그 문제들이 발생하는 근본적인 원인을 다양한 측면에서 찾아 내는 과정이다. 선정된 과제에 따라 정확한 원인을 찾아 내는 것이 본 과정의 핵심이라 할 수 있다.

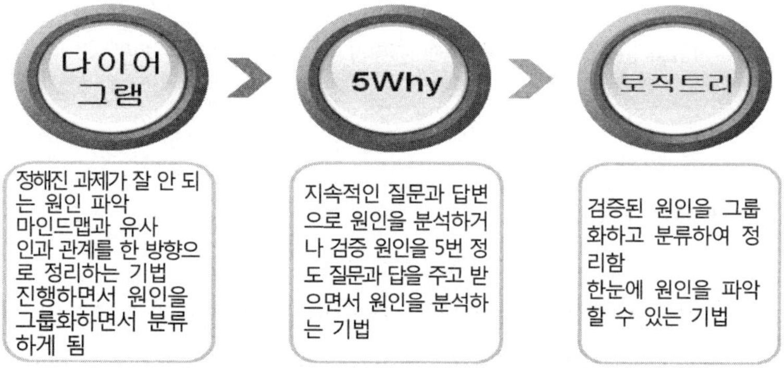

[그림 4-7] 원인 분석 절차와 기법

가. 인과관계 다이어그램

이전 과제에서 선정된 과제에 대하여 인과관계를 다루는 기법이다. 이 기법은 선정된 과제가 잘 이루어지지 않는 원인을 찾는 기법으로 일종의 브레인스토밍 기법이라 할 수도 있다. 잘 되지 않는 이유를 팀원들이 다양한 원인을 제시하고 제시된 것을 그룹화하는 기법이다.

다음 그림은 실제로 활용한 예시이다.

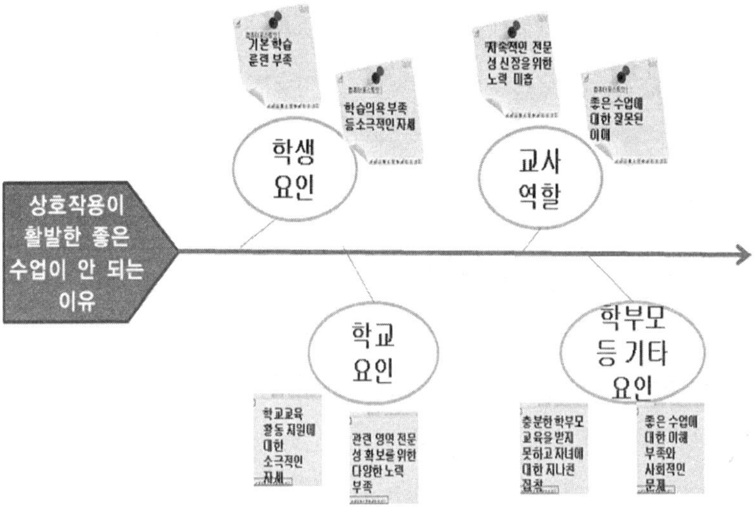

[그림 4-8] 교원 학습동아리 연구회 발전 방안 워크숍 지원 사례

나. 5 Why 기법

제시된 원인들을 가지고 검증하는 기법이다. 원인을 가지고 5번 심도 있는 질문과 답으로 그 원인을 검증하는 기법으로 원인이나 제안들을 생각보다 쉽고

간단하게 확인 · 분석하는데 활용할 수 있는 유용한 기법이다.

다음과 같은 예시로 그 기법을 이해할 수 있다.

1 Why : 학생들의 수업에 집중하지 못하는 이유는?
→ 수업이 재미없어서

2 Why : 수업이 왜 재미가 없는가?
→ 수업 준비가 부족해서

3 Why : 왜 수업 준비가 부족한가?
→ 업무가 많아서 준비 시간이 부족하여

4 Why : 왜 시간적 여유가 없는가?
→ 타 업무가 많아서

5 Why : 그럼, 학생들의 수업에 집중하지 못하는 원인은 학생요인인가요?
→ 아니요. 학생요인이 아니고 교사요인이 된다(요인 이동 변경됨).

다. 로직트리 기법

검증한 각 원인들을 정리하는 기법이다. 원인들을 카테고리에 따라 분류 · 정리하여 분명하게 제시하는 기법으로 이 기법에 대한 발전적인 요소가 많다. 로직트리로 연구보고서나 학위 논문을 쓸 수 있을 정도로 매우 유용한 기법이다. 본 내용에서는 로직트리에서 기본적인 기법만을 활용하고 있다. 다음은 그 대표적인 예시이다.

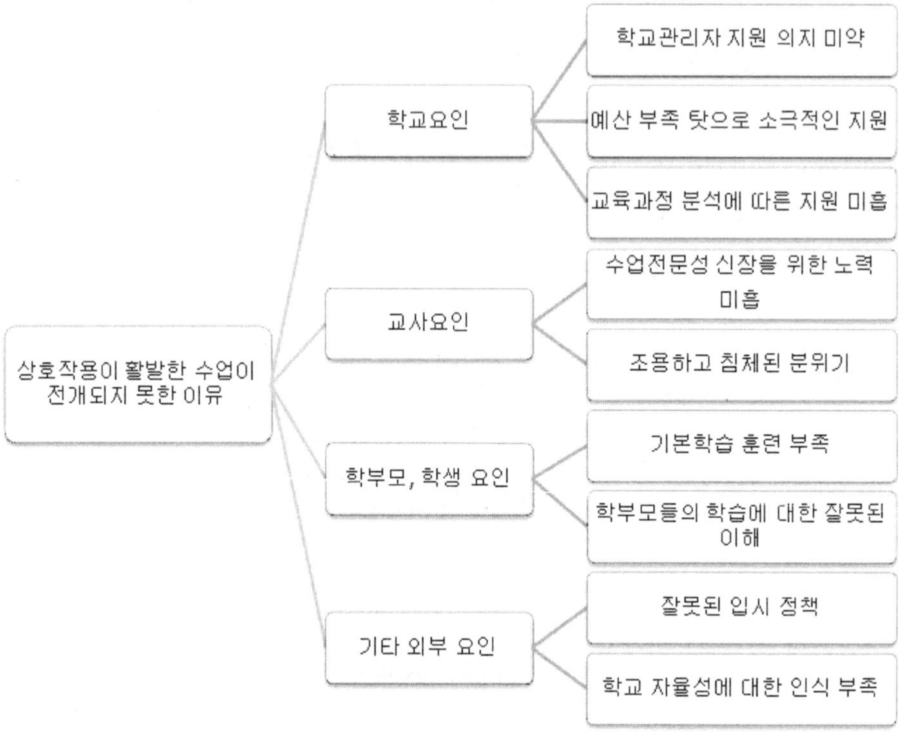

[그림 4-9] 로직트리 활용의 예시

3. 문제 해결

문제 해결은 분석된 원인을 바탕으로 문제 해결 및 대안을 제시하는 과정이다.

[그림 4-10] 문제 해결 절차와 기법

가. 아이디어풀

이전 과정에서 정리된 원인을 가지고 그 원인에 맞는 해결방안을 찾는 방법으로 벤치마킹, 우수사례, 해결 아이디어 등을 브레인스토밍과 같이 제시하는 기법이다. 학교현장에서 해결 방법을 찾지 못하여 고민하는 경우가 종종 있다. 이 때 간단하면서 손쉽게 방안을 찾을 수 있는 기법으로 활용되고 있다.

다음은 그 활용의 예시이다.

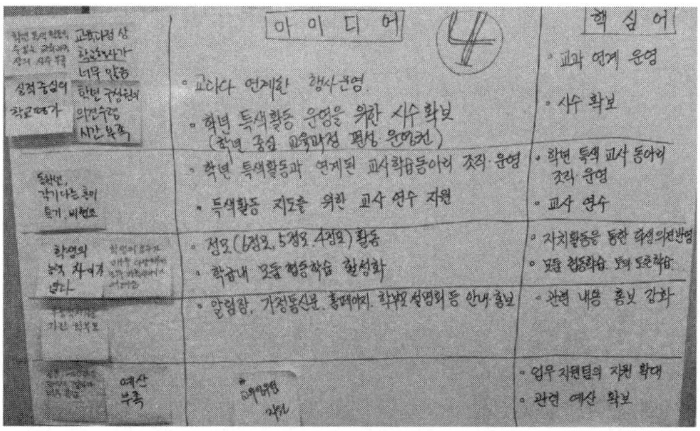

[그림 4-11] 아이디어풀의 활용 예시

나. 의사결정 그리드

제시된 아이디어를 가지고 팀원들이 의사결정하는 단계로 이전에는 NGT와 투표기법을 활용하였으나, 본 단계에서 보다 정교한 의사결정 방법으로 의사결정 그리드 기법을 활용하는 것이 제시할 수 있다. 제안될 해결 방안을 놓고 중요도와 실행용이성을 가지고 순위 결정하여 최종 해결안을 선정하는 기법이다. 이 기법은 어린 학생들이나 어른 모두가 흥미를 나타내고 활용이 많이 되고 있는 기법이다.

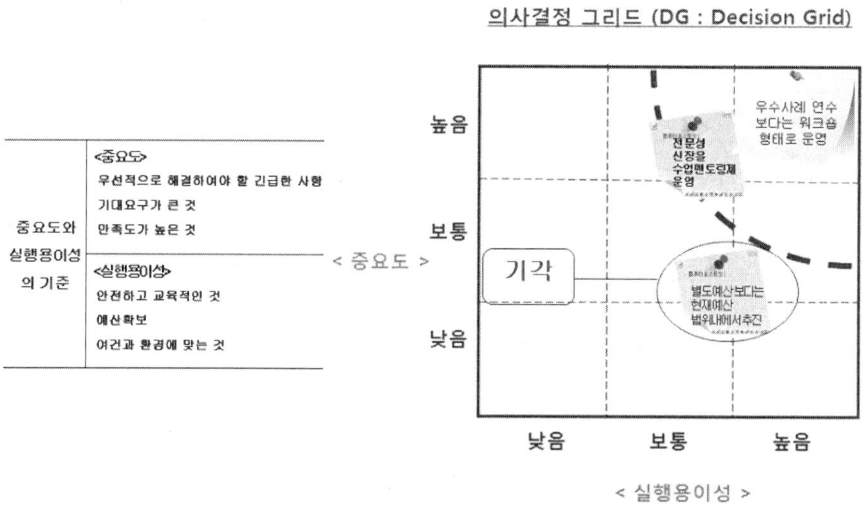

[그림 4-12] 의사결정 그리드의 활용 예시

다. PMI 기법

의사결정 그리드에서 선정된 해결안을 가지고 검증하는 기법으로 PMI이나

SCAMPER 등을 활용할 수 있다. SCAMPER는 7단계를 거치는 검증이라면 PMI는 3단계로 간략하면서 긴요한 방법으로 검증할 수 있는 기법으로 널리 이용되고 있다.

해결안 하나하나를 가지고 P→M→I를 거치면서 수정 · 보완하여 최종해결안으로 선정된다.

다음은 PMI 기법의 활용 예시이다.

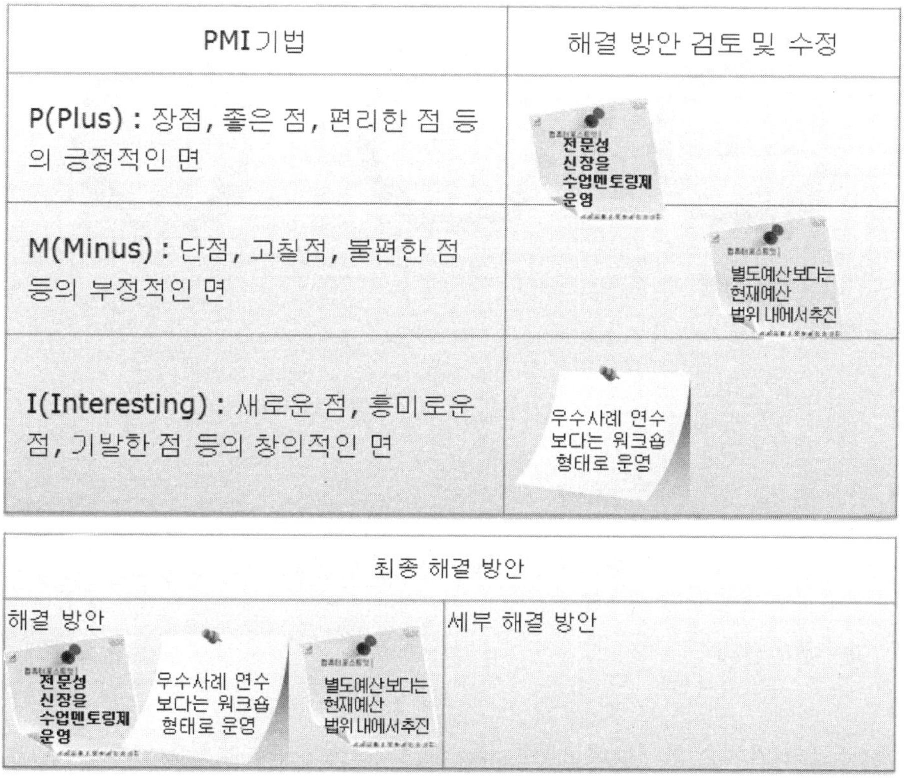

[그림 4-13] PMI 기법의 활용 예시

4. 실행 평가

실행 평가는 학교현장에 적용을 위한 실행계획(액션플랜) 및 그리고 피드백(포트폴리오)을 통한 평가과정이다.

[그림 4-14] 실행 평가 절차와 기법

가. 액션플랜

검증된 해결안을 가지고 실행 추진 계획을 수립하는 단계로 구체적이고 세부적인 추진 과정을 제시하고 실천을 옮길 수 있는 방법을 제시하는 기법이다.

다음은 그 활용의 예시이다.

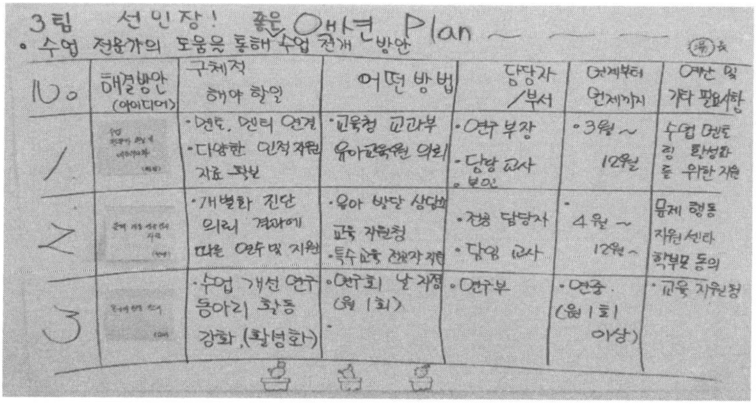

[그림 4-15] 액션플랜의 활용 예시

나. 성찰

세부 추진 계획을 세운 것으로 끝나는 것이 아니라 학교 교육활동에서 마무리 부분에서는 반드시 성찰을 거치는 것이 바람직하다. 성찰은 진행과정에 대하여 팀과 더불어 개인 모두가 스스로 점검하고 확인하는 기법이다.

다음은 그 활용의 예시이다.

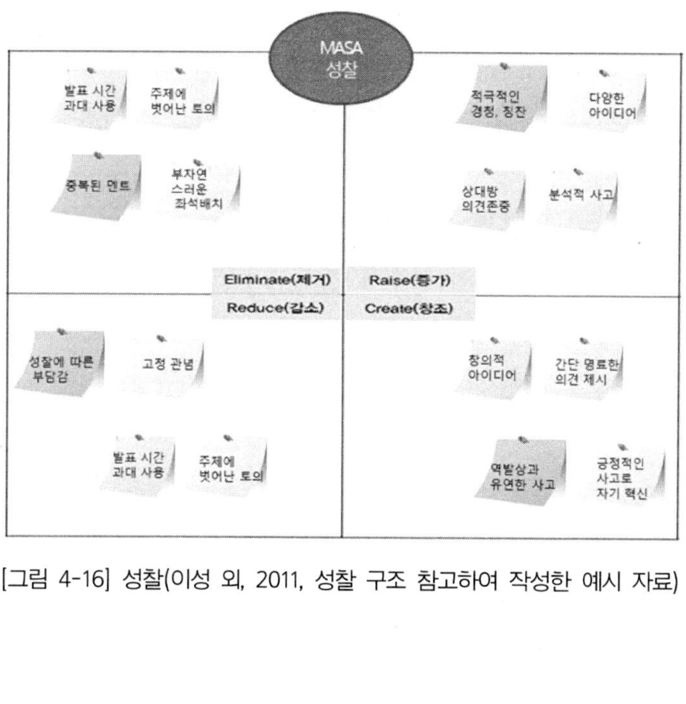

[그림 4-16] 성찰(이성 외, 2011, 성찰 구조 참고하여 작성한 예시 자료)

다. 결과 보고

과제를 해결한 후 최고 의사결정자에서 보고하는 단계이다 이 단계는 성찰 단계와 바꾸어 진행하여도 무방하다. 결과 보고는 일종의 포트폴리오 기법이다. 지금까지 진행한 MASA 과정을 그대로 남겨서 보고하고 발표하는 형식의 단계이다. 논의 과정을 다시 정리하여 보고서를 작성하는 기존의 번거로움을 해결하기 위한 기법이다. 이 보고의 흥미로운 점은 발표하는 사람이나 도움을 준 사람 모두가 성과에 대한 만족을 가져온다는 것이다. 그것은 모든 과정에서 모든 팀원들이 각자의 역할을 충실히 하여 창의적인 추진 성과를 도출하였기 때문이다.

지금까지 MASA 4과정에 대하여 설명하였다. 여기서 중요한 한 가지는 MASA 4과정을 시작하기 전에 반드시 거쳐야 하는 것이 있는데 그것은 구성원의 래포를 형성하고 분위기를 조성하는 기법이다. 팀빌딩이나 아이스 브레이킹(Ice Breaking)이 그 대표적인 기법이라 할 수 있다.

아이스 브레이킹은 구성원들과 래포 형성을 위한 활동으로 서로의 마음을 열고 서먹한 분위기를 부드러운 분위기로 바꾸어 주는 기법(예, 차 마시기, 명함 주고받기, 자기소개하기, 눈 마주치며 인사하기 등)이다. 여기에 잔잔한 음악 배경이나 자신의 신변 이야기로 분위기를 조성하는 것도 필요하다.

팀빌딩(Team Building)은 팀의 명수를 정하고 팀이름, 구호, 팀장, 팀룰 등을 정하는 것이다.

다음은 그 활용의 예시이다.

팀이름	○○팀
팀구호	○○○ ○○○ ○○○
팀룰	의견편승금지, 의견시간 과다 사용금지, 칭찬과 격려 등
성명	부서(연락처) / 역할(비고)
○○○	팀장
○○○	⋮
○○○	⋮
⋮	⋮

MASA 액션기법 외에도 중요한 기법으로 전문가협의회, 델파이기법, 시나리오기법 등이 있다.

전문가협의회는 델파이기법(Delphi Technique)의 '결정 과정에서 서로간의 상호작용에 대한 기회 결핍은 소외감을 느끼게 한다. 주어진 질문에 대해 반응할 기회가 없어 문제 해석이나 의사 전달상에 충분한 반응을 보일 수 없다. 반응결과의 요약에서 상반되는 문제나 갈등이 있는 문제를 깊이 다룰 수 없다' 등의 단점을 최소로 줄이기 위해 고안된 방법이다.

시나리오기법은 여러 가지 그럴듯한 미래 상황의 전개를 토대로 선정된 해결안의 단기 및 장기 계획 수립에 도움을 주는 연구 방법이다. 해결안에 따른 대안 계획 수립 시 해결안에 대한 현장 적용 가능성을 검토하는 것뿐만 아니라 예상되는 문제를 최소화에도 활용되는 방법이다.

학교문화(풍토)는 변화가 필요한 시기이며, 이런 변화는 구성원들의 적극적인 참여와 열정을 다할 수 있는 실천적인 방안을 찾고 있다는 것을 의미하기도 한다. 여러 검증과정을 거친 MASA 액션러닝 프로그램과 같은 사례들은 학교교육활동에서 구성원들의 공동사고와 창의적 의사결정을 할 수 있는 방법적인 접근으로 매우 적절하면서 타당성이 높다. 이와 관련된 연구와 사례를 바탕으로 학교의 회의, 워크숍, 연수 등 형태와 시간에 따라 적절하게 운영 프로그램 기법을 적용하면 효과적이다.

기법은 그 자체가 목적이 되지 않도록 하여야 한다. 기법은 쉽게 변형하여 창의적으로 활용하는데 그 의미가 크다. 따라서 너무 기법에 얽매지 말고 필요에 따라 가감하여 활용하는 것이 바람직하다.

참고문헌

김도기 외(2012). 컨설팅장학 지침서 개발 연구. 한국지방교육연구소.

성기옥 외(2012). 모든 교사는 컨설턴트다. 경기: 교육과학사.

서울특별시교육청(2012). 학교경영 효과성 제고를 위한 학교경영 길라잡이. 정책연구과제 보고서.

서울교육연구정보원(2013). 컨설팅장학지원단 워크숍 자료집.

이성 외(2011). 자기관리와 미래준비, 정보와 자원 관리. 서울: 경문사.

진동섭(2003). 학교컨설팅. 서울: 학지사.

Hoy, W. K. & Miskel, C. G.(2001). *Education Administration-Theory, Research, and Practice*(6th Ed.). McGraw-Hill Higher Education.

제5장

소통과 참여의 학교 조직문화 구현

임종근(경일중학교 교장)

1. 학교 조직문화의 요소
2. 학교 조직경영의 기본 방향
3. 학교 조직문화 혁신과제

역대 정부와 시 · 도교육청의 교육정책에는 '새 학교 문화 창조', '학교 문화 선진화', '학교 혁신' 등의 용어가 자주 사용되었다.

학교 조직문화의 개념은 교육학자마다 다양한 정의를 내리고 있으나, 일반적으로 학교 조직문화는 학교라는 교육기관의 관습, 풍토, 제도와 시스템, 구성원의 가치와 철학 등 다양하고 복합적인 요소를 총칭하는 개념이다.

학교장은 학교의 교육력을 제고하고 학교 발전을 도모하기 위해서는 학교 조직문화에 관한 깊이 있는 연구와 함께, 새로운 발상과 아이디어로 학교 혁신을 위한 노력을 꾸준히 하여야 한다.

본 단원에서는 학교 조직문화의 개념과 구성요소, 학교 조직경영의 기본방향을 생각해 보고, 구체적으로 학교 조직문화 혁신을 위한 당면과제와 실천전략, 세부과제 추진에 필요한 학교장의 역할에 관하여 제언하고자 한다.

1. 학교 조직문화의 요소

학교 조직문화란 가시적 요소인 제도와 조직 구조, 운영 방식, 전략과 프로세스, 비가시적 요소인 교육공동체의 신념, 가치, 철학, 사고와 감정, 인간관계 등을 포함하는 다양하고 복합적인 개념이다. 따라서 학교 조직문화의 개선과 혁신은 그리 쉬운 과업은 아니다. 학교 구성원들이 함께 지혜를 모아 끊임없이 조직문화를 연구하고, 새로운 발상과 아이디어를 적용하면서 시행착오를 거듭하는 과정에서 얻어지는 성과이다.

학교의 조직문화는 기업의 조직문화와는 여러 면에서 차이점이 있으나, 세계적인 컨설팅 기업인 맥킨지(Mckinsey)가 제시한 조직문화에 영향을 주는 조직 내부요소 7S는 학교 조직문화의 요소 분류에 적용이 가능하다.

조직문화의 7가지 요소 (7S)	1. 공유가치(shared value) 2. 구조(structure) 3. 제도(system) 4. 전략(strategy) 5. 구성원(staff) 6. 기술(skill) 7. 관리 스타일(style)

공유 가치는 학교 구성원의 공통된 교육관, 가치관, 신념 등으로 공유가치가 형성되기 위해서는 참여와 소통의 회의문화가 학교에 정착되어야 한다. 구조는 교무행정조직과 업무분장, 의사소통 채널, 권한 관계 등 구성원의 역할과 상호관계이며, 제도는 학교 운영체제의 기반인 학교규칙, 학교교육과정 및 교육시스템이며, 전략은 학교 비전과 목표, 목표 달성을 위한 각종 교육 계획과 프로그램이며, 구성원은 학생, 학부모, 교직원 및 지역사회를 포함한 교육공동체이며, 기술은 학교경영 및 교육활동의 전문성이며, 관리 스타일은 학교장, 교감, 중간관리자인 부장들의 리더십 유형과 역량 정도를 의미한다.

그 동안 정부와 시·도교육청에서 교육 비전으로 제시한 '학교 문화의 선진화', '학교 혁신', '행복교육'은 변화하는 우리 사회의 트랜드와 시대정신을 반영하고 교육의 본질과 정의를 구현하고자, 구시대적인 학교의 모습을 미래지향적이며 지속발전 가능한 방향으로 혁신하려는 교육문화 운동이다.

성공적인 조직의 문화적 특징은 조직의 비전, 목표, 전략이 조직원에게 폭넓게 공유되고, 원칙과 관례보다는 개인이나 소수의 아이디어가 중시되며, 조직공동체의 정체성 확립을 위한 분위기가 조성되어 있으며, 조직원은 조직의 일이 나의 일이라는 연대감을 갖고 있다. 반면에 다음과 같은 조직은 조직문화의 변화와 혁신에 저항요소가 될 수 있다.

○ 보수적인 조직문화

– 일반적으로 조직 구성원들은 조직문화 속에서 이미 사회화되어 있기 때문에 현실에 안주하려 하며 새로운 변화를 꺼린다.

○ 정형화된 조직구조

– 새로운 조직은 구성원들에게 새로운 사고와 행동양식을 요구하게 된다. 따라서 기존 행동양식에 익숙한 구성원들은 구조 변화에 저항하게 된다.

○ 인적자원의 한계

– 조직을 변화시키려면 많은 시간과 자본 그리고 변화가 요구하는 능력과 자질을 갖춘 숙달된 전문인력이 필요하다. 이러한 인적자원이 부족할 경우 조직은 변화의 필요성을 느끼면서도 변화를 이끌어 내기는 어렵다.

○ 이해관계가 대립

– 조직변화로 인해 이익이 되는 부서와 손해가 되는 부서, 변화를 수용할 수 있는 여건이 마련되어 있는 부서와 그렇지 않은 부서 간의 갈등과 불협화음은 변화를 어렵게 만든다.

조직 변화의 저항 원인(윤대혁, 2009)

2. 학교 조직경영의 기본 방향

학교장은 급변하는 시대적 상황과 다가오는 미래를 예측하면서, 미래사회에 필요한 인재를 육성하고 학교교육의 본질을 구현하기 위해서는 지속발전 가능한 미래지향적인 학교경영에 모든 역량을 집중하여야 한다. 미래지향적인 학교 조직경영의 기본방향은 교육수요자의 입장에서 크게 3가지로 생각할 수 있다.

가. 학생의 '개성'과 '능력' 중시

학생들의 다양한 개성과 잠재능력이 충분히 발휘될 수 있도록 교육과정은 개별화 교육과정으로 다양하게 편성되어야 하며, 학생 개개인이 스스로 배움의 즐거움과 자아성취감을 느낄 수 있도록 수업은 체험학습이나 프로젝트학습 등으로 전환되어야 한다.

미래사회를 살아갈 우리의 자녀들에게는 비판적 · 분석적 능력, 문제해결능력, 창의력 등의 핵심역량이 필요하다. 학교에서는 지식위주의 주입식교육과 경쟁교육을 지양하고 학생 개개인의 진로와 적성을 고려한 학생중심 교육과정 운영과 진로진학 지도에 역점을 두어야 한다.

나. 학생의 '다양성'과 학교의 '특성화' 중시

학생들의 재능과 잠재능력은 학생 수만큼 다양하다. 그들의 다양한 재능과 능력을 학교교육에서 맞춤식으로 계발해 주는 것이 학교교육의 본질이다. 중학교는 특목고와 자율형고등학교, 고등학교는 명문대학 입학을 목표로 성적위주의 지식교육에 치중하여, 학교 교육과정은 특성화되거나 다양화되지 못하고 붕어빵처럼 획일적으로 운영되어 왔다. 미래사회는 다양화시대이며 자율과 경쟁의 시대이다. 다양한 분야의 인재를 육성하기 위해서는 다양한 모형의 학교가 설립 · 운영되어야 하며, 학교마다 교육과정이 특색 있게 운영되어야 한다. 그래야만 학생들이 자신의 적성과 진로에 맞는 교육을 받을 수 있으며, 학교는 학생들의 진정한 배움터 역할을 수행할 수 있다.

다. 학교의 '공개'와 '평가' 중시

미래의 학교는 지역사회의 교육기관이자 평생교육기관으로서의 역할을 수행하여야 한다. 앞으로 모든 학교는 학교경영 및 제반 교육 활동을 학부모와 지역주민에게 적극 안내하고 홍보하여야 하며, 매년 교육 결과에 대한 평가를 철저히 하여 그 성과를 다양한 방법으로 교육수요자인 학생과 학부모에게 충실히 공지하여야 한다.

3. 학교 조직문화 혁신과제

가. 학생 문화 혁신

1) 학급회의 활성화 방안

학교라는 조직의 발전은 작은 단위의 학급이 효율적으로 운영되어야 한다. 학급은 학생들의 학습 활동뿐 아니라 생활을 하는 공간이다. 학생 개개인은 다양한 학급 활동을 통해서 공동체의식과 민주시민의식을 배우며 자아실현의 꿈을 키운다. 그런 점에서 담임선생의 학급경영은 대단히 중요하다.

성공적인 학급경영은 학급회의의 활성화에서 비롯된다. 학생들이 스스로 학급의 문제를 찾아 해결하고, 그들이 주도적으로 학급을 즐겁고 행복한 분위기로 만들어 가도록 학급회의를 학급의 문화로 정착시켜야 한다. 학급회의의 활성화를 위해서는 우선적으로 다음과 같은 과제를 수행할 필요가 있다.

(1) 학급회의의 정례화

학사일정에 학급회의가 계획되어 있으나 그 시간을 담임시간으로 보내거나, 학교폭력 및 성폭력 예방교육, 생명존중교육, 안전교육 등 지침에 의한 교육을 해서는 안 된다. 학급회의는 학급 운영의 기본인 참여와 소통의 장으로 반드시 실시하여야 하며 학생자치활동의 최우선 순위가 되어야 한다.

학급회의의 정례화를 위해서는 우선적으로 회의진행 절차 및 방법에 관한 교육이 필요하다. 평소에 국어, 도덕, 사회 교과에서 토의·토론학습 모형으로 수업진행을 진행하면서 회의 역량을 갖도록 교육할 필요가 있다. 특히, 학급회의를 주관하는 회장과 부회장 대상으로 원만한 회의진행 방법을 훈련시켜야 한다. 그리고 건의사항에 대해서는 신속하고 성의 있는 처리를 해야 한다.

*** 건의사항 처리의 공식통로 마련 및 시스템화**
학급회의(학급일지, 건의사항기록부)→학생회 회의(건의사항 수합 · 정리)→교직원회의 → 결과처리 공개(게시판, 홈페이지 등 활용)

(2) 학교생활과 밀접한 안건 선정

담임선생은 학생들과 협의하여 학생들이 제안한 주제, 학급의 현안 등을 안건으로 확정한다. 또한, 학교규칙과 같은 모든 학생과 관계된 안건은 학생회에서 사전에 의안을 공고하고 모든 학급이 동일한 안건으로 학급회의를 진행하도록 한다.

(3) 학급회의와 학생회 연계

학급의 건의사항은 대부분 학교 생활과 관련된 내용이므로 학생회에서 모든 학급의 건의사항을 수합하여, 공통사항, 시급사항, 논의사항 등으로 구분하고, 학생회 임원회의, 그리고 학생간부와 교직원과의 간담회를 개최한 후, 최종 회의결과를 모든 학년의 학급에 공개한다.

독일의 성 애매람 실업학교(St. Emmeram Real-Schule) 실습규칙

○ 반드시 선생과 함께 !
 - 작업장에는 혼자 들어가지 말고 반드시 선생님과 함께 들어간다.
○ 옷은 바로 입는다 !

- 스카프, 리본, 넓은 자켓은 벗어서 옷장에 보관한다.

○ 공구는 장남감이 아니다 !
- 공구는 작업할 때만 사용하며, 공구나 재료로 기계를 조작하지 않는다.

○ 질서를 지킨다 !
- 공구는 작업할 때 방해가 되지 않도록 평소에 정리해 둔다.

○ 자신과 타인을 위험하게 하지 마세요 !
- 선생님의 허락에 의해서만 기계를 사용할 수 있다.

○ 시간을 활용한다 !
- 작업 시간을 줄이고, 다음 작업이 필요하면 작업장을 떠난다.

○ 청소하는데 주의한다 !
- 공구와 다른 작업도구의 청소는 실습과 강의의 일부분이다.

학급회의 운영 TIP

1. 학급회의 진행에 강박관념을 갖지 마라.

회의 진행이 서툴러도 담임이 개입하지 말고 처음부터 끝까지 학생들이 주관하도록 한다. 진행이 매끄럽지 않아도 서로의 의견이 얼마나 다른지, 해결 방법은 얼마나 다양한지 확인하는 것만으로도 큰 수확이다. 경험이 최고의 연습이다.

2. 사회자를 훈련시켜라.

회의 진행의 성패는 반쯤 의장에게 달려 있다. 의장은 회의와 관련된 용어나 전체 진행 요령을 숙지하여야 한다. 회의 진행 능력은 훈련이 필요하다. 담임선생님이 시범을 보이는 것도 좋은 방법이다.

3. 회의시간에는 회의를 하라.

학사 일정에 편성된 학급회의는 특별한 일이 아니면 회의를 해야 한다. 학생들이 따분하게 생각해도 회의시간에는 회의를 해야 한다는 인식을 심어 주어야 한다. 학급의 문제를 스스로 찾아 해결하는 습관을 들이기 위해서는 반드시 학급회의를 생활화해야 한다.

4. 학급회의의 정형을 고집하지 말라.

학급회의는 대부분 모든 학생이 참여하는 집단토의 방식으로 진행된다. 이러한 회의는 학급규칙 정하기, 단합대회, 학급대표 선발 등 다수의 의견을 물어 표결에 부칠 의제에 적당한 회의방식이다. 학급회의는 안건에 따라 모둠회의, 패널회의, 청문회 등 다양한 방식을 적용할 필요가 있다.

5. 일정한 회의용어를 꾸준히 사용하라.

회의용어는 한자어로 되어 있어 학생들이 그 의미를 정확하게 파악하지 못하고 있다. 회의를 제대로 하기 위해서는 회의용어를 정확히 이해하고 사용하여야 한다. 국어, 사회, 도덕 등의 교과선생님들이 전교 학생을 대상으로 회의 절차와 방법, 회의용어 사용 등에 관하여 교육한다. 학생 회의문화가 활성화되기 위해서는 교과교사의 협조가 필요하다.

6. 회의 결과에 지속적인 관심을 가져라.

학급회의의 영향력이 없는 경우, 학생들은 학급회의에 무관심하거나 따분하게 생각한다. 담임선생님은 학급회의에 열심히 참여한 학생은 격려하고, 불성실한 학생은 지도하는 등 회의 분위기 조성에 관심을 기울여야 한다. 그리고 학급회의의 결과처리는 공개하여 학생들이 학급회의의 영향력을 실감하도록 한다.

* 우리교육(2011), '빛깔이 있는 학급운영' p. 141~145

2) 학생회 활성화 방안

자치활동은 학생이 학급회의, 학생회, 동아리 등 학교 내외의 자치기구에 소속되어 교육활동과 의사결정에 주체적으로 참여하는 것이다. 학생 자치활동이란 학생 스스로 자율과 참여의 입장에서 자신의 조직을 구성하여 학급 활동, 학생회 활동을 전개하면서 민주시민으로 성장하기 위한 자질을 키우고, 고유한 자기문화를 표현하는 동아리 활동을 통하여 건전한 삶을 체득해 나가는 일련의 활동이다.

학교는 학생들이 중심이 되어 학교의 문화와 전통을 만들어 가도록 자율적이며 창의적인 학생자치활동을 적극 지원하여야 한다. 학생들의 자치활동은 권장되고 보호받도록 법에 명시되어 있다.

학생자치활동의 법률적 의미

○ 초중등교육법 제17조(학생자치활동)
'학생의 자치 활동은 권장 · 보호되며, 그 조직 및 운영에 관한 기본적인 사항은 학칙으로

정한다.'
○ 초중등교육법 시행령 제30조(학생자치활동의 보장)
'학교의 장은 법 제17조의 규정에 의한 학생의 자치활동을 권장 · 보호하기 위하여 필요한 사항을 지원하여야 한다.'

학교규칙으로서의 학생자치활동(예시)

제○○조(학생자치활동의 보장)
'학생의 취미 및 특기신장과 자기능력 배양으로 민주시민의 자질을 함양하고, 바람직한 교풍을 형성하기 위해 학생자치규정에 의거 학생회를 조직 · 운영한다.'

제○○조(학생회 조직)
① 학생회는 학생총회, 대위원회, 운영위원회, 학급회로 조직운영한다.
② 대의원회는 학생회장, 부회장, 각 학급의 회장, 부회장으로 구성하며, 운영위원회는 학생회장, 부회장 및 각 부장과 차장으로 구성한다.
③ 학생회의 바람직한 운영을 위하여 교원으로 구성된 자문위원회를 둘 수 있다.

(1) 학생회 활동 강화 방안

① 학교운영위원회 개최 시 학생회 임원 배석

초중등교육법 시행령 제59조 4의 제2항, 3항에 학교운영위원회는 학생 생활 관련 안건 심의 시 학생대표 등의 의견을 반드시 청취하도록 되어 있고, 운영위원회는 학생대표에게 학생 생활 등에 관하여 제안할 수 있다는 내용이 명시되어 있다. 학생들은 정식으로 학교운영위원으로는 참석할 수 없으나, 운영위원회 회의에 참석하여 발언권을 행사하고 운영위원들의 제안에 대하여 의사표명을 할 수 있는 권한이 합법적으로 부여되었다.

표 5-1 서울특별시립학교운영위원회 구성 및 운영 등에 관한 조례

('11. 10. 27)

학생의 학교생활과 관련이 있는 사항	건의 가능	o 운영위원회는 심의 시 학생대표 등의 의견을 반드시 들어야 함	제11조 제3항
	(신설)	o 운영위원회는 학생대표에게 제안하게 할 수 있음	제11조 제4항

학교운영위원회의 안건 중에서 학생들과 관련된 안건은 대부분 학급회의, 학생회 운영위원회 또는 대의원회를 거쳐서 제기되지만, 그러한 절차 없이 제기된 안건에 대해서는 최소한 운영위원회 회의 개최 전에 학생회의 의견을 듣는 절차를 거치는 것이 바람직하다.

② 학교 중장기발전위원회에 학생회 운영위원 위촉

과거에는 학교에 1년 단위의 학교교육계획서만 존재하였으나, 최근에는 많은 학교가 학교 중장기발전계획을 수립하고, (가칭)학교발전위원회를 조직 · 운영하고 있다. 그러나 대부분의 학교발전위원회는 교직원, 학부모 및 지역사회 인사로 구성되어 있고 학생 대표는 위촉되어 있지 않다.

앞으로 학생자치활동 영역은 학교 교육활동에서 학교 경영으로까지 확대되어야 한다. 학생회는 학생들을 대표하는 학교 교육공동체의 한 축이다. 교육공동체가 만들어 가는 학교 경영을 지향하기 위해서는 학교발전위원회에 학생 대표들이 반드시 참여하여야 한다.

③ 학교장과 학생회 운영위원 간담회 상설 운영

대부분의 학교는 전체 교직원 회의를 주 1회 또는 월 2회 하고 있으며, 학교운영위원회도 평균 월 1회 이상 개최하고 있다. 학교장은 학생회 운영위원들과도 월 1회 정도의 공식적인 만남이 있어야 한다. 학교장과 학생회 운영위원들과의

간담회는 학급회의와 학생회의 의견수렴 과정을 거치지 않고도 학생들의 학교생활 전반에 관한 고충, 불만, 건의사항 등을 빠르게 해결해 줄 수 있는 창구가 될 수 있다.

학생회는 학교장과의 간담회를 위해서는 학생들이 제기하였던 건의사항을 정리하여 정식 문건으로 학교장에게 전달하고, 학교장은 건의사항에 대한 학교의 입장을 적어도 1주일 안에 분명한 답변을 주어야 한다. 또한 간담회에 각 부서의 부장님들이 참석하여 학생들의 건의사항에 대한 관련부서의 입장을 설명하고 해결 방안을 모색한다면, 간담회는 학생들의 의사소통의 창구 역할을 하게 되며 학생회의 위상은 높아질 것이다.

④ 학생회 회의실 설치 및 운영 예산 확대 지원

학생회 회의실은 거의 대부분 학교에 설치되어 있으며, 책장과 서류함, 작업용 컴퓨터 등 기본시설도 갖춰져 있다. 그러나 학생회 운영위원들이 공식적인 회의나 각종 학교행사를 주관하기 위해서는 예산이 절대적으로 필요하다. 연말에 학교에서 익년도 예산을 세울 때, 일반 교직원 조직과 동등하게 학생회의 연간 활동예산을 합리적으로 적정하게 편성해야 한다.

학생회 운영 예산은 4가지 방법으로 지원이 가능하다.

첫째는, 학교자체 예산 편성이다.
이 방법은 어느 학교나 예외 없이 익년도 예산 편성 시 반영하는 방법이다.

둘째, 동창회의 동창회기금 지원이다.
학생자치활동의 활성화를 위해서는 학생회와 동창회와의 지속적인 유대와 네트워킹이 필수적이다. 학교의 동창회 담당부서가 해야 할 업무이다.

셋째, 학교발전기금의 지원이다.
학교운영위원회에서 학생자치활동을 지원하기 위한 방안으로 학교발전기금을 적법하게 지원하는 방법도 생각해 볼 수 있다.

넷째, 학생회의 자구노력이다.
학생회에서 주관하는 바자회, 일일장터 등 기금 마련 행사를 하여 수익금을 공식적인 절차를 거쳐 학생회비로 사용할 수 있다.

⑤ 학생회 주관 공개포럼 및 공청회 개최

학교의 생활규칙이나 시설사용규칙은 학생들의 의견을 수렴하여 만든 것이라는 인식이 중요하다. '학생들이 만든 규칙'이라는 말을 공공연히 사용할 수 있어야 하며, 어느 누구도 이의를 제기하지 않는 분위기를 만들 필요가 있다.

권위 있는 학교규칙을 만들기 위해서는 규칙 제정 과정에서 학생들이 주관하는 공개적인 의사결정과정이라 할 수 있는 공개포럼이나 공청회를 개최하는 것은 필수적이다. 학생들이 주관한 포럼이나 공청회는 학교의 중요한 행사이며 학생회 운영의 하이라이트다. 이런 행사는 학부모와 교직원이 적극 지원하고 동참하여야 한다.

⑥ 인근 학교의 학생회와 연계 · 협력체제 구축

학생회 활동은 교원들의 활동처럼 지역의 인근학교와의 연계협력체제로 운영될 필요가 있다. 핀란드와 같은 선진국의 학생회는 지역의 인근학교와 협력하여 다양한 활동을 하고 있으며, 이러한 지역단위 학생회를 교육위원회에서는 적극 지원하고 있다.

핀란드의 지역단위 학생회란 단위학교의 학생회 간부인 회장과 부회장들이 모인 지구별 학생회로서 학교의 현안을 서로 공유하고 유익한 정보를 제공하며, 체육대회, 축제 등을 공동으로 개최하기도 한다. 그리고 지역단위 학생회에서 지역의 공동관심사나 건의사항을 교육위원회에 제안하면, 교육위원회는 즉시 공개간담회를 갖는다.

핀란드의 학생회 활동

청소년의 목소리 (The Voice of the Young Meeting)

모든 학교의 학생대표들은 헬싱키 시장이 이끄는 '청소년의 목소리 '에 참석한다. 이 회의는 시의회 회의실에서 개최된다. 학생들이 자기 학교의 프로젝트를 설명하면, 프로젝트에 필요한 예산이 보조금 형식으로 회의장에서 승인된다.

보조금은 운동장의 체력단련 시설이나 복도 도색, 학생회실이나 도서관 코너의 집기 마련, 동아리 활동비 등 사용자들이 정한 우선순위에 따라 각 학교에 배분된다.

이런 행사에 앞서 각 학교의 학생회는, 학급프로젝트들에 대한 토론과 학교 프로젝트에 대한 최종 결정을 한다. 프로젝트에 대한 최종 결정은 학생회 운영위원회에서 이루어진다.

(2) 학생회 운영 평가

학생회가 제기능을 발휘하면서 학교 발전의 중추적인 역할을 수행하기 위해서는, 학생회 운영위원회는 운영 전반에 대한 자체평가를 실시하고, 학생들과 교원들로부터 운영에 대한 피드백을 받아야 한다. 모든 회의를 마친 뒤에는 반성적인 평가가 이루어져야 하며, 한 학기에 한 번은 좀 더 광범위한 평가가 이루어져야 한다. 평가 방법은 소그룹으로 열린토론을 하는 방법과 집단평가를 하는 방법이 있다. 평가 결과들이 문서로 정리되고 누적된다면 학생회의 활동은 더욱 활성화될 것이다. 학생회 운영위원회 활동 평가 관점은 다음과 같다.

① 관점 1 : 운영위원회 조직

- 회의는 정기적으로 개최되었는가?
- 운영위원의 의결정족수가 출석했는가?
- 회의에 할애된 시간은 충분하였나?
- 운영위원들 사이의 정보 교환은 적극적이었는가?
- 다른 학생들에 대한 정보 전달은 목적에 맞게 이루어졌는가?

- 정보의 전달을 위해서 어떤 도구들이 사용되었는가?
- 운영위원회는 교원, 학교운영위원회 및 외부의 협력 파트너들과 어떤 방법으로 얼마나 자주 접촉했는가?

② 관점 2 : 운영위원회에서 토론된 안건
- 안건들이 어떻게 운영위원회로 입수되었는가?
- 운영위원회에서 토론된 안건들은 그 범위가 광범위했는가?
- 어떤 종류의 문제들이 결정되었는가?
- 어떤 종류의 문제들이 해결되지 않고 남아 있는가?

③ 관점 3 : 운영위원회의 일하는 방식
- 운영위원회 구성원들의 다양한 임무는 어떻게 수행되었는가?
- 회의에서 상호작용은 어떻게 이루어졌는가?
- 회의에서 운영위원들의 역할은 무엇이었나?
- 회의의 분위기는 어떠했나?

표 5-2 학생회 주관 학교 행사 추진 방법

주요 활동	세부 활동
행사 기획	❍ 기획팀 구성 - 행사 규모에 적합한 학생회 임원 위촉 ❍ 자료 수집 및 분석 - 본교의 전년도 행사 및 인근학교 행사 자료 검토 ❍ 기획안 작성 - 기획안 작성 시 예상되는 문제점에 대한 사전협의 및 Q & A 작성 ❍ 협의회 실시 - 충분한 논의를 위하여 여러 차례 릴레이 협의 - 학생회 임원과 교직원 대표 연석회의 ❍ 기획안 확정 및 공지(학교 홈페이지 탑재)

실행계획 수립	❍ 세부 추진 일정 확정 – 행사 당일 일정은 시간대별로 구분 ❍ 세부 예산계획 수립 ❍ 인적 · 물적 자원 활용 계획 및 역할 분담 ❍ 온라인 의사소통의 장 마련(카톡, 카페, Facebook 등)
행사 추진	❍ 행사 사전 홍보 – 홍보물 부착, 가정통신문, SMS & MMS 문자서비스, 홈페이지 등 ❍ 행사 직전 리허설 실시 – 미흡한 부분이나 문제점 보완 ❍ 행사 진행
행사 평가	❍ 최종 평가회 개최 ❍ 최종 평가결과 환류(익년도 행사를 위한 피드백 자료 보관)

3) 동아리 활동 활성화 방안

학생자치활동 중에서 동아리 활동은 취미나 소질, 가치관이나 관심 사항 등을 공유하는 학생들의 자생적 활동이자 자발적이며 지속적인 활동이다. 즉, 동아리 활동은 공통의 관심사와 동일한 취미, 특기, 재능 등을 지닌 학생들이 함께 모여서 자발적인 참여와 운영으로 자신의 능력을 창의적으로 표출해 내는 집단 활동이다.

그 동안 우리 학생들은 자신의 취미나 소질, 특기나 재능을 발휘할 수 있는 기회는 부족하였고, 상급학교 진학을 위한 경쟁교육, 지식교육, 입시교육 등으로 인한 학업스트레스로 정신적인 고통을 받아 왔다. 학생들이 즐겁고 건강하며 행복한 학교를 만들기 위해서는 학생 동아리 활동을 적극 지원하여야 한다.

동아리 활동은 교과 활동뿐만 아니라 교과외 활동을 통해서 학생들의 특기나 개성 발휘의 기회를 부여하는 등 학교 교육 전반에 걸쳐 실시할 수 있는 체험 활동이다. 창의적 체험활동 교육과정의 동아리 활동 목표는 다음과 같다.

첫째, 흥미, 취미, 소질, 적성, 특기가 비슷한 학생들로 구성된 활동 부서에 자발적으로 참여하여 창의성과 협동심을 기르고, 원만한 인간관계를 형성한다.
둘째, 다양한 활동에 참여하여 자신의 잠재능력을 창의적으로 계발 · 신장하고, 자아실현의 기초를 함양한다.
셋째, 여가를 선용하는 생활습관을 형성한다.
넷째, 지역 내 학교 간 각종 동아리 경연대회를 통해 우의를 다지는 협력과 공정한 경쟁을 익히도록 한다.

학생들의 동아리 활동 지원을 강화하고 활성화시키기 위해서는, 학교 내의 학생 동아리를 비롯하여, 학교와 학교, 학교와 학부모회 및 지역사회가 함께 하는 다양한 학생 동아리가 운영될 필요가 있다.

학생 동아리 활동 유형은 활동 내용, 활동 장소, 공식성, 조직화 방식에 따라 분류할 수 있다. 그러나 학생 동아리 활동이 창의적 체험활동으로 인정받고 그 활동 내용이 기록 · 관리되기 위해서는 학교 교육과정 체계 안에서 조직되고 운영되어야 한다.

표 5-3 **동아리 활동의 유형**

구분	활동 내용	활동 장소	공식성	조직화 방식
분류 기준	공유하는 활동 내용	동아리 결성의 근거지	공공기관의 인정 여부	동아리 결성의 주체
유형	학술 동아리 문화예술 동아리 스포츠 동아리 실습노작 동아리 청소년단체 활동	학교 동아리 지역사회 동아리 사이버 동아리 자생 동아리	공식 · 비공식 동아리 인준 · 비인준 동아리	청소년 주도 지도자 주도 기관 주도

한국청소년개발원(2005).

표 5-4 동아리 활동 내용의 예시

활동 유형	활동 내용
학술 활동	외국어 회화, 과학 탐구, 고적 탐사, 다문화 탐구, 컴퓨터, 인터넷, SNS 어플리케이션, 신문 활용, 발명, 로봇 제작 등
문화예술 활동	문예, 창작, 회화, 조각, 서예, 전통예술, 현대예술, 성악, 기악, 뮤지컬, 오페라, 연극, 영화, 방송, 사진, 만화, e-스포츠 등 취미 활동
스포츠 활동	구기, 육상, 수영, 체조, 배드민턴, 자전거, 하이킹, 야영, 민속놀이, 씨름, 태권도, 유도, 택견, 무술 등
실습노작 활동	요리, 수예, 재봉, 꽃꽂이, 사육, 재배, 조경, 설계, 목공, 조립 등
청소년단체 활동	스카우트연맹, 걸스카우트연맹, 청소년연맹, 청소년적십자, 우주소년단, 해양소년단, 프론티어봉사단, 인터랙트 등

(1) 동아리 활동 규칙 정하기

모든 동아리는 자발성과 자율성을 기반으로 민주적인 방식으로 운영되어야 한다. 민주적인 방식은 공동체의식과 함께 책무성을 요구한다. 소수의 학생들이 주도권을 쥐고 동아리를 운영하여 구성원 간에 갈등문제가 야기되는 일은 없어야 한다. 잦은 의견충돌과 소통의 부재, 선후배간의 갈등, 부당한 지시와 대우, 언어폭력 등의 상황이 발생하면 동아리 활동이 중단되는 불미스러운 일도 발생한다. 건강하고 바람직한 동아리 운영을 위해서는 학교별로 동아리 활동 규칙을 만들 필요가 있다.

(2) 영국의 동아리 구성 및 운영

1. 동아리 구성은 10~15명 이상의 학생들이 참가해야 함
   (학교마다 인원수에 약간씩 차이가 있음)

2. 동아리 회장은 동아리 운영계획서를 작성하여 학생회에 제출한 후 학생회 임원들 앞에서 브리핑을 하고, 질의응답 시간을 갖음
3. 동아리 구성이 결정되면 동아리 회원들은 학생회가 주관하는 동아리 규칙에 관하여 정식으로 교육을 받고 서약서를 작성함
4. 동아리 활동은 원칙적으로 학교 내에서만 허용
5. 동아리 회장 부재시에는 대리자에게 반드시 위임장 부여
6. 동아리 활동 지도교사가 배정되어 있으나, 주로 안전지도에만 관여
7. 동아리 예산은 학교의 지원을 원칙으로 하며 학생들로부터 회비나 활동비는 일체 요구할 수 없음
8. 동아리의 회계담당자는 졸업 후에도 몇 년 동안 학교교칙에 의거 예산집행에 대한 책임이 주어짐

나. 교직원 문화 혁신

1) 교직원회의 활성화

학교의 교직원회의는 학교 경영 및 교육과정 운영 등과 관련하여 의견수렴, 논의, 합의, 공지 등을 위하여 모이는 교직원들의 크고 작은 모임을 총칭한다. 학교의 제반문제에 대하여 교직원들이 관심을 갖고 각자 자신의 의견을 개진하면서 합리적인 방안을 도출하는 의사소통과정은 학교의 발전을 위해서 꼭 필요한 기본적인 교육활동이다. 그럼에도 불구하고 우리의 초·중·고등학교는 교직원회의의 중요성을 인식하면서도 교직원회의를 활성화시키는 노력은 하지 못하였다.

교직원회의가 활성화되지 못하였던 이유는 크게 2가지로 생각해 볼 수 있다. 하나는 회의할 시간이 근본적으로 부족하다는 것과, 또 하나는 퇴근시간 이후에 하는 회의에 대한 피로감과 거부감이다. 주 5일 수업제의 실시로 인하여 7교시가 늘어나면서 그러한 이유는 더욱 탄력을 받고 있다. 그러나 회의 없는 조직의 발전은 기대할 수 없다. 교직원회의가 활성화되지 못하면 학교 발전과 혁신은

요원한 일이다.

교직원회의는 교육청의 지시사항이나 장학방침, 학교의 주요업무를 전달하는 방식의 형식적 회의는 지양하고. 학교폭력 근절, 학습부진학생 지도, 진로지도 등 학교에 필요한 교육 시스템 및 프로그램을 구안하는 등의 주요안건에 관하여 논의하는 전략적이며 창조적인 회의가 되어야 한다. 그러기 위해서는 교직원회의는 기획력 있는 회의가 되어야 한다.

○ 기획은 커뮤니케이션 : 문서로 된 제안과 설득
○ 기획은 업무프로세스 : 일의 단계를 설정하는 청사진
○ 기획은 교육패러다임 전환의 원동력 : 교육 시스템 및 프로그램 구안의 단초

교직원회의에 상정되는 안건은 주관부서에서 기본계획을 작성한 후 사전에 학교장과 충분히 협의를 하여야 한다. 기본계획의 초안이 만들어지면 직원회의가 있기 전에 모든 교사에게 공지하여 개인적인 의견을 갖고 회의에 참석할 수 있도록 한다.

전체 교직원회의는 학교장이 주관하는 것이 바람직하다. 학교장은 기본계획의 목적과 방침을 명확히 하고, 계획 추진단계에서의 문제점을 공유하고 협조할 사항을 공론화하면서 교직원의 의견을 폭넓게 수렴하여야 한다. 회의과정에서 여러 가지 질문이 있을 수 있으므로 예상질의 답변도 준비할 필요가 있다.

일본은 직원회의에 관한 법령상의 근거가 명확하지 않고 교장과 교직원의 견해와 사고방식 차이로 인하여 직원회의의 본래 기능을 발휘하지 못하거나, 직원회의가 마치 의사결정권을 갖는 것처럼 운영되어 학교장이 그 직책을 다할 수 없는 경우가 많았다. 그러한 문제를 보완하기 위하여 문부과학성은 학교교육법 시행규칙에 직원회의에 관한 규정을 신설하고 다음과 같이 그 의의와 역할을 명확하게 하였다.

(1) 일본의 직원회의 규정 개정 개요 (학교교육법 시행규칙 제23조 2)

- 직원회의는 「교장은 교무를 관리하고 소속 직원을 감독한다.」(학교교육법 제28조 제3항)라고 하는 교장의 권한과 책임을 전제로 교장 직무의 원활한 집행을 보좌하는 위상을 갖는다.
- 직원회의는 교장 직무의 원활한 집행에 도움이 되도록 학교의 교육방침, 교육목표, 교육계획, 교육과제 등에 대하여 직원간의 의사소통, 공통이해 촉진, 직원의 의견 교환 등을 실행하는 것이다.
- 직원회의를 구성하는 직원의 범위에 대해서는 교원 이외의 직원도 포함하며 학교 실정에 맞게 모든 직원이 참가할 수 있도록 그 운영방식을 재검토할 필요가 있다.

(2) 소통과 공감의 커뮤니케이션 기술

① 효율적 질문

- 개방형으로 질문하기
- 간결하고 명확한 질문을 한두 가지씩 질문하기
- 직접적인 질문보다 간접적인 질문하기(조사 · 확인형 질문 지양)
- 이유를 묻는 질문은 가급적 피하기(추궁 · 질책형 질문 지양)
- 질문한 후 생각할 여유를 충분히 주기

② 맥락적 경청

- 수용적인 태도로 공감하며 이야기 중간에 끼어들지 않기
- 상대방이 자연스럽게 말하도록 침묵하기
- 평가적, 선별적, 동정적 경청 피하기
- 상대방의 감정, 이야기의 은유와 상징의 의미 이해하기

- 상대방의 이야기 핵심을 파악하면서 메모하기

③ 공감적 응답

- 너(You)보다는, 나(I) 메시지로 전달(완곡한 표현)
- 그렇지만(But) 보다는, 그래요(And)의 긍정형 단어 사용(공감적 대화)
- 해야 합니다(Schall) 보다는, 필요합니다(need)의 권유형 단어 사용
- 객관적 뉘앙스로 말하기(간접적 표현)
- 상대방의 질문을 존중하면서 자신의 견해를 분명하게 표현하기
- 상대방에게 관심으로 보이며 웃는 얼굴로 말하기

* 충북대 이지혜 교수의 〈학교컨설팅 장학기법〉에서 일부 발췌

(3) 참여, 설명, 명확한 인식의 중요성

○ 참여(Engagement)

- 교직원 개개인에게 생각을 묻고 다른 사람의 아이디어와 가설에 대해서 이의를 제기할 수 있게 한다. 이는 자신에게 영향을 미칠 전략 결정에 그들을 참여시키는 것이다.
- 참여는 관리자가 구성원들과 그들의 아이디어를 존중하고 있음을 보여 준다. 참여자들의 토론은 개개인의 사고력을 예리하게 하고 집단의 지식을 고양한다.

○ 설명(Explanation)

- 전략 결정과 관련이 있고 영향을 받을 사람들에게 왜 최종 결정이 그렇게 내려졌는지 이해시키는 것을 의미한다.
- 설명은 관리자들이 자신들의 의견을 고려하고 학교 구성원 전체의 이익을 위해 공정한 결정을 했다는 확신을 갖게 한다. 비록 자신의 아이디어가 거부되었을지라도 관리자의 의도를 신뢰하게 만든다.

○ 명확성(Clarity of Expectation)

- 결정된 전략의 목적, 목표, 이정표, 누가 무엇을 책임지는가, 책임의 한계는 어디까지인가를 명확히 인식시키는 것을 의미한다.
- 구성원들이 무엇을 해야 하는지를 분명히 이해하면, 불만과 갈등, 비협조와 편파주의는 줄어들고 신속하게 전략을 실행하는 일에 집중한다.

* 김위찬, 르네마보안(2005), '블루오션 전략'에서 일부 발췌

2) 교사 연구회 활동 강화

학교 교육의 질은 교사의 전문성에 달려 있다. 교사는 교단에 서는 동안 끊임없이 자기연찬을 해야 한다. 그러나 개인연구도 중요하지만 교과협의회나 교사 연구회에서 공동연구를 추진하는 것이 개인연구보다 몇 배의 시너지 효과가 있다.

학교장은 교사의 전문성 신장과 공동연구 분위기를 조성하기 위하여 행재정적 지원을 아끼지 말아야 한다. 지금까지는 관행적으로 교육청에서 시행하는 연구팀 공모제에 개인 또는 일부 교사들이 참여하는 방식으로 수동적인 지원을 하였으나, 이제는 학교 자체예산으로 지원하는 적극적인 방식을 택하여야 한다.

학교 차원에서도 얼마든지 연구팀 공모제를 시행할 수 있다. 교직원들과 협력하여 시행계획서를 만들고 예산을 확보한 후 학교운영위원회의 심의를 거치면 학교예산으로도 연구비를 지원할 수 있다.

(1) 단위학교 연구팀 공모제(예시)

○ **수업개선연구팀 공모제**
- 대상 : 교과별로 2, 3명의 교사들이 구성한 연구팀
- 영역 : 교실수업 혁신

○ **학급경영 연구공모제**
- 대상 : 담임교사(복수담임인 경우는 2명)
- 영역 : 학급 운영(학급의 자치활동 영역)

○ **학교문화 선진화 공모제**
- 대상 : 부서별 또는 관심있는 교사들로 구성된 연구팀
- 영역 : 학생 자치활동, 생활교육 및 인권교육 등

학교의 현안 해결이나 과제 수행 전략 등에 관하여 컨설팅장학을 의뢰할

때에도 연구팀이라 할 수 있는 컨설팅의뢰인단을 구성하여야 한다. 컨설팅의뢰인단의 역할은 컨설팅장학의 준비, 참여 그리고 결과 반영의 프로세스에 직접 관여하는 것이다.

컨설팅장학은 학교의 문제를 외부의 교육전문가들과 심층적으로 협의하고 조언을 받는 컨설팅 방식의 장학으로써 학교 교직원의 자발성, 전문성, 학습성이 중시되는 장학이다. 컨설팅장학 기획의 치밀함과 체계성은 컨설팅장학의 질과 성과를 결정하는 중요한 요인이다. 컨설팅장학의 기획력을 높이는 방법의 하나로 대기업에서 많이 활용하는 6시그마혁신기법(DMAIC)을 다음과 같이 추천한다.

(2) 컨설팅장학 의뢰과제 선정을 위한 연구 절차

단계	실천 과제
정의(Define)	컨설팅장학 의뢰과제 선정 및 정의
측정(Measure)	실태 분석, 의뢰과제 관련 제반 문제점 도출, 핵심문제 선정
분석(Analyze)	핵심문제에 대한 다양한 원인 분석 및 핵심원인 파악, 핵심원인의 대내외적인 세부요인 분석
개선(Improve)	핵심문제 해결을 위한 개선안 및 전략 연구 시스템이나 프로그램 구안 · 적용
관리(Control)	시스템과 프로그램의 지속적 관리 및 평가체제 구축

(3) 교직원 워크숍 운영 방법

워크숍은 모든 구성원이 의사결정에 참여하는 토론방식의 협의로써 교육계획 수립, 교육과정 편성, 연구시범학교 운영, 교육시스템 구축 등 다양한 목적으로 추진된다. 많은 시간과 예산을 투입되는 워크숍이 소기의 목적을 거두기 위해서는 다음과 같은 워크숍 운영 방식이 요구된다.

① 주제 선정 단계

워크숍의 대주제에 따라서 부서별, 학년별 또는 교과별로 적절히 분임을 나누고 각 분임은 분임회의를 한 후 소주제를 정하고 계획서나 보고서 등 발표준비를 한다. 성공적인 분임발표를 위하여 발표 계획 및 업무 분장을 한다.

② 자료 수집 및 분석 단계

발표할 내용과 관련된 참고자료를 수집하고 자료 분석을 충실히 한다. 설문지법에 의한 교직원, 학생, 학부모의 의견수렴 자료, 업무추진 과정에서의 중간평가 자료, 타부서 교사 및 학생들의 건의사항, 인근학교의 우수사례 등은 필수적으로 준비하여야 할 기초자료이다. 자료 분석에서 얻은 강점과 시사점은 반드시 발표자료에 반영한다.

③ 발표자료 작성

발표자료는 목적, 방침, 세부추진 내용, 예산, 추진상의 문제점 및 협조사항 순으로 작성하되, 다른 분임의 업무관련자들이 쉽게 이해할 수 있도록 간략한 One Paper 설명자료나 짧은 브리핑 PPT를 준비한다. 그리고 예상되는 질문에 대한 분임의 입장을 설명할 수 있는 준비를 한다.

④ 평가 단계

분임발표에 대한 소주제별 강평을 실시한 후, 발표과정에서 제기된 의견을 수합하여 핵심과제를 선정하고 추진전략을 수립할 준비를 한다.

(4) 학교의 교육시스템 구축 방식(예 : 학교폭력 예방시스템)

① 생활지도 방침과 기준의 명확화 및 구체화

• 일관성 있는 지도를 위한 교육공동체의 공감대 형성

② 실효성 있는 조직 구성 및 운영

- 교직원 조직으로서의 생활지도부의 역할 정립
- 전교직원의 역할 및 관련부서 협조체제 구축

③ 연간지도계획 수립

- 다양한 사안과 문제행동의 예방 및 실효성 있는 지도 계획
- 가정과 협력체제를 구축하고 지역의 교육력을 활용하는 방안 마련

④ 학생지도를 위한 교원 연수

- 전교직원 대상 연수와 특정교원 대상 연수로 구분하여 시행
- 학교 실태의 공통적인 이해와 현안에 관한 협의
- 교육지원청이나 유관기관에서 시행하는 상담기법, 감정코칭, 학교 폭력 예방 등에 관한 전문성 제고 연수 적극 참여

⑤ 전교직원의 지도체제의 확립

- 전교직원의 업무분장에 생활지도 관련 업무 명시
- 생활지도 시기와 단계를 구체적으로 제시 · 공유하고 필요시 협조
- 생활지도 주관부서는 생활지도과정에서의 문제점, 개선점, 성과 등에 관하여 공론화하고 전교직원이 협조하는 분위기 조성

⑥ 자료의 보관 · 활용 및 생활기록부

- 모든 학생과 지도대상 학생에 관한 상세한 정보 수집, 수집한 자료와 지도과정에서 기록은 개인정보이므로 신중히 보관 · 관리
- 학생생활기록부는 학적, 지도 과정 및 결과 요약 등이 기재된 자료이므로 상급학교에서의 지도에 실질적인 참고자료가 되도록 작성

⑦ 생활지도시스템의 평가와 개선

- 시스템의 평가는 지도 내용, 방법, 체제, 가정 및 유관기관과의 연계 · 협력 등으로 구분하고 구체적인 평가 항목 설정

다. 학부모 문화 혁신

학부모들의 학교 참여는 헌법정신에 근거하여 법으로 보장되어 있다. 교육기본법 제5조에는 학부모가 교직원, 학생, 지역주민과 함께 학교운영에 참여할 수 있도록 규정되어 있고, 동법 제13조에는 학부모는 자녀가 바른 인성을 가지고 건강하게 성장하도록 교육할 권리와 책임을 가지고 있으며, 자녀의 교육에 관하여 학교에 의견을 제시할 수 있고 학교는 그 의견을 존중하여야 한다고 명시되어 있다.

1995년 5 · 31 교육개혁으로 1996년에 모든 초 · 중 · 고에 학교운영위원회가 법정기구로 설치되면서 학부모들의 학교 참여 활동은 공식화되었다. 그러나 여전히 학부모들의 학교 참여는 수동적이며 소극적이다. 학부모회와 학교운영위원회는 교육공동체의 한 축으로서 학교 발전과 혁신에 기여할 수 있어야 한다.

표 5-5 학부모회와 학교운영위원회 비교

	학부모회	학교운영위원회
설치근거	학부모회 규약(교육부 훈령)	초 · 중등교육법 제32조 1항
성격	학부모회 활동을 위한 자발적 임의기구	학교 운영에 관한 심의 · 자문
권한	학부모회 활동에 관한 사항 의결 및 집행	중요한 학교 운영에 관한 사항 심의 · 자문

	학부모회	학교운영위원회
구성원	학부모	학부모위원, 교원위원, 지역위원
목적	학교교육 활동을 위한 지원활동, 상호 친목 도모	학교 운영에 필요한 정책결정의 민주성, 투명성, 타당성 제고

출처: 최상근(2009), 한국교육개발원

지속발전 가능한 미래형 학교는 커뮤니티학교의 모습으로 발전하고 있다. 이제 학교는 교육공동체가 함께 만들어 가는 학교경영체제를 구축하기 위하여 학부모의 학교 참여를 적극 유도하는 일에 최선을 다해야 한다.

학부모의 학교 참여 방식을 강소연 교수(2009)는 다음과 같이 4단계로 구분하면서 학교는 학부모의 학교 참여 방식을 1, 2단계에서 3, 4단계로 끌어올려야 함을 강조하였다.

1단계는 구경꾼(Spectator)의 단계
- 학교 활동의 방관자로서 편지, 전화, 일반적인 소통만 취함

2단계는 지원(Support)의 단계
- 시간할애나 노력은 하지 않고 가정에서 할 수 있는 일만 지원
- 학교의 면담기간에 학교 방문 및 수업 참관, 가정통신문 응답

3단계는 관여(Engagement)의 단계
- 학교와 가정과의 공동 관심사 지각
- 학부모 단체 주관 행사 참가, 자원봉사자로서 참여

4단계는 의사결정(Decision Making)의 단계
- 학교와 가정과의 상호의존적 관계 강조
- 학부모 그룹, 지역사회 지도자 등과 함께 학교 경영에 관한 의사 결정에 자신들의 권리 주장

1) 학교운영위원회 운영 활성화

(1) 학부모위원의 대표성 확보

- 학운위의 학부모위원은 학부모를 대표하는 자이므로, 학교장은 학운위 학부모위원이 대표성을 확보할 수 있도록 학운위 학부모위원과 학년별로 구성된 학부모 임원과의 연석회의나 간담회 등을 상설로 개최하는 것이 바람직하다.
- 또한, 학운위 회의 개최 시에 학부모 임원이 회의에 배석하는 회의문화도 조성할 필요가 있다.

(2) 학교운영위원회 회의는 반드시 저녁시간에 개최

- 학운위 뿐만 아니라 '학부모의 날' 등도 저녁 시간대에 개최하여야 한다.
- 선진국의 parents-evening day에는 학생의 양부모가 함께 학교를 방문한다.

(3) 학교운영위원회에 학생대표 참석

- 학생 생활관련 안건은 반드시 학생 운영위원회의 간부들이 참석하도록 하고, 안건에 대한 발언권과 의사표현의 기회를 부여한다.
- 학생 관련 안건은 반드시 회의 개최 전에 학생회의 의견수렴이 필요하다.

(4) 학교운영위원회에 교육전문가 참여 확대

- 교육행정 관련 전문가만을 염두에 둔 위원 위촉은 바람직하지 않다. 학교회계, 교육관계법, 교육시설, 생활지도 및 상담 등 다양한 분야의 전문가를 학운위 위원으로 위촉하게 되면 학운위의 위상과 전문성은 제

고될 수 있다.

(5) 소위원회 구성 · 운영의 활성화

- 안건의 심층적인 논의를 위해서는 학운위 산하에 소위원회를 다양하게 구성하는 것이 바람직하다. 예결산소위원회와 급식소위원회는 반드시 구성하여야 한다.

(6) 학교운영위원회의 수당 지급 검토

- 연 8회 이상 상정되는 안건에 대한 검토 · 분석과 의견 개진을 위해, 위원들 개개인은 많은 시간과 정신적 노력이 필요하다. 따라서 학교의 여건을 고려하여 학운위위원 수당을 지급하는 방안도 검토할 필요가 있다.

(7) 전문성 제고를 위한 연수 강화

- 연 1, 2회 정도 실시하는 학운위 대상 연수는 교육지원청에서 일방적으로 제공하는 관성적인 성격의 연수이다. 학운위 위원들의 요구와 필요를 반영한 prosumer 연수 및 컨설팅을 제공할 필요가 있다.

표 5-6 학교운영위원회의 연간 회의 안건(예시)

월별	주요 의제
1	학교 급식 계획 학교생활기록부 기록사항 협의 학교운영위원회 연간 운영계획 수립
2	학교 회계 예산 학교 헌장 및 학칙 제개정에 관한 사항 학부모회 조직

월별	주요 의제
	학교운영지원비 조성 교과용 도서 및 교육자료 선정 교복 및 체육복 선정 수학여행 및 수련활동 협의 학교 휴업일 등 학사 일정 변경 사항
3	홍보 활동(운영 경과 및 실적, 운영위원회 기능 등) 학교 교육과정 운영 방법 특기적성교육 활동 운영 간부학생 수련회 1학기 주요 교육사업 학교 회계 및 학교발전기금 회계 결산
4	운영위원회 위원장 · 부위원장 선출 학교발전기금 조성 계획 현장 학습 및 수학여행 계획 자매학교 교류 계획 학교운동부 운영 앨범 제작
5	2학기 교과용도서 및 교육자료 선정 학교 운영에 대한 제안 및 건의사항
6	학교 현안 사업 추경 예산
7	하계 방학 중 교육활동 및 수련활동에 관한 사항 교장 초빙에 관한 사항
8	가을 체육대회 운영계획 학교 예술제 계획
9	2학기 주요 교육사업 익년도 교과용도서 및 교육자료 선정
10	수련활동 계획수립 교복 및 체육복 선정(익년도)
11	학교운영에 대한 제안 및 건의사항 추경 예산
12	동계 방학 중 교육활동 및 수련활동에 관한 사항 교사 초빙에 관한 사항

2) 학부모회 운영 활성화

학교의 교육활동은 교직원만으로는 성공적으로 추진할 수 없다. 교과지도, 생활지도, 진로지도, 각종 체험 활동 등 어느 하나 학부모의 관심과 협조 없이는 소기의 교육적 성과를 얻기 어렵다.

콜먼(J. S. Coleman, 1926~1995)은 4,000개 학교의 학생들(6학년과 중3)을 대상으로 학업성취에 영향을 미치는 100여 개의 변인 연구를 하였는데, 학교 관련 변인은 30%이고, 부모 및 가정 관련 변인은 70%나 된다고 하였다(이명희, 2008). 또한, 2010년도 일본의 PTA 전국협의회가 실시한 앙케이트 조사에서 학급 붕괴에 관한 원인의 60% 정도가 가정교육 저하라는 결과가 나왔다.

학부모의 학교 교육 참여는 학생들의 학업성취도 향상과 학교 교육력 제고를 위해서는 절대적으로 필요하다. 그러므로 학교는 학부모들의 교육열과 전문성을 교육자원화하는 일에 지혜를 모아야 한다.

표 5-7 학부모 참여율을 높이는 방안

구분	구체적인 방안(예시)
알림	가정통신문 배부 및 SMS 전송, 홈페이지 게시
연계	학교설명회, 수업공개 등 학교 측에서 공식적으로 학부모를 학교에 초청하는 일정과 연계하여 학부모회 모임 개최
	회의참가 필요성에 대한 인식을 높일 수 있도록 다목적 회의로 운영 (회의시 학부모교육, 평생학습 프로그램, 관심사 높은 특강 개최 등)
배려	맞벌이 어머니, 아버지들이 적극적으로 참여할 수 있도록 배려 (학부모회 회의를 평일 저녁 또는 주말에 개최 등)
	학부모회 회의에 필요시 담임교사의 참관 협조
지원	자녀들과 함께하는 학부모 활동 프로그램 개발 및 운영

출처: 교육과학기술부(2011). '학부모 학교참여 길라잡이'

단위학교의 학부모회는 학교별로 제정한 학부모회 규약에 의거 운영되고 있으므로 학부모들의 특별한 불만이나 갈등문제는 발생하지 않는다. 다만, 학부모회가 주관하는 회의는 절차와 방법이 효율적으로 진행되어야 하며, 회의에 수반되는 예산이 적법하게 집행되어야 학부모회는 지속적인 성장을 담보할 수 있다. 학부모회의의 기본적인 회의 절차 및 요령, 그리고 예산 사용 절차를 소개한다.

표 5-8　　부모회의 회의 절차 및 요령

1. 전체회의	- 회의 목적을 명확히 제시한다. - 배부자료를 장황하게 설명하는 것보다 알기 쉽게 자료를 작성하며 분량은 A4 용지 1, 2쪽으로 한다.
2. 그룹별 토의	- 소그룹별 토의는 최소한의 규칙을 제시한다. - 자기소개 시간을 갖거나 게임을 도입하여 편안한 분위기로 대화를 할 수 있도록 한다. - 대화의 룰을 정하여 참석자 모두가 의견을 개진하도록 한다 .
3. 그룹의견 발표	- 그룹 내의 합의 사항을 정리하여 발표한다. - 발표는 시간제한을 설정하며, 필요시 계측기 사용 - 발표는 서론은 줄이고 가능하면 결론을 제시한다.
4. 전체회의	- 그룹별 합의가 형성되면 전체합의 형성으로 진행 - 각 그룹별 발표에 대하여 질의 · 응답 시간을 갖는다. - 결정된 사항은 확인하면서 전체회의를 진행한다.

표 5-9　　학부모회의 예산 사용 절차

1. 예산 편성	- 사업 목적에 부합하고 실행 가능한 적정 예산 편성 - 예산 항목별로 구체적인 산출 근거 제시 - 경비성 예산편성 금지(시설비, 수리비, 공과금, 장학금 등) - 간식비 등 소모성 경비 최소 편성 - 협의회비는 일반적으로 교부된 예산의 10% 이내 편성

2. 예산 집행	- 학부모회 대표명의 통장 개설 (회장명의에 학교학부모회명 부기) - 체크카드 발급 사용, 현금출납부 작성 - 예산 내역 변경은 학교 및 교육청과 사전 협의 - 예산 집행 내역 공개
3. 예산 결산	- 예산 편성 계획과 집행내용을 대비하여 정산서 작성 - 지출증빙서류 제출 (현금출납부, 통장사본, 품의서, 카드전표, 영수증 등) - 집행 잔액 및 이자 반납

라. 학교와 지역사회와의 연계 · 협력 활성화

학교 내에서 운영되는 조직은 그 규모와 성격이 다양하지만, 외부위원이 위촉되지 않고 학생, 학부모 및 교원들로만 구성된 대표적인 조직은 학생회, 학부모회, 교직원회이다. 학교와 관련 있는 유관기관의 교육전문가들이 위촉된 조직은 학교에 따라 차이가 있겠으나, (가칭)학교중장기발전위원회, 학부모샤프론봉사단 등을 꼽을 수 있다.

학교의 발전과 혁신을 위한 학교의 노력에 시너지효과를 주기 위해서는 교내조직은 물론 외부 교육전문가들이 참여하는 연계조직도 활성화시켜야 한다. 학교장은 이미 조직된 학교중장기발전위원회와 학부모샤프론봉사단의 효율적인 운영 방안과 함께, 학교를 지원하는 단체나 기관과의 연계 · 협력체제 구축 방안도 연구하여야 한다.

1) 학교발전위원회 운영 활성화

거의 대부분의 학교는 학교교육계획서를 작성할 때 학교 발전 중기 또는 장기 계획을 세운다. 그러나 주로 1년 계획에 중점을 두고, 중장기계획에는 큰 비중을 두지 않고 있다. 학교 중장기발전계획을 구체적이며 치밀하게 수립할 필요가 있다. 그것이 학교의 비전을 제시하고 학교의 정체성을 확립하는 길이다.

(1) 학교 중장기발전계획 수립 절차

① 준비 단계

- 학교발전계획수립팀 구성
  - 교직원, 학부모, 지역사회 및 유관기관 인사, 동문 등 다양한 인사로 조직
  - 수립팀의 규모가 커지면 아이디어의 다양성과 협력의 용이성은 있으나, 협의시간 조정과 의견조율의 어려움이 있으므로 적정한 인원으로 구성
  - 학교발전계획의 필요성, 학교 여건, 전통, 문화 검토

② 조사 · 분석 단계

- 설문조사 및 요구 분석
  - 구성원의 구체적인 의견과 요구 사항 파악

③ 수립 단계

- 중장기 발전과제 선정, 과제별 추진계획안 마련
  - 교육적 가치, 실천 가능성, 예산 확보 등 고려
  - 중요 과제부터 순서대로 작성하되, 연차계획 수립

④ 심의 · 확정 단계

- 학운위 보고, 학교장 결재 및 공식 발표, 연수 및 홍보

⑤ 추진 및 점검

- 부서별 추진과제 분담, 학교교육계획서에 반영
  - 부서의 벽을 뛰어넘는 업무 추진

(2) 학교중장기발전위원회 구성 · 운영

선진국의 학교에는 학교 경영과 교육과정 운영에 동참하는 교직원과 학부모로 구성된 PTA(Parents-Teacher Association)가 조직되어 있다. 우리나라도 교직원들이 주도하는 학교경영체제는 하루 속히 지양하고 학부모와 지역사회가 파트너십을 갖고 학교경영에 동참하는 학교문화 조성에 힘써야 한다.

학교중장기발전위원회의 위원은 학교 교직원 50%, 학생대표, 학부모 및 외부위원 50%의 비율로 구성하는 것이 바람직하다. 학교 교직원은 학교장, 교감, 각 부의 부장들을, 학부모위원은 학운위 학부모위원, 학부모회 학년별 임원, 학부모봉사단 간부를, 외부위원은 동창회 대표, 구청 및 교육지원청의 교육지원부서 담당자를 위촉한다. 이렇게 조직된 위원회는 실제로 학교 발전에 기여하는 단체가 될 수 있도록 최소한 한 학기에 한두 번은 회의를 개최하여야 한다. 학교장은 학교중장기발전위원회를 선진국의 PTA 기능과 역할을 할 수 있도록 활성화시킬 필요가 있다.

2) 교육 지원기관과의 연계 · 협력

지역사회의 교육 지원기관은 교육, 봉사, 상담, 보육 등 다양한 영역에서 학교 교육을 지원하고 있다. 학교장은 평소에 지역사회의 교육 지원단체나 기관과 긴밀하게 협력체제를 구축하고 필요시 시의적절하게 도움을 요청할 수 있어야 한다.

(1) 교육 지원기관

기관	주요 활동	문의
한국지역사회교육협의회	청소년, 부모, 지역주민 대상 다양한 교육 프로그램 운영	www.kace.or.kr
한국시민자원봉사회	학부모사프론봉사단 및 프론티어봉사단 운영	www.civo.net

기관	주요 활동	문의
청소년상담센터	초 · 중 · 고학생 심리검사 및 상담	서울 12개소 서울시교육연구정보원 외 교육지원청(11)
Wee센터	문제학생 및 위기학생 대상 상담 및 교육	서울 17개소 (특화센터 3개 포함) www.wee.or.kr
위탁형 대안학교	학업중단 예방, 학교 적응력 향상 교육, 재적학교 복귀	www.aeis.sc.kr
청소년상담복지센터	청소년상담, 긴급구조 및 자활지원, 약물남용 예방 경찰연계 등 청소년통합지원(CYS-net)체제 구축 운영	www.teen1318.or.kr

(2) 유관기관과의 연계 추진 노하우

① 유관기관의 조직, 주요사업, 특성 등을 사전에 파악한다.

학교의 요구 및 협조 사항을 제안하기 위해서는 사전에 유관기관의 정보를 수집하는 것이 중요하다. 상대기관의 요람이나 주요업무계획 등을 수집하여 연계 목적과의 관련성과 적합성을 분석해야 한다.

② 연계의 목적을 명확히 설명할 자료를 작성한다.

행정기관의 업무는 구두로 이루어지지 않고 문서로 추진됨으로 학교에서 의도하고 있는 연계 목적을 문서로 준비한다. 특히, 연계를 위한 제안서는 목적, 방침, 세부사업, 예산, 기대효과 등 구체적인 내용이 담겨야 한다.

③ 연계의 내용에 대해서 명확하게 설명할 수 있도록 준비한다.

연계 제안은 일반적으로 학교의 입장만이 강하게 부각되는 경향이 있다. 구체적으로 무엇을 원하고, 어떤 협력을 받고 싶은지를 명확해야 한다. 연계는 상대의 이점도 중요하게 여겨야 한다. 학생들을 교육하는 공기관이라는 입장에서 일방적인 협력과 지원을 요구하면, 연계는 원활하게 진행되지 않으며 지속될 가능성이 낮다.

④ 연계의 효과에 대해서 구체적으로 설명할 수 있도록 한다.

왜 '연계'하는 것인지 설명할 수 있도록 준비해 놓는 것이 중요하다. 연계하는 것이 목적이 아니다. 연계로 인하여 얻어지는 효과가 명확하지 않으면 연계의 의미는 없다. 비슷한 일을 하고 있으니까 연계할 수 있는 것은 아닐까 하고 안이하게 생각해서는 안 된다.

⑤ 쉽게 체념하거나 단념하지 않는다.

대부분의 행정기관이나 단체 및 시설에서는 학교와의 연계에 대하여 근본적으로는 필요하다고 생각하지만, 업무량의 증가를 고민하기 때문에 학교의 제안을 적극적으로 수용하지 않는다. 이러한 경우에 연계 의욕을 상실할 수도 있으나 체념하거나 단념하지 말고 끈질기게 제안하는 인내와 노력이 중요하다.

참고문헌

교육과학기술부(2011), 학부모 학교참여 길라잡이.

김위찬, 르네마보안(2005). 블루오션 전략. 서울: 교보문고.

서울교육청(2011). 2011~2014 서울교육발전계획.

서울시교육연구정보원(2011). 정책연구과제 보고서, 학부모의 학교 참여와 학교교육의 효과성 인식.

오영제 외 3인 역(2007). 교육행정, 이론, 연구, 실제. 서울: 아카데미프레스.

윤대혁(2009). 조직행동론. 서울: 무역경영사.

이상대(2011). 빛깔이 있는 학급운영. 서울: 우리교육.

최상근(2009). 학부모 지원 중장기계획 수립을 위한 기본방향 설정 연구. 한국교육개발원.

핀란드 교육부 교육과학국(2006). *Participating Student-Coactive School.*

제6장

배움을 창조하는 교육과정

김세곤(서울양천초등학교 교사)

1. 학교 현장에서 바라보는 교육과정의 정의
2. 교육부의 국가 수준 교육과정
3. 시 · 도교육청의 지역 수준 학교교육과정 편성 · 운영 지침
4. 단위학교의 교사 수준 학교교육과정 편성 · 운영

이 장에서는 학교 현장에서 바라보는 교육과정의 정의, 교육부의 국가 수준 교육과정, 시·도교육청의 지역 수준 학교교육과정 편성·운영 지침, 단위학교의 교사 수준 학교교육과정 개발을 다루고자 한다. 이를 위해 국가 수준에서는 일반적·공통적·기본적 교육내용을 교육과정으로 개발하여 고시하고, 교육청 수준에서는 지역적 특성, 실태, 요구를 반영하여 지역화한 학교교육과정 편성·운영 지침을 제시하며, 단위학교 교사 수준에서는 학교교육과정 개발을 위한 준비 단계, 편성 단계, 운영 단계, 평가 단계의 사례를 적절성의 관점에서 살펴보고자 한다.

이 장을 통해서 국가 수준 교육과정에 나타난 중상위권 위주의 목표, 획일적인 차시 중심의 목표, 탈맥락화된 교과지식이라는 문제점들을 극복하고, 학생들의 핵심역량 강화를 위해 교육과정 재구성을 할 수 있는 전략(독서·토론·논술교육, 문화·예술·체육교육, 녹색·에너지·경제·생태교육, 현장체험학습), 수준(통합·융합·통섭), 대상(교과·학생발달 특성)을 통찰할 수 있는 아이디어를 제공할 것으로 기대한다.

1. 학교 현장에서 바라보는 교육과정의 정의

교육과정은 영어 '커리큘럼(curriculum)'의 번역어인데, 라틴어 '쿠레레(currere)'에서 유래한 용어이다. 교육과정이라는 용어로 우리 교육계에 처음으로 사용된 것은 1918년 Bobbit의 『The Curriculum』이라는 책자가 발간된 이후라고 한다. 그런데 이러한 교육과정이 무엇인지에 대해서 현재에 이르기까지 합의되지 않았다. 교육과정은 그 대상과 적용 상황에 따라 다르게 사용되고 있어서 단일된 개념으로 정의하기에는 한계가 있다. 이런 한계에도 불구하고 학교 현장에서는 교육과정을 학교 교육목표 도달에 필요한 내용을 학습자의 발달 단계에 맞추어 체계적으로 배열한 교육계획이고, 학교 교육목표 · 교육내용 · 교육연한 및 학습시간을 체계적으로 배분한 교육계획이며, 이를 간단하게 '학교교육의 설계도'라고 정의하기도 한다.

학교교육의 설계도로써 교육과정은 우리나라 경우, 교육부, 시 · 도교육청, 학교가 주체가 되어 개발된다. 교육부는 일반적 · 공통적 · 기본적 교육내용을 기준으로 총론 및 교과 중심의 국가 교육과정을 개발하여 고시한다. 시 · 도교육청은 이를 토대로 지역적 특성, 실태, 요구 등을 고려하여 지역화 중심의 학교교육과정 편성 · 운영 지침을 개발하여 제시하고, 지역교육지원청은 실천 중심의 장학자료를 개발하여 학교교육과정 편성 · 운영에 반영할 사항을 제시한다. 학교는 국가 교육과정, 학교교육과정 편성 · 운영 지침, 장학자료를 바탕으로 학교 실정, 학생 실태 등을 고려하여 학생 중심의 학교교육과정을 편성 · 운영한다. 이처럼 우리나라는 교육부의 국가 수준 교육과정, 시 · 도교육청의 지역 수준 학교교육과정 편성 · 운영 지침 및 지역교육지원청의 장학자료, 단위학교의 교사 수준 학교교육과정으로 개발되어 운영된다.

2. 교육부의 국가 수준 교육과정

우리나라 국가 수준의 교육과정은 교육 긴급조치 시기(1945~1946), 교수요목 시기(1946~1954), 주기적 교육과정 개정 시기(1954~2005), 교육과정 수시 개정 시기(2006~)로 진화되고 있다. 교육 긴급조치 시기는 군정법령 제6호(1945. 9. 20), 일반명령 제4호(1945. 9. 17)에 따른 시기로 일본 황민화교육 탈피, 민주시민 교육, 우리나라 말과 글 중심 국어교육, 역사교육 등 신생 국가로서의 교육내용을 다루고 있다. 교수요목 시기는 학생들이 학습할 교과 내용을 교수요목으로 정하고, 교사가 가르칠 주제 또는 제목을 열거하여 제시하였다. 주기적 교육과정 개정 시기는 문교부령 제35호(1954. 4. 20)로 개정 공포된 '국민학교 · 중학교 · 고등학교 · 사범학교 교육과정 시간 배당 기준령'으로 시작된 1차 교육과정부터 7차 교육과정까지 시대적 상황과 사회적 환경 변화 등을 반영하여 5~6년을 주기로 개정하였다.

국가 수준의 교육과정 개정 방식이 주기 개정에서 수시 개정으로 전환하게 된 것은 교육부에서 발표한 「교과과정 수시개정 체제 운영 활성화 방안(2005. 2. 24)」에 의한 것이었다. 수시 개정은 세계화 · 국제화 · 지식정보화 사회로의 빠른 변화를 반영하고, 선도적으로 대응하기 위해 교육과정을 개정하는 것으로 몇 년도에 개정되었는지에 의미를 두어, 그 명칭을 다음과 같이 부여하였다.

- ○ 2006 개정 교육과정(2006. 8. 29): 수준별 교육과정에 관한 개정
- ○ 2007 개정 교육과정(2007. 12. 29): 7차 교육과정 총론의 틀은 유지하면서 교과 교육과정 중심의 개정
- ○ 학교단위 책임경영을 위한 학교자율화 추진 방안(2009. 6. 11)
- ○ 2009 개정 교육과정(2009. 12. 23): 2007 개정 교육과정의 교과 교육과정을 이어 받으면서 7차 교육과정 총론의 틀에 변화를 준 개정
- ○ 2009 개정 교과 교육과정(2011. 8. 9): 초 · 중학교는 2013년부터, 고등학교는 2014년(영어는 2013년)부터 연차적으로 적용
- ○ 인성교육 실현 초 · 중등학교 교육과정 개정(2012. 7. 9): 학교급별 교육목표에 인성요소 반영 및 인성교육 요소 강화, 집중이수제 개선, 학교스포츠클럽활동 교육과정 반영, 국어 · 도덕 · 사회 교과 인성교육내용 보완

여기서 2009 개정 교육과정 총론은 「초 · 중등교육법」 제23조 제2항에 의거하여 고시한 것으로 초 · 중등학교의 교육목적과 교육목표를 달성하기 위해

초 · 중등학교에서 편성 · 운영하여야 할 학교교육과정의 일반적 · 공통적 · 기본적인 기준을 제시한 것이다. 이러한 2009 개정 교육과정 총론에 나타난 주요 개념은 절로 나누어 살펴보기로 한다.

가. 국가 수준 교육과정 총론의 주요 개념

2009 개정 교육과정의 총론에 나타난 주요 개념은 수업일수 · 시수, 과목 · 교과 · 교과군 · 교과영역, 공통교육과정 · 선택교육과정 · 집중이수과정, 학년군 · 집중이수제 · 블록타임제, 교육과정 자율화로 나누어 살펴볼 수 있다.

수업일수 · 수업시수라는 개념이다. 수업일수는 학교가 교육활동을 하는 일수로, 주 5일 수업제를 월 2회 실시할 경우에는 205일 이상, 전면적으로 실시할 경우에는 190일 이상을 확보해야 한다. 이를 위해 학교에서는 매학년도를 두 개 학기로 나누되, 1학기는 3월 1일부터 학교의 수업일수, 수업일, 교육과정 운영 등을 고려하여 학교의 장이 정한 일까지로 하고, 2학기는 1학기 종료일 다음 날부터 다음 해 2월 말일까지로 한다(초 · 중등교육법 시행령 제44조). 수업시수는 학년군별로 교과와 창의적 체험활동을 운영하는 시간 수를 말하는데, 고등학교에서는 이수단위(1단위는 50분 수업)라고도 부른다. 예를 들어, 창의적 체험활동의 수업시수는 학년군으로 초등학교 1 · 2학년은 272, 3 · 4학년은 204, 5 · 6학년은 204, 중학교는 306, 고등학교는 408이라는 최소 이수 기준이 그것이다.

과목 · 교과 · 교과군 · 교과영역이라는 개념이다. 과목은 가르치거나 배워야 할 지식 및 경험의 체계를 세분하여 계통을 세운 영역이고, 교과는 학교에서 수업을 통해 학생들이 학습해야 할 지식과 기술 등을 학문과 문화의 영역에 따라서 계통적으로 조직해 놓은 것이다. 교과군은 7차 교육과정에서 도입된 용어로 10여 개의 기본교과를 교육목적상의 근접성, 학문탐구 내용 또는 방법상의 인접성, 실제 생활양식에서의 상호 관련성을 고려해 광역군으로 유목화한 개념이다. 이를 구체적으로 살펴보면 다음과 같다.

○ 초등학교 1~2학년(3개 교과군) : 국어, 수학, 통합교과(바른생활, 슬기로운 생활, 즐거운생활)

○ 초등학교 3~4학년(7개 교과군) : 국어, 사회/도덕, 수학, 과학, 체육, 예술(음악/미술), 영어

○ 초등학교 5~6학년(7개 교과군) : 국어, 사회/도덕, 수학, 과학/실과, 체육, 예술(음악/미술), 영어

○ 중학교(8개 교과군) : 국어, 사회(역사 포함)/도덕, 수학, 과학/기술가정, 체육, 예술(음악, 미술), 영어, 선택

○ 고등학교(8개 교과군) : 국어, 수학, 영어, 사회(역사/도덕 포함), 과학, 체육, 예술(음악/미술), 기술가정/제2외국어/한문/교양(고등학교 전문교과 : 농생명 산업, 공업, 상업 정보, 수산 · 해운, 가사 · 실업)

이러한 교과(군)을 교과영역으로 2009 개정 교육과정에서 '기초 교과영역, 탐구 교과영역, 체육 · 예술 교과영역, 생활 · 교양 교과영역'을 새로 도입하였다.

공통교육과정 · 선택교육과정 · 집중이수과정이라는 개념이다. 공통교육과정은 초등학교 1학년부터 중학교 3학년까지 4개 학년군으로 나누어 편성된 국가 수준의 교육과정이다. 선택교육과정은 고등학교 1학년부터 3학년까지 동일 학년군으로 편성된 국가 수준의 교육과정이다. 이와 함께 고등학교에서는 집중 이수과정을 할 수 있게 하였다. 집중 이수과정은 고등학생의 요구와 소질, 적성, 진로에 따른 계열성 있는 학습을 유도하기 위하여 학생의 선택에 따라 2~3개의 교과군을 중심으로 집중 이수하게 하는 것이다. 예를 들어, 어문과정, 사회과정, 이공과정, 직업과정, 예 · 체능과정 등이 있다.

학년군 · 집중이수제 · 블록타임제라는 개념이다. 학년군은 초등학교를 1 · 2학년군, 3 · 4학년군, 5 · 6학년군, 중학교 1 · 2 · 3학년군, 고등학교 1 · 2 · 3학년군으로 나누어 교육과정을 편성 · 운영하는 것이다. 집중이수제는 여러 학년에 걸쳐 이수하는 과목을 어느 한 학년으로 집중하거나, 1년 동안 이수하는

과목을 한 학기 동안 집중하여 이수하도록 하는 것이다. 집중이수제를 실시하면 한 학기당 학습할 교과목의 수를 감축할 수 있고, 탐구학습, 토론학습, 체험활동 및 창작활동 등 학생 주도적 협력학습을 강화할 수 있다. 이를 위해서는 비교적 주당 수업시수가 적은 교과들 중에서 학교의 여건을 고려하여 집중이수 대상 과목을 결정하는 것이 효과적이다. 블록타임제는 특정 시간대를 묶어서 하나의 블록으로 설정하는 것이다. 블록타임제는 과학 실험활동, 예술창작활동과 같이 하나의 학습 과제를 진행하는 데 많은 시간이 필요로 하는 경우, 수준별 이동수업을 위한 합반수업을 해야 하는 경우, 선택과목을 위한 이동수업을 해야 하는 경우 등에 다양하게 적용할 수 있다.

학교교육과정 자율화 개념이다. 이는 현장 교사들이 가장 많이 체감하는 2009 개정 교육과정의 특징이기도 하다. 학교교육과정 자율화는 2010학년도부터 초·중·고등학교에 전면 시행되어 학교 구성원의 요구 분석에 따라 교과(군)별 20% 범위 내에서 시수를 증감 편성하여 기초·기본교육 충실, 기초체력 향상, 사고력 향상, 탐구능력 신장, 특정 교과 심화활동 등을 위한 프로그램으로 운영할 수 있도록 하였다. 이에 2009 개정 교육과정에서는 교과 시수 개념을 '연간 최소 이수 시수'에서 증감이 가능한 '기준 시수'로 변화시키고, 연간 총 기준 시수에 미만이 되지 않도록 하였다. 다만, 창의적 체험활동은 최소 수업시수를 제시하여 증배만 가능하도록 하였다. 따라서 단위학교에서는 교과(군)별 20% 범위 내에서 순증 중심, 증배 중심, 증감 균형 중에서 선택하여 교육과정을 편성·운영할 수 있게 하였다.

나. 국가 수준 교육과정의 개선 방향

전술한 2009 개정 교육과정 총론의 주요 개념을 토대로 기존 교과 교육과정의 개선 요구사항(내용 선정의 타당성, 내용 조직의 적절성), 창의·인성교육, 녹색성장교육, 국가 정체성 교육 등을 반영한 것이 바로 2009 개정 교과 교육과정이다.

2009 개정 교과 교육과정의 가장 큰 특징은 그 동안 교육부의 고시나 교육청의 지침에 의거하여 운영되었던 경직성을 탈피하고 현장의 탄력적인 운영 체제 구축을 지향한 점이다. 요컨대 학교교육과정의 자율성 확대, 학생의 학습부담 완화, 학생 진로지도 강화, 다양한 체험활동 활성화가 그것이다.

그러나 2009 개정 교과 교육과정도 이전의 교육과정처럼 교육내용의 양과 수준이 적정하지 못하다는 비판을 받고 있다. 국가 수준의 교과 교육과정은 능력 수준에 상관없이 모든 학생이 필수로 이수해야 하는 내용이어야 한다. 교육내용의 양과 수준은 이른바 성적 하위층의 학생들을 포함하여 대부분의 학생이 학교 공부를 통해 이해할 수 있는 정도여야 한다. 그런데 2009 개정 교과 교육과정에 제시된 교육내용은 여전히 그 양과 수준이 성적 중상위층에 맞추어져 있어서 하위층 학생들은 학교 공부를 통해 이해하기 어렵다(김재춘, 2012: 58)고 한다. 따라서 2009 개정 교과 교육과정의 교육내용을 성적 중하위층에 맞추어 선정하거나 조정할 필요가 있다.

이에 국가 수준의 교과 교육내용을 성적 중상위층이 아니라 하위층에 맞추어지면 교육경쟁력, 국가경쟁력이 약화될 것이라고 우려할 수도 있다. 하지만 이런 우려는 공통 필수학습 요소에 대한 양과 수준을 최소화하고, 그 양과 수준을 넘어선 학생에게 심화학습 요소를 다양하게 제공하여 최대화하면 극복할 수 있다. 교육내용의 양과 수준을 낮추면 교육경쟁력, 국가경쟁력이 약화될 것이라는 우려는 모든 학생들에게 공통 필수학습 요소를 획일적으로 가르칠 것이라는 편견 때문에 생길 수 있다. 핀란드처럼 모든 학생들이 최소한의 교육내용을 숙달하도록 최대한 지원하되, 이미 이를 숙달한 우수한 학생에게는 심화학습을 할 수 있도록 기회를 제공하면 된다(김재춘, 2013: 59). 만일 국가 수준의 교과 교육과정에 제시하는 교육내용의 양과 수준을 성적 중상위층에 맞추어지면 하위층 학생의 학습부진은 필연적으로 발생할 수밖에 없다. 따라서 2009 개정 교과 교육과정의 교육내용은 성적 하위층 학생들의 수준에 맞추고, 중상위층 학생들은 자신의 수준에 맞게 심화·발전시킬 수 있도록 지속적으로 개선되어야 할 것이다.

3. 시 · 도교육청의 지역 수준 학교교육과정 편성 · 운영 지침

시 · 도교육청은 국가 수준의 교육과정(총론, 교과)을 바탕으로 지역적 특성, 실태, 요구 등을 반영한 「학교교육과정 편성 · 운영 지침」을 개발하여 단위학교에 제공한다. 학교교육과정 편성 · 운영 지침은 국가 수준의 교육과정과 지방교육자치에 관한 법률(제20조 6호 교육과정의 운영에 관한 사항)에 근거하여 시 · 도교육청 관내 지역의 사회, 경제, 문화, 지리적 특수성과 학생, 교원, 학부모와 지역 주민의 요구 사항을 고려하여 작성한 것이다. 이 지침은 학교에서 교육과정을 편성 · 운영함에 있어 준수할 사항과 교육지원청의 실천중심 장학자료를 작성함에 있어 공통적이고 일반적인 기준이 되는 지침이다. 그래서 이 지침으로 단위학교가 교육과정 중심의 학교교육 체제로 전환하여 학습자의 자율성과 창의 · 인성을 함양시키기 위한 학생 중심 교육과정 편성 · 운영을 할 수 있도록 지원한다.

학교교육과정 편성 · 운영은 일반적으로 '준비→편성→운영→평가'의 단계를 거치며 실행된다.

준비단계에서는 학교교육과정위원회를 조직하고, 이 위원회가 교육부의 국가 수준 교육과정, 시 · 도교육청의 학교교육과정 편성 · 운영 지침, 단위학교 기초조사 및 실태분석을 주도하여 편성에 반영할 근거들을 마련한다. 편성단계에서는 학교장의 경영 철학을 토대로 학교교육과정 구성 방향 및 편성 기준, 학교교육과정 교육목표 및 구현 방안을 설정하여 학교운영위원회의 심의를 거쳐서 확정한다. 운영 단계에서는 학교교육과정 편성대로 운영하되 구성원의 합의에 따라 수정 · 보완하며 실행한다. 그리고 평가 단계에서는 학생들의 목표 달성도를 조사하고 학교교육과정의 운영 결과를 평가하여 제거할 사항, 감소시켜야 할 사항, 증가시켜야 할 사항, 창의적으로 개발해야 할 사항 등을 총체적으로 성찰한 후 준비 단계로 환류시킨다.

이러한 네 단계로 실행되는 학교교육과정 편성 · 운영에 단위학교가 숙지하고 실행해야 할 시 · 도교육청의 주요 지침으로 학교교육과정위원회 조직 운영, 기초조사, 교육과정 재구성, 창의적 체험활동을 절로 나누어 살펴보고자 한다.

가. 학교교육과정위원회 조직 · 운영

학교교육과정위원회는 한시적으로 운영하는 조직이 아니라 연중 운영하는 전문적이고 민주적인 조직이어야 한다. 학교교육과정은 모든 교원이 전문성을 발휘하고 주도적으로 참여하여 민주적인 절차와 과정을 거쳐 편성 · 운영해야 하기 때문이다. 그래서 학교교육과정위원회를 해마다 12월부터 학교교육과정이 편성될 때까지 차년도 학교교육과정 편성을 위해서만 한시적으로 조직 운영하는 것이 아니라, 연중 조직 운영해야 하는 것이다. 단위학교의 여건에 따라 월 1회씩 정기적으로 운영할 수 있고, 분기별 및 학기별로 운영할 수도 있다. 이처럼 학교교육과정위원회는 한시적으로 운영하는 임의 조직이 아니라, 학교교육과정에 명시된 조직으로서 연중 지속적으로 운영하는 것이다.

학교교육과정위원회는 교원뿐만 아니라, 학부모, 지역사회 인사 등을 영입하여 구성하는 조직의 개방화 노력이 필요하다. 이는 "교육과정의 합리적 편성과 효율적 운영을 위하여 교원, 교육과정(교과교육) 전문가, 학부모 등이 참여하는 학교교육과정위원회를 구성하여 운영하며, 이 위원회는 학교장의 교육과정 운영 및 의사결정에 관한 자문의 역할을 담당한다(교육과학기술부고시 제2011-361호)." 라는 국가 교육과정의 규정에서도 그 필요성을 찾을 수 있다. 이에 단위학교에서는 학교교육과정위원회에 학부모가 위원으로 참여할 수 있도록 가정통신문으로 전체 학부모들 중 희망하는 학부모를 선출하고, 학부모회 임원 중에서 호선하며, 학년 대표 및 학급 대표 학부모 중에서도 호선할 수 있다.

학교교육과정위원회는 일반 모형, 업무 중심 모형, 교육과정 편제 중심 모형, 학년 중심 모형을 활용하여 학교의 여건에 따라 다음과 같이 다양하게 조직할 수 있다(교육과학기술부 교육과정기획과, 2010).

○ 일반 모형: 기획조정 분과, 편성 · 운영 분과, 교과(군) 분과, 창의적 체험활동 분과, 자료개발 분과, 평가분석 분과
○ 업무 중심 모형: 기획조정 분과, 자료조사 분과, 시안작성 분과, 교과(군) 분과, 창의적 체험활동 분과, 편성 · 운영 분과, 행정지원 분과
○ 교육과정 편제 중심 모형: 기획조정 분과, 학년군 및 교과(군) 분과, 창의적 체험활동 분과, 평가 · 지원 분과
○ 학년 중심 모형: 기획 · 조직 분과, 1~2학년(군)편성 · 운영 분과, 3~4학년(군)편성 · 운영 분과, 5~6학년(군)편성 · 운영 분과, 운영지원 분과, 행정지원 분과

이와 같은 다양한 모형 중 한 모형으로 학교교육과정위원회의 분과를 조직하면 학교교육과정 편성 · 운영을 위해 학년 말, 학기 중, 학기 말로 연중 활동하게 된다. 그 활동 내용을 살펴보면 다음과 같다.

○ 학년 말 활동 내용(11월~2월)
 ■ 방학 전(11~12월): 학교교육과정 편성 · 운영에 대한 자문(컨설팅), 학교 교육과정 편성 · 운영 계획 수립, 부별 교육활동 및 학년 교육과정 운영 자체 평가
 ■ 방학 중(12~1월): 행사의 정선을 통한 학사일정 조정, 교육과정 자율화 적용 방향 협의 결정
 ■ 학년 말(1~2월): 학교 · 학년 · 학급교육과정 편성

○ 학기 중: 학년 · 학급교육과정 운영의 정상화/정기적인 학교교육과정위원회 활동, 교육활동 직후, 월별 · 분기별 협의/운영상의 문제점 및 해결방안 협의
○ 학기 말(7월, 12월): 학교교육과정 편성 · 운영의 적합성, 타당성, 효과성에 대한 자체평가 및 설문조사/학교교육과정 편성 · 운영 지원 체제 평가

이러한 활동 내용으로 학교교육과정위원회는 정기회의, 임시회의, 교육과정 평가회의, 교육과정 편성회의로 다음과 같이 활동할 수 있다.

○ 정기회의: 월 1회(분기 · 학기별 1회), 주간 · 월간 교육과정 결과 평가 및 운영 계획 검토
○ 임시회의: 학교 행사 등 교육과정 편성 내용을 조정할 때
○ 교육과정 평가회의: 부별 협의회, 학년 협의회
○ 교육과정 편성회의: 학기 말, 학년 말, 차년도 학교교육과정 편성 작업 시/학년 교육과정 운영 평가회의(개방적 설문에 의한 학년 토론)

나. 기초조사

기초조사는 단위학교의 자율화 · 특성화를 강조하는 추세에 따른 학교교육과정 편성 · 운영을 위한 근거로 반드시 필요하다. 기초조사의 결과를 근거로 학교교육의 방향, 학교행사, 특색교육활동 등을 정선하거나 수정 · 보완하게 된다. 이러한 기초조사의 중요성을 도외시하고 시간이 부족하다는 이유로 교직원의 의견 수렴 및 협의 과정을 거치지 않거나, 새 학년도 교육 상황 등을 고려하지 않고 이전 설문조사 문항이나 내용을 그대로 활용해서는 안 된다. 학교교육과정을 편성 · 운영하려면 교원의 조직, 학생의 실태, 학부모의 요구, 지역사회의 실정 및 교육 시설 · 설비 등 교육 여건과 환경이 충분히 반영되도록 노력해야

한다(교육과학기술부 고시 제2011-361호). 따라서 학교교육과정 편성 · 운영의 내실화를 위해서 기초조사를 충실하게 실시해야 한다.

기초조사를 충실하게 하기 위해서는 전술한 학교교육과정위원회의 기획조정 분과를 중심으로 관련 지침 · 규정, 최신 교육동향, 시책 경향 · 중점 정책에 대한 이해 및 분석이 선행되어야 한다. 지침 · 규정은 시 · 도교육청 학교교육과정 편성 · 운영 지침, 개인정보보호 관련 규정, 학교폭력대책 관련 규정 등을 말한다. 최신 교육동향은 각종 교원연수 자료, 인터넷 자료, 행복한 교육(교육부) · 교육개발(한국교육개발원) · 새교육(한국교총) · 우리교육(전교조) 등 교육전문 월간지, 최신 교육통계자료, 신간 교육 관련 서적 등을 말한다. 시책 경향 · 중점 정책은 시 · 도교육청의 교육 시책 및 업무 계획, 지역교육지원청의 장학자료 및 업무 계획, 교육정보연구원의 연구자료 등을 말한다.

이러한 자료들을 분석하면 단위학교의 교육 방향(비전, 미션, 교육목표, 역점교육 · 중점교육 · 특색교육 등) 및 중 · 장기발전계획에 대한 큰 틀을 비롯해서 기초조사의 방향을 수립하는 데 중요하게 활용된다. 시 · 도교육청에서 학교교육과정 편성 · 운영 지침에 기초조사의 영역, 내용, 방법을 살펴보면 교육청마다 동일하지는 않지만 대체로 다음 〈표 6-1〉과 같이 제시하고 있다.

표 6-1 기초조사의 영역 · 내용 · 방법

영역	내용	방법
학생 발달 특성	• 초등학생(1~6학년 학년별) • 중학생(1~3학년 학년별) • 고등학생(1~3학년 학년별)	• 관찰, 면담, 협의회 • 현장경험 공유
학생 핵심 역량	• 총체적 핵심역량(경기도교육청): 자기주도학습능력, 자기관리능력, 협력적 문제발견 · 해결능력, 문화적 소양능력, 의사소통능력, 대인관계능력, 민주시민의식 • 교과별 핵심역량(한국교육과정평가원)	• 구성원 대상 설문지 • 관련 자료, 지침 분석

영역	내용	방법
학생 핵심 역량	– 국어: 기초학습능력, 의사소통능력, 창의력 – 도덕: 대인관계능력, 자기관리능력, 시민의식 – 사회: 문제해결능력, 시민의식, 국제사회문화 이해 – 수학: 기초학습능력, 창의력, 문제해결능력 – 과학: 창의력, 문제해결능력, 정보처리능력 – 실과: 진로개발능력, 정보처리능력, 문제해결능력, 자기관리능력 – 체육: 대인관계능력, 시민의식, 자기관리능력 – 음악: 창의력, 자기관리능력, 국제사회문화 이해 – 미술: 창의력, 자기관리능력, 국제사회문화 이해 – 영어: 기초학습능력, 의사소통능력, 국제사회문화 이해	• 분과별 및 교과별 협의회
학교 교육 실태	• 학교: 시설, 재정, 전통, SWOT 등 • 학생: 학력, 학습 · 생활태도, 기본생활습관, 흥미 · 관심분야, 요보호아동(ADHD, 허약아, 특이체질, 비만 등), 거주형태 및 가족상황 등 • 교직원: 연령, 성별, 특기, 관심 교과, 담임경력, 교사역량, 연구 분야, 건강, 출산계획, 거주지역 등	• 자체기록 자료분석 • 면담, 관찰, 설문지 등
지역 사회 실태	• 자연환경, 교육활동 가능 인문환경 시설 (수목원, 공원, 도서관, 수영장 등) • 교육기부자 및 재능기부자 • 공공기관(경찰서, 지구대, 구청, 동사무소 등) 연계성 분석	• 현지조사 • 문헌조사
전년도 운영 평가 결과	• 교육공동체 요구수준: 학교행사, 학생평가, 학생 생활지도, 각종 학교규정, 학부모회 활동 등 • 교육과정 운영 결과: 교육과정 재구성, 창의적 체험 활동, 학교 · 학년 행사, 체험학습, 교과학습 평가, 교내 자율장학 등 • 학교경영 평가 결과: 학교장 교육철학, 교육과정 지원 수준, 시설관리, 예산 투명성, 안전관리 등	• 자체평가 자료분석 • 현황자료 분석 • 공문 및 문서자료 분석

위의 〈표 6-1〉에 제시된 기초조사의 영역, 내용, 방법을 토대로 단위학교에서는 학교 여건을 고려하여 취사선택하거나 추가 · 보완하여 기초조사를 실시할 수 있다. 기초조사는 일반적으로 ① 조사 방법 및 결정, ② 문항 작성 및 조정

기간, 배부 및 수합 기간 등 일정 정하기, ③ 설문 문항 협의(담당 업무·부서별·학년별), ④ 설문 문항 조정(학교교육과정위원회), ⑤ 설문 수합 및 결과 분석(학교교육과정위원회), ⑥ 분석 결과 협의 시사점 추출 및 적용 수준 결정(학교교육과정위원회) 순으로 진행한다. 이렇게 진행되는 기초조사는 조사 시기에 따라 수시 조사(교육활동 종료 직후 즉시, 1주일 이내), 학기말 조사(7·12월), 학년말 조사(2월)가 있는데, 수시조사는 체크리스트형 설문지로 실시하고, 학기말 및 학년말 조사는 가정통신문형 설문지나 학교 홈페이지 배너형 설문지 등으로 실시한다.

단위학교에서 기초조사를 실시하는 데 유의할 점이 있다. 기초조사는 적용 범위, 문제의 원인과 해결, 설문의 최소·간결화에 노력해야 한다는 것이다. 적용 범위에 유의해야 할 점은 기초조사는 그 결과 분석을 통해서 적용해야 할 교육의 방향(비전, 미션, 교육목표, 역점·중점·특색교육) 및 중·장기발전계획 수립의 근거로 활용할 수 있도록 실시해야 한다는 것이다. 문제의 원인과 해결에 유의할 점은 학교행사 및 업무추진 과정에서 문제가 발생하면 수시로 분석하여 그 원인과 해결 방법을 즉시 수정하여 기록해야 한다는 것이다. 설문의 최소·간결화에 유의할 점은 학교교육과정 개선에 꼭 필요한 설문을 정선하여 되도록 1장의 설문지로 만들어 전수조사를 하거나, 대규모 학교에서는 학년별 일부 학급 표집 또는 학급별 일정 학생들을 표집하여 조사해야 한다는 것이다.

다. 교육과정 재구성

2009 개정 교육과정에서는 시수 운영의 자율화를 허용하고 있다. 국가 교육과정 기준에 제시된 학년군의 연간 총 수업 시수를 확보하고, 교과(군)별 연간수업 시수 20% 범위 내에서 증감을 허용하고 있다. 이에 단위학교에서는 학교 구성원의 요구 분석에 따라 교과(군)별 20% 범위 내에서 시수를 증감·편성하여 기초·기본교육 충실, 기초체력 향상, 사고력 향상, 탐구능력 신장, 특정 교과 심화활동 등을 위한 프로그램으로 운영할 수 있다. 단위학교에서는 학년

(군)별 연간 총 수업시수의 미만이 되지 않도록 하되, 순증 중심, 증배 중심, 증감 균형 중 단위학교의 자율적인 선택으로 특정 교과(군)별 20% 초과하지 않는 범위 내에서 시수 증감을 할 수 있다.

이러한 교과(군)별 수업시수 20% 범위 내에서 감축시, 증배시 유의할 점이 있다. 먼저, 감축을 위해서는 단원 재구성, 교육과정 통합 운영 등 교과 교육과정 재구성이 필수이다. 이를 위해 교과별 성취 기준, 학년별 학생 발달특성, 건강상태, 인성교육 등을 고려하여 체육 · 예술(음악/미술) 교과(군) 시수 감축을 해서는 안 된다. 주당 평균 3시간 이상 교과(군) 중에서 체험학습이 필요하고, 교과 단원 재구성 및 교과 내 단원의 통합 운영이 가능하며, 성취 기준 도달이 가능한 범위에서 감축해야 한다. 다음으로, 증배를 위해서는 전년도 교육과정 운영 평가의 결과 반영, 전교 단위 또는 학년 단위의 특정 교육활동 강화, 학교 구성원(학생, 학부모, 교직원) 요구 반영, 학교의 지역적 특성을 고려한 학교 특색교육활동 구현, 보충학습 · 심화학습 등을 고려하여야 한다. 또한 학교 역점교육활동 및 중점교육활동을 위해서도 증배를 고려해야 한다.

교육과정 재구성은 이런 감축 또는 증배 운영을 위해 학교의 여건이나 학생 실태를 고려하여 교육과정에 제시된 순서 · 비중 등을 조정하고 지도하는 것이다. 그렇다고 교육과정에 제시된 내용이나 목표를 생략하여 지도하는 것이 아니다. 교육과정 재구성을 위해서는 교육과정 및 교과서 · 지도서를 분석한 후 재구성할 내용을 추출하고 연간 교육계획에 맞게 내용을 선정하여야 한다. 여기서 재구성할 내용은 교과(군)간, 교과(군) 내 유사한 내용, 학습시기 및 학습 순서의 조정이 필요한 내용, 학생 수준 및 특성을 고려한 내용, 단원 제재 간 연계를 고려한 내용, 시사성 및 지역성을 고려한 내용, 특정 교육활동 강화를 위한 내용 등을 말한다. 이러한 내용들 중에서 학생의 핵심역량을 강화할 수 있는 내용, 교육활동이 자연스럽게 연결할 수 있는 내용, 학생의 흥미 · 경험에 연관된 내용, 지도 시기의 적절성을 고려한 내용을 선정하여 교육과정을 재구성하는 것이다.

그렇다면 교육과정 재구성이 필요한 까닭은 무엇인가? 이는 육하원칙(무엇, 왜, 어떻게, 언제, 어디서, 누가)의 관점에서 대답할 수 있을 것이다.

첫째, 무엇(What)의 관점에서 학생의 수준에 맞고 학생 주도로 만들어 가는 학습내용으로 재구성한 교육과정이 필요하다. 일반적으로 학생들은 학습내용이 자신의 삶과 관계 없거나 수준에 맞지 않으면 학습에 대한 흥미를 잃게 되고 필요성도 못 느끼게 된다. 그런데 국가 수준의 교과 교육과정은 학생들의 삶이 반영되지 않고, 중상위층 학생 수준에 맞추어진 학습내용으로 이루어져 있다. 그래서 국가 수준의 교육과정을 학생들의 특성, 흥미, 경험, 적성, 관심 등을 반영하여 학생 친화적인 교육과정 재구성이 필요한 것이다.

둘째, 왜(Why)의 관점에서 미래의 삶에 대처할 수 있는 학생들의 핵심역량을 강화하는 학습내용으로 재구성한 교육과정이 필요하다. 교육청 수준에서 행복진로역량(서울특별시교육청), 창의지성역량(경기도교육청) 등으로 제시하고 있다. 특히 경기도교육청에서는 창의지성역량을 키우기 위해 구체적으로 자기주도학습능력, 자기관리능력, 협력적 문제발견·해결능력, 문화적 소양능력, 의사소통능력, 대인관계능력, 민주시민의식을 제시하고, 이를 반영하여 핵심역량을 기반으로 하는 교육과정 재구성을 유도하고 있다. 이러한 학생들의 미래 핵심역량을 강화하려면 차시 중심보다는 단원 중심으로 하는 교육과정 재구성이 필요한 것이다.

셋째, 어떻게(How)의 관점에서 학생들이 서로 협력하며 함께 문제를 해결할 수 있는 협력학습 방법으로 재구성한 교육과정이 필요하다. 학생들의 협력학습 방법은 토의·토론학습, 액션러닝, 협동학습, 프로젝트학습 등이 있다. 이런 학습방법들은 공통적으로 학생들이 주도하며 참여하는 학습(참여학습), 서로 배려하며 협력하는 학습(협력학습), 학습의 결과물을 공유하는 학습(공유학습), 서로 칭찬하여 성찰하는 학습(성찰학습)을 실현시킬 수 있다. 따라서 이런 협력학습 방법을 통해 학습할 내용으로 재구성한 교육과정이 필요한 것이다.

넷째, 언제(When)의 관점에서 계절별, 행사별, 체험학습에 관련된 학습내용으로 재구성한 교육과정이 필요하다. 계절별로는 봄, 여름, 가을, 겨울 프로그램으로 나누어, 계절에 관련된 학습내용들을 통합하여 재구성하는 것이다. 행사별로는 종합축제, 아나바다축제, 체육대회 및 운동회 등에 관련된 학습내용을 통합하여 재구성하는 것이다. 그리고 체험학습은 1일, 1박 2일, 2박 3일 프로그램에 관련된 학습내용을 통합하여 재구성하는 것이다. 이처럼 계절별, 행사별, 체험학습을 할 시기에 따라 학습내용들을 조정하고 창의적 체험활동과도 연계하여 재구성한 교육과정이 필요한 것이다.

다섯째, 어디서(Where)의 관점에서 교내, 교외 현장체험학습지에 알맞은 학습내용으로 재구성한 교육과정이 필요하다. 교내는 교실을 비롯해서 시청각실, 체육관, 운동장 등에서 학습할 수 있는 내용으로 재구성하는 것이다. 교외 현장체험학습지는 지역사회 기관(구청, 의회, 소방서, 경찰서), 5관(체육관, 박물관, 미술전시관, 과학체험관, 문화예술관), 고궁 및 공원 등에서 학습할 수 있는 내용으로 재구성하는 것이다. 이처럼 교내, 교외 현장체험학습지에 알맞은 학습내용들 중에서 생략하거나 축약하여 재구성한 교육과정이 필요한 것이다.

여섯째, 누가(Who)의 관점에서 팀제, 교육기부제 및 재능기부제 활용에 알맞은 학습내용으로 재구성한 교육과정이 필요하다. 팀제란 동교과 교사 또는 동학년 교사끼리 팀이 되어 통합된 학습내용을 몇 개의 영역으로 나누어 분담하여 지도하거나 베이스 활동처럼 학생들이 주도하고 교사들은 지원하는 방식을 말한다. 교육기부제 및 재능기부제란 학부모, 지역사회 인사들 중에서 특정 분야의 전문적 지식과 기능을 가지고 있는 분을 초빙하여 명예교사로 활용하는 제도이다. 예컨대 국악, 연극, 성악 분야에 전문적인 지식과 기능을 가지고 있는 지역사회 인사 및 학부모를 초빙하여 학생들을 지도하게 하는 것이다. 이를 위해서는 교육기부자 및 재능기부자의 전문 지식과 기능을 활용할 수 있는 학습내용을 추가하거나 대체하여 재구성한 교육과정이 필요하다.

이처럼 국가 수준의 교육과정을 학생 수준의 학습내용으로, 학생의 미래 핵심역량을 강화할 수 있는 학습내용으로, 협력학습 방법을 통해 학습할 수 있는 내용으로, 계절별 · 행사별 · 체험학습에 관련된 학습내용으로, 교내 · 교외 학습지에 알맞은 학습내용으로, 팀제 · 교육기부제 · 재능기부제에 알맞은 학습내용으로 재구성한 교육과정이 필요한 것이다. 이에 단위학교에서는 학생의 삶과 앎이 하나가 되는 체험 중심 교육과정, 학생의 미래 핵심역량 교육과정, 주제 중심 교육과정으로 재구성해야 한다. 여기서 체험 중심 교육과정은 단순한 견학이 아니라, 학생들이 삶 속에서 배움이 일어날 수 있는 교육과정을 말하고, 역량 기반 교육과정은 학생에게 필요한 미래 핵심역량을 키우기에 적합하게 개발한 교육과정을 말하며, 주제 중심 교육과정은 교과 내 또는 교과 간 통합할 수 있는 주제를 중심으로 개발한 교육과정을 말한다.

이상과 같이 교육과정 재구성은 교과(군)별 연간수업 시수 20% 범위 내에서 증감을 허용하는 2009 개정 교과 교육과정에 근거하여 국가 교육과정을 학생 수준의 체험 중심, 역량 기반, 주제 중심 교육과정으로 재구성해야 한다는 시 · 도교육청 수준의 지침을 확인하였다. 이러한 지침대로 단위학교에서 실행하려면 한두 명의 교사 노력보다는 교사들의 전문적 지혜와 공동노력이 이루어질 때 그 수준을 높일 수 있다. 특히 동교과 또는 동학년 중심으로 교육과정 재구성의 필요성이 나오고, 목표 공유를 할 때 그 교육과정이야말로 실천 가능성이 높아질 것이다. 왜냐하면 교육과정 재구성은 그 자체가 목적이 아니라 학생들의 성장 단계를 위한 수단이기 때문이다.

라. 창의적 체험활동

창의적 체험활동 편성 · 운영에 대한 시 · 도교육청의 지침들은 공통적으로 학습 부담은 적고 배움의 즐거움이 있는 학생 중심의 창의적 체험활동을 강조하고 있다. 이를 위해서는 단위학교별로 지역사회의 유관기관과 적극적으로 연계하거나 협력 체제를 구축해야 한다. 그리고 학생들의 개성, 취미, 흥미, 특기 신장을 고려하여 지역사회의 인적 · 물적 자원을 효과적으로 활용할 수 있어야 한다. 이를 바탕으로 교과(군)와 연계하거나 통합하여 블록 타임제(Block-time) 등으로 융통성 있게 운영하고, 수련활동 · 국토순례 · 수학여행 등은 일회성 행사가 아닌 주제 탐구형 현장체험학습으로 운영한다.

창의적 체험활동은 크게 자율활동, 동아리활동, 봉사활동, 진로활동의 4개 영역으로 구성되어 있다. 자율활동은 학급이나 학교 구성원의 자발적이고 자율적인 참여를 중시하는 활동으로써 기존 특별활동에서 진행되었던 자치활동, 적응활동, 행사활동 외에 학급 · 학년 · 학교 특색교육활동을 포함한다. 이에 자율활동에 연속성 없는 행사활동으로만 편제하는 것은 창의적 체험활동의 취지에 맞지 않는다. 자율활동은 단순히 수업을 하는 형태로 운영하는 것이 아니라, 체력과 예술적 감성을 얻고 남을 배려하는 마음을 가질 수 있도록 학생 중심의 프로그램으로 운영하는 것이 바람직하다. 예컨대 1인 2기 프로그램이 그것이다. 1인 2기란 초 · 중 · 고등학교의 단위학교별 학생들이 1인 1악기 또는 1미술, 1인 1운동을 하면서 스트레스 해소뿐만 아니라, 상대를 배려하고 이해하며 자신을 적극적으로 표현하는 능력을 발전시키는 것을 말한다.

동아리활동은 취미, 특기, 재능 등이 비슷한 학생들끼리 자발적으로 모여 자신의 능력을 창의적으로 계발하는 집단 활동으로써 학술활동, 문화예술활동, 스포츠활동, 실습노작활동, 청소년단체활동을 포함한다. 동아리활동은 교사의 지도를 원칙으로 하되 일부 특수한 활동 주제는 해당 시간에 한하여 학부모나 지역사회 인사의 교육기부 또는 재능기부로 운영할 수 있다. 동아리활동은 운영 시기, 활동 집단, 지도 교사에 따라 다양한 유형으로 운영할 수 있다. 운영 시기에 따라 정일제(동일 요일 · 시간 실시), 전일제(격주 1회 실시), 집중이수제(매달 온종일 실시), 혼합제(주제에 따른 운영 방식 혼합)로 운영할 수 있다. 활동 집단에 따라 학급별, 학년별, 학년군별 등으로 운영할 수 있다. 지도 교사에 따라 담임교사제, 담당교사제, 자원인사제로 운영할 수 있다.

봉사활동은 어떤 대가를 바라지 않고 개인이나 단체가 다른 사람을 자발적으로 돕는 지속적인 활동으로써 교내봉사활동, 지역사회봉사활동, 자연환경보호

활동, 캠페인활동을 포함한다. 봉사활동은 인간의 존엄성에 대한 인식뿐만 아니라, 더불어 사는 사회 이해, 협동의식의 고취 등의 의미를 부여할 수 있는 활동이어야 한다. 이에 단위학교에서 교육과정 내 봉사활동과 교육과정 외 개인 봉사활동으로 나누어 시 · 도교육청별 차이는 있지만 권장 기준 시수를 제시하고 있다. 예컨대 서울특별시교육청의 경우 초등학교 1~3학년은 교육과정 내 봉사활동만 5시간으로 연간 5시간 이상을 권장하고, 4~6학년은 교육과정 내 봉사활동 7~8시간, 교육과정 외 개인 봉사활동 2~3시간으로 연간 10시간 이상을 권장하고 있다.

그런데 봉사활동으로 인정할 수 없는 사항이 있다. ① 학교 내 일상적 일과시간 중 활동(당번, 방송반, 선도부, 급식 도우미 등), ② 해외봉사 실적, ③ 봉사활동을 위한 왕복 이동 시간, ④ 개인별 체험학습, 공결 등의 사유로 불참시(출석 인정은 되나 봉사활동 실적 기록 안됨), ⑤ 수학여행 · 현장체험학습 후 실시하는 단순 정화활동(단, 교육과정에 의한 봉사활동으로 현장체험학습 프로그램 내에 계획된 봉사활동은 인정), ⑥ 헌혈은 '봉사활동 실적'란에 입력하고 특기사항에는 입력하지 않음이 그것이다. 이러한 사항들을 고려하고 학년 초 사전교육 시간에 개인 봉사활동 계획서를 제출하여 담임교사의 전결 처리 방법으로 학교장의 승인을 받고, 계획서대로 봉사활동을 실행하며, 그 봉사활동의 실적을 담임교사가 평가하도록 한다.

진로활동은 개인이 자신의 진로를 계획하여 그 진로에 대한 준비를 하고, 적절한 시기에 진로를 선택하며, 선택한 진로에 대해 잘 적응하고 발전할 수 있도록 도와주는 활동으로써 자기이해활동, 진로정보탐색활동, 진로계획활동, 진로체험활동을 포함한다. 여기서 이해활동은 자신의 마음 · 가치관 · 정체성을 확립하고 다양한 진로검사를 받아 자신을 이해하는 활동을 말한다. 진로정보탐색활동은 학업 · 입시 · 직업정보, 자격 · 면허제도, 직장 방문, 직업훈련, 취업 등의 활동을 말한다. 진로계획활동은 진로에 대한 코칭을 받거나 상담을 받으며 자신의 진로를 설계하는 것을 말한다. 그리고 진로체험활동은 학업 및 직업세계 이해활동, 진로체험활동을 말한다. 이러한 진로활동을 동아리활동과 연계하면 그 효과가 높을 것이다.

이상과 같은 창의적 체험활동의 4개 영역은 20% 범위 내에서 증감이 가능한 기준 시수의 대상이 아니라, 최소 이수 이상의 편성 · 운영을 해야 하는 대상이다. 이에 정보통신기술활용교육, 보건교육, 진로교육 등은 관련 교과(군)과 통합하여 창의적 체험활동의 시수로 편성 · 운영할 수 있다. 특히 보건교육은 최소한 1개 학년 이상은 17시간 이상을 확보하고, 성교육(성폭력 · 성매매 · 성희롱 예방교육)을 15시간 이상 확보하여 보건교사 또는 담임교사가 지도하도록 권장하고 있다. 이를 위해 교사들과 학부모들을 대상으로 연 4회(8시간) 이상 실시하여 자녀들에게 직접 성교육을 지도할 수 있도록 하였다. 이 외에도 진로교육을 위해서 학년군별 17시간을 확보하여 지도하도록 권장하고 있다.

4. 단위학교의 교사 수준 학교교육과정 편성 · 운영

단위학교에서는 교사 수준의 학교교육과정을 편성하고 운영한다. 이를 간단하게 학교교육과정 편성 · 운영이라고 부르기로 한다. 학교교육과정 편성 · 운영은 전술한 것처럼 일반적으로 '준비→편성→운영→평가'의 네 단계를 거치며 실행된다. 이 네 단계는 각각 다음 단계의 근거를 마련하면서 적절성을 추구한다. 여기서 적절성이란 법령, 지침, 규칙, 기준 등에 따르거나 실행하는 것을 말한다. 이러한 적절성을 적용하여 학교교육과정을 준비 단계의 적절성, 편성 단계의 적절성, 운영 단계의 적절성, 평가 단계의 적절성으로 나누어 사례 중심으로 살펴보고자 한다.

가. 준비단계

준비단계는 학교교육과정을 의미 있게 편성하기 위한 기초조사 단계이다. 기초조사는 시 · 도교육청의 학교교육과정 편성 · 운영 지침에 따라 학교교육과정위원회가 주도적으로 학교 구성원의 요구, 학생 발달특성, 학교 교육실태, 지역사회 교육환경, 전년도 교육과정 운영평가 결과 등을 조사하여 분석한다. 이러한 준비단계의 적절성 사례로, 서울양천초등학교의 '교육활동 실적 및 협의사항'과 성남송현초등학교의 'SWOT 분석 및 추진 전략'을 〈표 6-2〉, [그림 6-1]로 나누어 소개한다.

표 6-2 교육활동 실적 및 협의사항

활동명	교육활동 실적	협의사항 (반영내용)	방법 설문지 협의회 워크숍
학부모 교육	[학부모교육] • 날짜: 3/6, 3/7, 3/8, 3/9. 3/14, 3/21, 5/10, 5/17, 5/22, 5/24, 5/31, 6/19, 7/10, 10/4, 10/11, 10/18, 11/1, 11/8 [총 25회, 운영시간 약 55시간] • 장소: 시청각실 및 컴퓨터실 • 대상: 희망 학부모 약 1,500명 참여 • 내용 – 학교폭력예방 7회, 독서논술지도 6회 – 자기주도학습 6회, 성폭력예방교육 1회 – 탱글탱글 피부만들기 4회, 부부생활 1회 – 소요금액: 3,093,620원 (학부모회 지원비 포함)	• 성찰 [학부모교육] – 우수: 자녀지도 관련 교육 선호도 및 참여율 높음 – 개선: 학부모단체 주관 학부모교육 (강사 섭외 및 안내)	설문지

활동명	교육활동 실적	협의사항 (반영내용)	방법 설문지 협의회 워크숍
학부모 간담회	[학부모 간담회] • 1학기: 1학년(4. 12), 2학년(4. 19) 3학년(5. 17), 4학년(5. 24) 5학년(6. 14), 6학년(6. 21) • 2학기: 1학년(9. 13), 2학년(9. 20) 3학년(10. 11), 4학년(10. 18) 5학년(11. 15), 6학년(11. 22)	[학부모 간담회] – 우수: 학부모의 요구수준을 심층적으로 파악하여 학교교육에 반영됨 – 개선: 학교경영 전반에서 학급경영 분야로, 학교행사에서 교실 수업으로 학부모의 의견 수렴이 필요함	
학부모 설명회	[학부모 설명회] • 1학기: 1학년(2. 25), 2학년(3. 6) 3학년(3. 7), 4학년(3. 8) 5학년(3. 9), 6학년(3. 9) • 2학기: 1~6학년(8. 24 야간)	[학부모 설명회] – 우수: 학교장이 직접 학교교육을 설명하여 학부모들의 신뢰도를 높였음 – 개선: 대면 강의 방식의 설명회에서 온라인 강의 동영상을 제작하여 학부모들이 홈페이지 및 스마트폰을 활용하여 언제 어디서든지 볼 수 있게 하는 방안이 필요 • 협의할 사항 – 교육기부 및 재능기부로 이어지는 학부모단체 활성화 및 학부모 동아리 활성화 방안 – 학부모 대표 간담회를 통한 학부모 교육 프로그램 선정 방안 (6회 실시: 4/26, 5/24, 6/28, 9/27, 10/23, 11/23)	

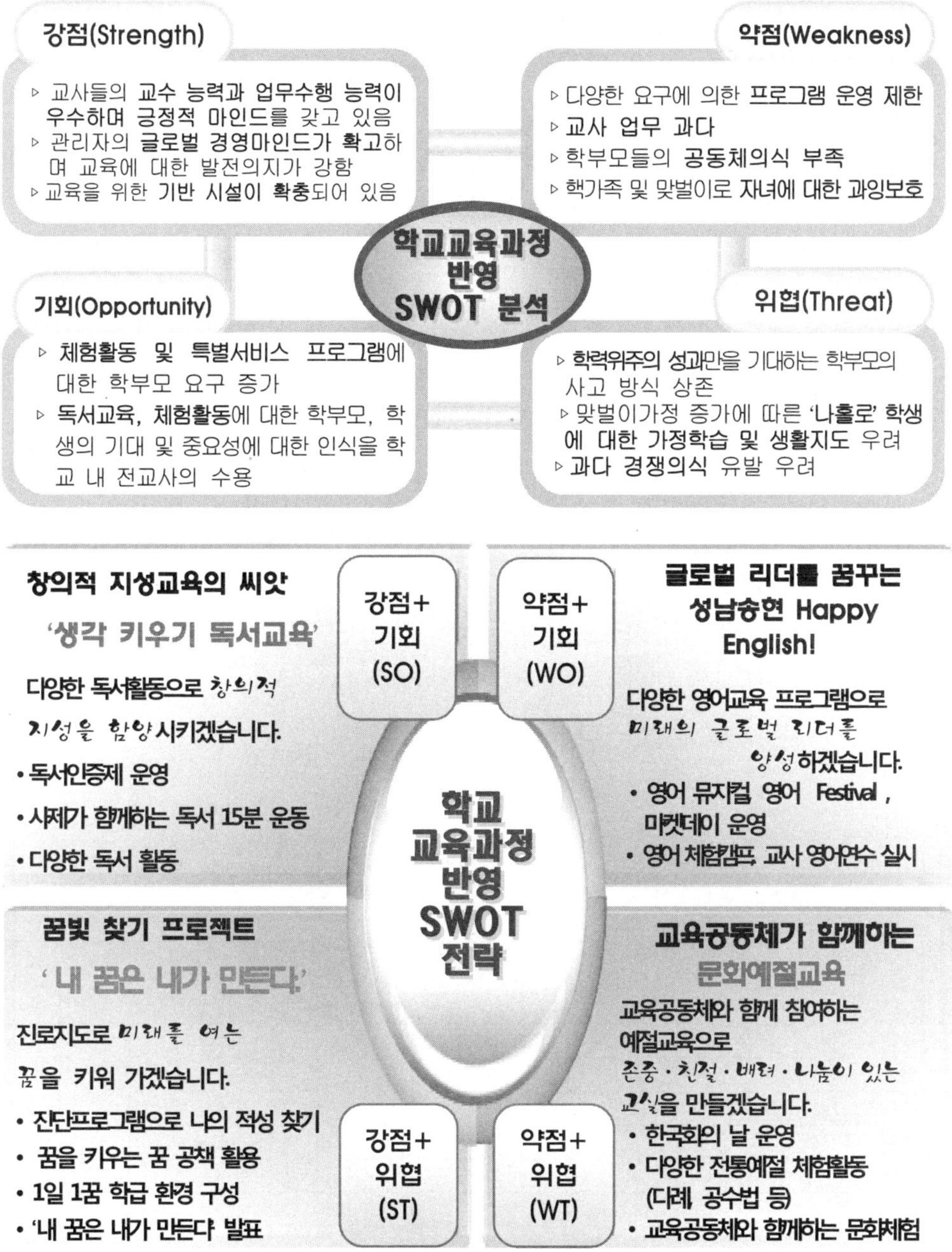

[그림 6-1] SWOT 분석 및 추진 전략

나. 편성단계

편성단계는 준비 단계에서 얻어진 기초조사의 결과를 토대로, 학교 특색을 살리는 창의적인 학교교육과정을 편성하는 단계이다. 학교교육과정 편성은 대체로 시안 작성, 시안 검토, 수정·보완, 심의 확정 순으로 이루어진다. 학교교육과정 편성 시안은 학교교육의 방향, 편제와 시간 배당, 수업 일수, 수업 시수(교과 교육과정 20% 이내 증감)를 결정하고, 교과(군)과 창의적 체험활동의 편성 계획을 수립하며, 교육과정 지원 계획(부서별 단위업무 운영계획)을 수립한다. 이렇게 수립한 학교교육과정 시안은 학교교육과정위원회에서 검토 과정을 거쳐서 수정·보완하여 학교운영위원회의 심의 건으로 제출한다. 그리고 학교장은 학교운영위원회의 심의를 마친 학교교육과정 편성 시안을 최종 확정한다. 이러한 편성 단계의 적절성 사례로, 가평고등학교의 「입학생 교육과정 편제 및 단위배당표(인문사회 과정)」와 서운고등학교의 「다양하고 창의적인 교육과정 편성」을 〈표 6-3〉, 〈표 6-4〉로 나누어 소개한다.

표 6-3　입학생 교육과정 편제 및 단위배당표(인문사회 과정)

교과영역	교과(군)	과 목	기준단위	운영단위	선택구분	1학년		2학년		3학년		이수단위	필수이수단위
						1학기	2학기	1학기	2학기	1학기	2학기		
기초	국어	국어	5	9	공통	5	4					32	10
		문학Ⅰ / 독서와 문법Ⅰ 택 1	5	5	학생선택			5					
		문학Ⅱ / 독서와 문법Ⅱ 택 1	5	5	학생선택				5				
		화법과 작문Ⅰ	5	7	과정공통					7			
		화법과 작문Ⅱ	5	6	과정공통						6		
	수학	수학	5	8	학생선택	4	4					27	10
		수학Ⅰ	5	5	과정공통			5					
		미적분과 통계기본	5	6	과정공통				6				
		수리탐구Ⅰ / 수학연습Ⅰ 택 1	5	8	학생선택					4	4		
	영어	영어	5	9	학생선택	4	5					31	10
		영어Ⅰ	5	5	과정공통			5					

교과 영역	교과 (군)	과 목	기준 단위	운영 단위	선택 구분	1학년 1학기	1학년 2학기	2학년 1학기	2학년 2학기	3학년 1학기	3학년 2학기	이수 단위	필수 이수 단위
기초	영어	심화 영어 회화 / 실용영어회화 택 1	5	4	학생선택				4				
		영어 II	5	6	과정공통					6			
		심화 영어 독해와 작문 / 영어독해와 작문 택 1	5	7	학생선택						7		
탐구	사회	사회	5	5	공통	5						38 / 54	10 / 20
		한국사	5	5	과정공통		5						
		동아시아사 / 세계사/영어독해 택 1	5	5	학생선택			5					
		사회 · 문화 / 경제 택 1	5	5	학생선택				5				
		한국지리 / 세계지리 택 1	5	6	학생선택					3	3		
		법과정치	5	6	학생선택					3	3		
		윤리와 사상 / 생활과 윤리 택 1	5	6	학생선택					3	3		
	과학	과학	5	8	공통	4	4					16	10
		화학 I / 생명과학 I 택 1	5	4	학생선택			2	2				
		지구과학 I / 물리 I 택 1	5	4	학생선택						4		
체육 · 예술	체육	체육	5	6	공통	3	3					10	5
		운동과 건강생활 / 스포츠문화 택 1	5	4	학생선택			2	2				
	예술	음악	5	2	공통	2						8	5
		미술	5	2	공통		2						
		음악과 사회 / 미술감상 택 1	5	4	학생선택			2	2				
생활 · 교양	기술 가정 제2 외국어 한문 교양	기술 · 가정	5	6	공통	3	3					18	12
		중국어 I / 일본어 I 택 1	5	4	학생선택			4					
		중국어 II / 일본어 II 택 1	5	4	학생선택				4				
		한문 I	5	4	과정공통					4			
이수단위 소계						30	30	30	30	30	30	180	72
창의적 체험활동			24	24		4	4	4	4	4	4	24	24

교과 영역	교과 (군)	과 목	기준 단위	운영 단위	선택 구분	1학년		2학년		3학년		이수 단위	필수 이수 단위
						1 학기	2 학기	1 학기	2 학기	1 학기	2 학기		
학기별 총 이수 단위						34	34	34	34	34	34		
학기당 과목수						8	8	8	8	7	7		
학년별 총 이수 단위						68		68		68		204	

출처: 김주창(2012). "선택과목 확대를 위한 교육과정 편성 방법". 인성교육 강화를 위한 교육과정 편성 · 운영 직무연수. 인천광역시교육청.

표 6-4 다양하고 창의적인 교육과정 편성 계획

영역	프로그램 주요 내용
차별화된 맞춤교육	● 수준별 이동수업 1학년(영어, 수학 : 3+1), 2학년(수학 I, 수학 II, 미적분과 통계기본 : 3+1, 영어 독해와 작문 : n형), 3학년(적분과 통계, 기하와 벡터 : n형) 수준별 이동수업으로 진행 ● 과목중점형 교과교실제 교육과정 수학, 과학 교과교실제(B1 과목중점형) 연구학교 운영(2010년~2012년), 과학 교양 1과목 증설 운영 ● 블록타임제 1학년(수학, 과학) 교과교실과 블록타임을 활용한 다양한 체험중심 (실험수업, 프로젝트 학습, 토론수업, 과제중심수업, 교구활용 수업 등) 교육활동 ● 집중이수제 1학년(음악↔미술, 사회↔기술가정과 과학교양) ● 이공계 활성화를 위한 프로그램 운영 이공계 활성화를 위한 특화 프로그램인 과학완구 중심학교, 이공계 탐구교실, 발명영재 심화반, 서운 영재 과학교실, 중학생 서운 수학경시대회 등 운영하여 우수한 이공계 인재육성 ● 창의적 체험활동 진로활동(1학년 주당 1시간), 자율활동(2학년 주당 1시간, 여학생-에어로빅, 남학생-검도), 매주 화요일 5, 6, 7교시 창의적 체험활동(자율, 동아리, 봉사, 진로) ● 예체능 교육강화 음악(1인 1악기 연주), 체육(검도 활성화), 미술(교내 갤러리 운영) ● 서운준비학교 신입생 중 상위권 학생을 대상으로 진로, 수리영역, 외국어영역 교육 ● 서운 1 · 1 · 1 독서활동 매달 한 사람이 한 달에 한 권 이상의 책을 읽는 독서활동 ● 면학실 운영 자기주도적 학습능력 신장 및 상위권 학생의 학업성취목표관리제

영역	프로그램 주요 내용
교육력 향상 프로그램	● 굿모닝 서운 영어 프로그램 아침 자기주도적학습 시간 20분 활용한 영어듣기 능력신장 ● 기초학력책임제 국, 영, 수 교과의 기초학습 부진학생 ZERO화 프로젝트를 통한 학력 향상, 명예서운인제 운영(동급생 1 : 1 멘토, 멘티 구성하여 동급생의 눈높이 교육) ● 자율장학활성화 임상장학(신규교사, 저경력교사), 동료장학, 컨설팅장학(3명), 학부모 수업공개(연 2회), 교사 멘토링제 등
학생 자율선택형 방과후학교	● 수준별 서운 애프터스쿨 학생들이 On-line상에서 강좌와 강사를 선택하는 시스템 ● 심화 수업 서운아카데미 학력향상 및 사교육비 절감, On-line상에서 강좌, 강사를 선택 ● 체대입시반 운영 인문계에서 소외되고 있는 체육계열 학생들의 진로지도 강화
다양한 경시대회	● 전교생이 참여할 수 있는 다양한 교과 및 비교과 경시대회 국어, 영어, 수학, 과학경시대회, 제 2외국어 경시대회 등 (8개 교과 27개, 비교과 8개 대회 개최)

출처: 하숙경(2012). "선택과 집중을 통한 창의교육과 나눔과 배려를 통한 인성교육". 인성교육 강화를 위한 교육과정 편성 · 운영 직무연수. 인천광역시교육청.

다. 운영단계

운영단계는 편성단계에서 확정된 학교교육과정 편성대로 탄력 있게 실행하는 단계이다. 학교교육과정 운영은 교과 운영, 창의적 체험활동 운영, 지원 계획 운영으로 나누어 살펴볼 수 있다. 교과 운영은 교과 시수, 블록타임제, 수준별 수업 등을 학년 중심 및 교과 중심으로 이루어진다. 창의적 체험활동 운영은 학교 단위의 창의적 특색활동 대주제 선정, 학년(군)별 학교 특색 구현을 위한 소주제 선정 및 영역별 시수 배당, 융통성 있는 시간(전일제, 정일제, 격주제 등), 교과 및 창의적 체험활동 하위 영역 간 통합, 창의체험자원 지도(CRM) 및 교육기부 활용을 통해서 이루어진다. 그리고 지원 계획 운영은 부서별 단위업무로 추진하는데, 소통과 배려를 통해 이루어진다. 이를 위해 부서별 단위업무를 사전 협의회를 통해서 수정 · 보완하고, 협력적 실행을 통해서 운영 과정의 문제점을 탄력적으로 극복하며, 사후 협의회를 통해서 실적 관리 및 차년도 반영내용을 기록한다. 이러한 운영 단계의 적절성의 사례로, 평택갈곶초등학교의 '인성교육 운영 사례'를 [그림 6-2]와 같이 소개한다.

추진 목적

- ㅁ 오늘날 따뜻한 형제애를 느끼지 못하는 가정에서 자라나는 어린이가 많은 실정을 고려하여 상급생과 하급생이 의형제 · 의자매를 맺고 가족 같은 학교 분위기 조성
- ㅁ 소통과 협력을 통하여 함께 배우고 성장하는 학교 문화 정착

사전준비 및 운영 전략

사전 준비	ㅁ 1 · 3 · 5학년과 2 · 4 · 6학년 의형제 · 의자매 조직 ➡ 교육과정 분석 ➡ 창의탐구활동 주제 목록 추출 ※ 의형제 · 의자매 조직 : 해, 땅, 달, 별, 바다. 강, 산, 하늘 총 15개팀으로 조직	
운영 전략	**의형제 · 의자매 정나눔 활동** • 편지쓰기, 민속놀이활동, 수련활동, 한솥밥먹기, 등산활동, 알뜰시장, 다락방 공부활동 등 다양한 정나눔활동 실시 교과 및 창체 총 30차시 운영	**의형제 · 의자매 창의탐구 활동** • 홀수학년과 짝수학년 교육과정 분석, 집중탐구 목록 추출, 맏형, 맏언니가 배움이끔이가 되어 자율적인 탐구활동 실시, 총 16차시 운영(8차시 창체, 또래자율활동 8차시 운영)

2012 의형제 · 의자매 결연표

갈곶초등학교

〈의자매〉

구분	1학년 반	1학년 번호	1학년 이름	3학년 반	3학년 번호	3학년 이름	5학년 반	5학년 번호	5학년 이름	계	합계	숙소	지도교사
하늘-1	1	1	김민지	1	1	강민지	1	1	김민영	3	11	325호	최미향
-2		2	김서연		2	김윤아		2	김지연	4			
					3	김은정							
-3		3	박혜진		4	안이주		3	김희선	4			
					5	이나연							
-4		4	윤예솔		6	이시연		4	신솔미	4			
					7	이은영							
땅-1		5	이동희		9	전세빈		5	양재영	3	10	32	

운영 내용

정(情) 나눔 활동

ㅁ 의형제 · 의자매 다양한 정나눔활동 전개

〈의형제 · 의자매 정나눔 프로그램〉

월	활동명	활동 내용	교육과정 반영
3~4월	만남의 날 의형제 결연	■ 3월 12일 창체 1차시 만남의 날 (의형제 결연식) ■ 의형제 · 의자매 맺기 사전 안내 가정통신문 발송 ■ 의형제 · 의자매 친구사랑 학교폭력예방의 날 연 4차시 운영	12-의형제 · 의자매 정나눔 결연식(1-6 : 창 2) 21-학부모총회 23-학교폭력예방 친구 사랑의 날(1-6 : 창 1) 26-창의 체험 아이코스(1-6 : 교 1) 27-교통안전교육(1-2 : 창 1) 26-30 학부모 상담주간 30-동학년다모임(3-4:창1 5-6 특 1) 2-의형제 의자매 창의탐구(1-6 : 창 2) 5-재난안전교육(1-6 : 창 1) 10-독서논술대회(4-6 : 창 2) 11-제19대 국회의원선거일 13-과학의 날 행사(1-6:교 2,:창 2)
5월	놀이 마당	■ 의형제 · 의자매별 학교에서 민속놀이 운동회 ■ 제기차기, 투호, 윷놀이 등 10여 가지 코너별 놀이체험	
7월	수련 활동	■ 의형제 · 의자매별 수련원 활동 ■ 장기자랑, 음식 경연대회, 한솥밥 먹기, 담력훈련, ■ 7월 5(목)~7월 6일(금) 교과, 창의적 체험활동 12차시 운영	
–중략–			

창의 탐구 활동

ㅁ 1, 3, 5학년과 2, 4, 6학년의 교육과정 분석을 통해 창의탐구활동 주제 목록 선정

ㅁ 소통과 협력의 수업활동을 통해 더불어 배우고는 배움과 나눔의 탐구활동 전개

ㅁ 맏형, 맏언니의 주도하에 주제를 선정하여 학년 수준에 적합한 역할을 분담하고 서로 돕고 협력하는 학습활동을 통하여 함께 배우고 성장하는 교육활동을 전개

〈의형제 · 의자매 창의탐구 프로그램〉

월	활동명	활동 내용
4~12월	창의 탐구 학습	■ 탐구주제 선정 및 탐구활동 역할 분담, 계획서 보고서 작성 ■ 주제별 탐구활동을 통해 보고서를 작성한다.
		■ 창의탐구 창체 16차시 반영, 탐구주제 및 방법 선정 ■ 4월- 6월 2시간 집중 탐구 활동시간 운영 ■ 7월 12월 의형제 · 의자매 발표 우수 보고서 시상 및 전시회

운영 성과

- ►의형제 · 의자매를 맺어 상급생과 하급생이 서로 돕고 생활하게 되어 학교 폭력 및 따돌림 예방 효과가 큼(학교 폭력 0% 실현)
- ►의형제 · 의자매 집중탐구 프로젝트 및 과학과 프로젝트 탐구하는 활동을 통하여 학습 의욕과 집중력 향상됨 (의형제 · 의자매 집중탐구 연간 4회 16차시 운영)
- ► 우수 작품을 의형제 · 의자매별로 전시대에 전시 및 놀이마당, 발표회를 통해 다양한 방법 표현 방법을 익힘(놀이마당 1회, 발표회 및 전시회 1회, 수련활동 1회)
- ► 의형제 · 의자매 창의탐구 및 정나눔활동 만족도 학생 93%, 학부모 89%로 나타남

향후 발전 계획

- ►의형제 · 의자매 활동의 다양한 활동프로그램 체계적으로 운영 설계
- ►의형제 · 의자매가 만날 수 있는 만남의 장소마련, 기회 확대

[그림 6-2] 인성교육 운영 사례

출처: 2012 전국 100대 교육과정에 선정된 평택갈곶초등학교 보고서

라. 평가단계

평가단계는 학교교육과정 운영의 결과를 분석하고 실적 관리와 함께 차년도 학교교육과정 편성에 반영 여부를 판단하는 단계이다. 학교교육과정 평가는 일반적으로 교과 평가, 창의적 체험활동 평가, 지원 평가, 학년(군) 교육과정 평가로 나누어 살펴볼 수 있다. 교과 평가는 교육내용 분석 및 평가 목표 설정, 평가 계획 수립 및 평가 실시, 평가 결과 기록 및 활용 등으로 이루어진다. 창의적 체험활동 평가는 관찰, 질문지, 자기평가, 상호평가, 포트폴리오 등 다양한 평가 방법을 활용하고, 그 평가 결과를 활동 실적, 진보 정도, 행동 변화, 특기 사항 등을 문장으로 누가 기록한다. 지원 평가는 자체평가 계획 수립, 자체평가 실행 및 평가 보고서 작성, 평가 보고서 활용 자체연수 및 차년도 학교교육과정 수정 · 보완으로 이루어진다. 학년(군) 교육과정 평가는 학년(군) 실행 과제의 목표 달성도 평가, 평가 결과에 나타난 미비한 점을 찾아 개선점을 추출하고, 수정 · 보완할 사항을 차년도에 반영하는 것으로 이루어진다. 이러한

평가 단계의 적절성 사례로, 서울양천초등학교의 자체평가보고서 중 '진로지도 프로그램의 적절성 평가'를 〈표 6-5〉와 같이 소개한다.

표 6-5 진로지도 프로그램의 적절성 평가

□ 아이들의 꿈과 끼를 키워 주는 학교장 진로교육
○ 근거: 양천교육과정 운영의 전교생 대상 학교장 진로교육 실시(58쪽)
○ 실적: 학급별 창의적 체험활동 중 1시간 진로지도(총 32시간)

□ 5관(도서관, 박물관, 전시관, 문화체험관, 체육수련관) 활용 진로체험학습
○ 근거: 양천교육과정 운영의 5관 활용 문화 · 예술 · 체육 진로교육(5쪽)
○ 실적: 도서관(1학년 8시간*3학급=24시간), 박물관(4 · 5 · 6학년 2박 3일, 5 학년 4시간*2회*5학급=40시간), 전시관(1학년 6시간, 3학년 2시간*3회*5학급=30시간, 6학년 2시간*5학급=10시간), 문화체험관(1 · 2학년 6시간*2개학년*1회=12시간, 2학년 4시간*2회=8시간, 4학년 2시간*4회=8시간, 3학년 2일, 4~6학년 2박 3일), 체육수련관(1~6학년 4시간*6개학년*2회=48시간, 3~4학년 2시간*10개학급*8회=160시간)

□ 진로 프로그램 참여 비율

진로체험 운영 횟수(A)	진로체험 참여 학생 수(B)	전체 학생 수(C)	진로체험 참여 비율(D) D=(B/C)×100
24	2,785	369	435.84

□ 진로지도 프로그램 운영의 우수한 점
○ 아이들의 꿈과 끼를 키워 주는 학교장 진로교육
– 학교장의 진로지도 철학: 이 세상 아이들은 누구나 존재하는 이유가 있고, 한 가지 이상의 재능을 가지고 있다. 초등학교에서는 어린이들에게 "나는 무엇을 잘 하는 아이다."를 심어 주어야 한다.
– 학교장의 진로지도 내용: 재능교육(나는 무엇을 잘 하고 무엇을 좋아하는가?) / 행복교육(오늘도 내일도 행복하라.) / 진로교육(학년별 발달특성에 근거한 일의 이해 및 진로인식: 1 · 2학년 소리기, 3 · 4학년 경험기, 5 · 6학년 논리기)
○ 5관(도서관, 박물관, 전시관, 문화체험관, 체육수련관) 활용 진로체험학습
– 교육방향: 학습부담은 적고 배움의 즐거움이 있는 학생 중심 창의적 체험학습
– 사전계획: 진로체험학습을 위한 지역사회 5관 실태 분석, 장소 결정, 진로지도를 위한

주제 중심 관련 교과 단원 분석 및 교육과정 재구성, 학년교육과정 편성 · 운영(시수, 장소, 날짜)
– 5관활용: 도서관(꿈꾸는 어린이 도서관), 박물관(부여 · 공주 · 경주 · 제주도 박물관, 허준박물관), 전시관(어린이대공원, 겸재정선기념관, 서남물재생센터), 문화체험관(과천어울터, 용인 한터마을, 궁산, 구암공원, 서울영어마을 풍납 · 수유 · 관악캠프, 양천향교), 체육수련관(마곡레포츠센터 수영장, 목동 아이스링크, 해오름터 체육관)

□ 진로지도 프로그램 운영의 개선점
○ 학교장 진로교육 중심에서 학부모 및 지역사회 인사 활용 진로교육로 전환 필요함
○ 담임교사 직접 인솔하는 5관 활용 진로체험학습 중심에서 학부모 및 교육기부자 활용 소규모 학생 중심 진로체험학습으로 전환 필요함

출처: 2013 서울형 혁신학교 평가를 위한 서울양천초등학교 자체평가보고서.

이상과 같은 단위학교의 교사 수준 학교교육과정 준비 · 편성 · 운영 · 평가 단계의 적절성을 사례 중심으로 살펴보았다. 기초조사를 하는 준비단계, 기초조사 결과를 토대로 학교교육과정을 편성하는 단계, 학교교육과정 편성대로 탄력 있게 실행하는 운영단계, 학교교육과정 운영의 결과를 분석하고 실적 관리와 함께 차년도 학교교육과정 편성에 반영 여부를 판단하는 평가 단계를 적절성의 관점에서 사례들을 살펴보았다. 이를 통해서 국가 수준 교육과정에서 나타난 중상위권 위주의 목표, 획일적인 차시 위주의 목표, 탈맥락화된 교과지식 등의 문제를 극복할 수 있는 방안을 얻을 수 있을 것이다. 예를 들어, 미래 핵심역량 강화를 위한 교사 수준의 교육과정 재구성이 그것이다.

단위학교에서 교사 수준의 교육과정을 재구성하기 위해서는 교육과정 재구성 전략, 재구성 수준, 재구성 대상으로 나누어 살펴볼 수 있을 것이다. 교육과정 재구성 전략으로 독서 · 토론 · 논술교육, 문화 · 예술 · 체육교육, 녹색(에너지 · 경제 · 생태)교육, 현장체험학습 등을 제시할 수 있다. 교육과정 재구성 수준으로는 물리적으로 통합하는 수준, 화학적으로 융합하는 수준, 생물학적으로 통섭하는 수준이 있을 수 있다. 그리고 교육과정 재구성 대상은 교과와 학생으로 나누어 살펴볼 수 있을 것이다. 재구성이 가능한 교과는 학년(군)별 통합, 융합, 통섭이 가능한 교과를 고려해야 하고, 재구성으로 지도할 학생은 학년별 발달특

성을 고려해야 한다. 이러한 교사 수준의 교육과정을 재구성하면 교실 수업이 진단 있는 처방활동으로 이루어진 수업, 질문이 넘치는 수업, 정답 없는 세계를 두려워하지 않고 탐색하는 수업으로 개선될 것으로 기대된다.

참고문헌

강현석(2012). 학교교육과정 컨설팅의 이론과 실제. 경기: 교육과학사.
곽병선 외 6인(2012). 창의 · 인성교육 확산을 위한 교사 전문성 제고 방안 연구. 한국교육개발원 수탁연구 CR 2012-43-1. 한국학교교육연구원.
교육과학기술부(2012). 초 · 중등학교 교육과정 총론. 교육과학기술부 고시 제2011-361호.
김보민(2013). 학교교육과정 개발과정의 분석과 대안모색(J. Schwab의 '숙의' 개념을 중심으로). 경인교육대학교 교육대학원.
김성훈 편(2008). 교육과정 강의. 서울: 동문사.
김세곤(2012). "교육과정 혁신 액션러닝". 초등 창의지성교육역량강화 워크숍 및 토론회. 경기도광주하남교육지원청.
김세곤(2012). "액션러닝을 통한 학교교육과정 편성 · 운영 워크숍". 액션러닝 기반 미래형 학력 향상 역량강화 직무연수(기본과정). 경기도안성교육지원청.
김재춘(2012). "교육과정의 중요성 및 변화". 새로운 공교육의 이해와 실천. 한국방송통신대학교 종합교육연수원.
김재춘(2012). "새로운 교육과정의 논의". 새로운 공교육의 이해와 실천. 한국방송통신대학교 종합교육연수원.
박영숙(2012). "학생 중심 교육과정 지원(중등)". 학교경영 길라잡이. 서울특별시교육청.
서울양천초등학교(2013). 학교교육과정 편성 · 운영.
서울양천초등학교(2013). 서울형 혁신학교 평가를 위한 자체평가보고서.
서울특별시교육청(2012). 서울특별시 초등학교 교육과정 편성 · 운영 지침.
서울특별시교육연구정보원(2010). 학교 교육과정 편성 길라잡이(2009 개정 교육과정 적용 모형과 사례).
성남송현초등학교(2012). 학교교육과정 편성 · 운영.
안영자(2013). "배움이 즐거운 학교 교육과정 편성 · 운영 지원". 교과서연구 제72호. 한국교과서연구재단.
이계자(2013). "교육과정 재구성 어떻게 할 것인가?". 교과서연구 제72호. 한국교과서연구재단.
안종란(2012). "학생 중심 교육과정 지원(초등)". 학교경영 길라잡이. 서울특별시교육청.

이홍우(2010). 교육과정 탐구. 서울: 박영사.
최복림(2010). 초등학교교육과정 개발에 대한 교사들의 문제인식과 갈등에 관한 연구. 강원대학교 박사학위논문.
최화숙(2011). 교사의 학교교육과정 개발능력 모형 구안. 한국교원대학교 박사학위논문.
평택갈곶초등학교(2012). 전국 100대 교육과정선정보고서.
한국교육과정학회 편(2002). 교육과정: 이론과 실제. 경기: 교육과학사.
한국교육개발원(2013). 2013년 서울형 혁신학교 평가편람 설명회 자료집.

제7장

조직의 활성화를 위한 인사실무

김세진(압구정고등학교 교장)

1. 임용
2. 교원의 임용
3. 교원의 복무
4. 휴직
5. 상훈과 징계

흔히 말하기를 '인사(人事)란 만사(萬事)'라고 한다. 올바른 인사는 사람을 능력에 따라 적재적소에 배치하여 업무능력을 극대화시켜 조직의 활성화에 기여하지만 정실에 치우친 인사는 그 반대 현상을 가져오기 때문이다. 뿐만 아니라 능력이 우수한 사람을 승진시키거나 포상하고 반대로 업무를 태만히 하거나 현행법을 어기는 사람을 정부가 정한 법에 따라 징계를 실시하며, 각종 복지 차원에서 실시하는 휴직, 휴가 등을 적절히 사용하는 것도 인사의 중요한 내용인데, 이는 조직의 효율성 제고에 큰 영향을 끼친다. 본 장에서는 이러한 중요 기능을 하는 '인사(人事)'에 대해서 자세히 살펴보기로 한다.

1. 임용

임용이란 신규채용, 승진, 승급, 전직(轉職), 전보(轉補), 겸임, 파견, 강임(降任), 휴직, 직위해제, 정직(停職), 복직, 면직, 해임 및 파면 등을 말한다.

직위는 한 명의 교육공무원에게 부여할 수 있는 직무와 책임을 말하고, 전직은 교육공무원의 종류와 자격을 달리하여 임용하는 것을 말한다. 전보는 교육공무원을 같은 직위 및 자격에서 근무기관이나 부서를 달리하여 임용하는 것을 말한다. 강임은 같은 종류의 직무에서 하위 직위에 임용하는 것을 말한다. 복직이란 휴직, 직위해제 또는 정직 중에 있는 교육공무원을 직위에 복직시키는 것을 말한다(「교육공무원법」 제2조 용어의 정의).

가. 교육공무원 임용의 법적 근거

교육공무원의 임용은 그 자격, 재교육성적, 근무성적, 기타 능력의 실증에 의해 행하여진다. 또한 교원으로서의 자격을 갖추고 임용을 원하는 모든 자에 대하여 능력에 따라 균등한 임용의 기회가 보장되어야 한다(「교육공무원법」 제10조). 교원 임용의 주요 법적 근거는 다음과 같다.

표 7-1 교육공무원 임용제도의 법적 근거

법적 근거	주요 내용
국가공무원법	• 공무원 임용의 원칙(제26조), 결원보충 방법 (제27조), 신규채용(제28조), 파견 근무(제32조의 4), 결격사유(제33조), 국가유공자 우선 임용(제43조) 등
교육공무원법	• 교사의 자격(제6조), 수석교사의 자격(제6조의 2), 교장 · 교감의 자격 (제7조), 교육전문직의 자격(제9조), 임용의 원칙(제10조), 교사의 신규채용 등(제11조), 특별채용(제12조), 보직관리의 원칙(제17조), 겸임(제18조), 초빙 교원(제31조), 기간제 교원(제32조) 등
교육공무원임용령	• 임용권의 위임(제3조) 결원의 적기보충(제4조), 임용일자 소급의 금지(제6조), 보직관리의 기준(제7조), 겸임(제7조의 2), 파견 근무(제7조의 3), 교사의 신규채용(제9조), 특별채용의 요건(제9조의 2), 교장 등의 임용(제9조의 5), 수석교사의 임용제한(제9조의 7), 수석교사의 우대(제9조의 8), 특별채용의 요건(제9조의 2), 원로교사의 우대 등(제9조의 4), 초빙교원(제12조의 4), 공모 교장의 임용 · 평가 등(제12조의 5), 초빙교사의 임용 요청 등(제12조의 7), 기간제 교원의 임용(제13조) 등
교육공무원 인사관리규정	• 신규임용교사의 배치(제3조), 원로교사의 배치(제4조), 교원의 교육전문직 공무원으로의 전직(제14조), 교육전문직 공무원의 교원으로의 전직(제15조), 교원 · 교육전문직 공무원 간의 전직 등(제16조), 전직 등의 제한(제17조) 등
교육공무원 인사기록 및 인사사무 처리규칙	• 인사관리 서류(제5조), 전자적 인사기록의 관리 등(제6조의 2), 임명장 또는 임용장(제17조), 인사보고(제20조) 등

나. 임용의 결격사유

「국가공무원법」 제33조에 규정된 결격사유를 살펴보면 아홉 가지로 구분할 수 있다. 첫째, 피성년후견인 또는 피한정후견인, 둘째, 파산선고를 받고 복권되지 아니한 자, 셋째, 금고 이상의 실형을 선고받고 그 집행이 종료되거나 집행을 받지 아니하기로 확정된 후 5년이 지나지 아니한 자, 넷째, 금고 이상의 형을 선고받고 그 집행유예 기간이 끝난 날부터 2년이 지나지 아니한 자, 다섯째, 금고 이상의 형의 선고유예를 받은 경우에 그 선고유예 기간 중에 있는 자, 여섯째, 법원의 판결 또는 다른 법률에 따라 자격이 상실되거나 정지된 자, 일곱째, 공무원으로 재직기간 중 직무와 관련하여 「형법」 제355조 및 제356조에 규정된 죄를 범한 자로서 300만 원 이상의 벌금형을 선고받고 그 형이 확정된 후 2년이 지나지 아니한 자, 여덟째, 징계로 파면처분을 받은 때부터 5년이 지나지 아니한 자, 아홉째, 징계로 해임처분을 받은 때부터 3년이 지나지 아니한 자를 말하는데 이들은 공무원으로서 임용할 수 없다.

다. 임명장 및 임용장 수여

교육공무원으로 신규 채용되거나 승진 또는 전보될 때에는 임용권자는 당해 교육공무원에게 임명장 및 임용장을 수여한다. 단, 대학의 교수 이하의 교원 및 각급 학교의 교사의 전보에 있어서는 인사발령통지서의 교부로써 임용장의 수여에 갈음할 수 있다(교육인적자원부, 2002).

2. 교원의 임용

교원의 임용은 크게 신규채용과 특별채용으로 구분된다.

가. 교사의 신규채용

교사의 신규채용은 필기시험, 실기시험 및 면접시험 등의 공개전형으로 한다. 공개전형은 당해 교사의 임용권자가 실시하되, 국립학교의 장은 그 전형을 당해 학교가 소재하는 교육감에게 위탁하여 실시할 수 있다.

교사를 신규채용할 때에 임용권자는 교사임용후보자 선정 공개전형에 합격한 자에 대하여 교육부령이 정하는 바에 따라 임용후보자 명부를 작성, 비치하여야 한다.

임용권자가 신규임용교사의 근무학교를 지정할 때에는 가급적 당해 교사의 생활 근거지 또는 근무 희망지를 고려한다. 신규임용교사에 대하여는 가급적 「도서, 벽지 교육진흥법 시행규칙」 제2조의 규정에 의한 도서벽지학교에 배치하지 아니한다. 다만 학기 중에 신규로 임용할 경우 또는 교원수급상 불가피한 경우에는 그러하지 않을 수 있다(「교육공무원 인사관리규정」 제3조).

나. 교원의 특별채용

교원의 특별채용은 「교육공무원법」 제44조 제1항 제1호의 사유로 인한 휴직기간이 만료되어 퇴직하거나 「국가공무원법」 제70조 제1항 제3호 또는 「지방공무원법」 제62조 제1항 제1호의 사유로 퇴직한 교육공무원을 퇴직한 날부터 2년 이내에 퇴직 시에 재직한 직위의 교육공무원으로 임용하는 경우에는 특별채용을 할 수 있다. 또한 임용 예정직에 상응하는 연구실적 또는 근무 실적이 3년 이상인 사람을 임용하거나 경쟁시험으로 결원을 보충하기 곤란한 도서, 벽지 등 특수한 지역에 근무할 사람과 특수한 교과목을 담당할 사람을 임용하는 경우, 교육경력, 교육행정경력 또는 교육연구경력이 있는 공무원으로서 경쟁시험으로 임용하는 것이 부적당한 경우, 사립학교에 근무하는 교원을 교육공무원으로 임용하는 경우 특별채용할 수 있다(「교육공무원법」 제12조 특별채용).

다. 담임교사의 임용

담임교사의 임용은 학교장이 1년 단위로 한다. 그러나 학교현장에서는 될 수 있으면 담임을 맡지 않으려 한다. 이유는 여러 가지가 있지만 학생들의 생활지도가 몹시 어렵고 잡무가 많다는 것이 가장 큰 이유다. 그렇다고 해서 담임교사를 비워둘 수는 없다. 특히 1년 동안 한 학급을 맡아서 지도를 하기 때문에 학습지도, 생활지도, 인격형성면에서 학생들에게 미치는 영향이 매우 크다. 이런 까닭에 담임교사의 유인책을 다각도로 모색해야 한다. 이를 해결하기 위해서는 첫째, 담임교사에게 다양한 인센티브를 제공해야 할 것이다. 예를 들면 성과급에 우선권을 주고, 각종 포상 및 해외여행 등에서 우선 선발될 수 있도록 배려한다. 아울러 학교장은 담임교사들과 수시로 협의회를 실시하여 애로사항을 듣고 이를 해결하기 위해 적극적으로 노력해야 한다.

라. 보직교사 임용[1)]

보직교사도 담임교사처럼 학교장이 1년 단위로 임용한다. 보직교사는 특별한 경우를 제외하고는 1급정교사자격증을 가진 교사 중에서 성실하고 능력이 뛰어난 교사 중에서 임용한다.

유능한 교사를 보직교사로 임용하려면 수업시수를 감축시키고, 업무를 경감시키며, 성과상여금과 표창, 해외연수 등에서 우선 고려해야 할 것이다. 또 다른 방법은 학교운영위원회의 심의를 거쳐 우수교사를 초빙하는 것도 좋은 대안이 될 수 있다.

---

1) 보직교사 관리지침(서울특별시교육청, 2012. 1. 1) 참조.

마. 수석교사의 임용(교육공무원법 제29조의 4)

수석교사는 교육부장관이 임용한다. 수석교사는 최초로 임용된 때부터 4년마다 대통령령으로 정하는 업적평가 및 연수실적 등을 반영한 재심사를 받아야 하며, 심사기준을 충족하지 못한 경우 대통령령으로 정하는 바에 따라 수석교사로서의 직무 및 수당 등을 제한할 수 있다. 또한 대통령령으로 정하는 바에 따라 수업부담 경감, 수당 지급 등에 대하여 우대할 수 있으며 임기 중에 교장·원장 또는 교감·원감 자격을 취득할 수 없다.

바. 교장의 임용(교육공무원법 제29조의 2)

교장의 임용은 대통령이 하며 그 임기는 4년으로 하되 1차에 한하여 중임이 가능하며 초빙교장으로 재직한 기간은 임기에 산입하지 아니한다. 교장의 임기가 학기 도중에 만료할 때는 임기가 만료되는 날이 속하는 3월에서 8월 사이에 있는 경우에는 8월 31일, 9월부터 다음 해 2월 사이에 있는 경우는 다음 해 2월 말일을 임기의 만료일로 한다. 다만 2차 임기가 종료되고도 정년까지 잔여기간이 있는 자는 교사로 근무할 것을 희망할 경우 수업 담당 능력 및 건강 등을 참작하여 원로교사로 임용할 수 있다.

사. 승진

승진은 동종의 직무에 종사하는 바로 하위직에 있는 자 중에서 대통령령이 정하는 바에 의하여 경력평정·재교육성적·근무성적 기타 능력의 실증에 의하여 임용하는 것으로 교사에서 교감으로 교감에서 교장으로 되거나, 전문직의 경우 장학사에서 장학관으로, 또는 교육연구사에서 교육연구관으로 그 직이 상승하는 것을 말한다. 교육공무원은 각종 징계를 받은 경우 승진이 제한되며 아래의 사유에 해당할 경우 승진임용제한 기간을 가산하여 적용한다.

- 교육공무원 승진임용제한 기간 가산(교육공무원임용령 개정, 2011. 11. 30)
  - 금품 및 향응수수, 성폭행, 상습폭행, 학생성적 관련 비위 등 4대 비위에 따른 징계처분의 경우 각각 6개월을 가산
  - 공금의 횡령 · 유용으로 인한 징계처분의 경우 3개월을 가산

아. 전직[2]

전직은 교육공무원의 종별과 자격을 달리하는 임용을 말하며 자세한 예시는 아래와 같다.

- 교사, 교감, 교장 ↔ 교육전문직(장학사 · 교육연구사, 장학관, 교육연구관)
- 교육연구사 ↔ 장학사, 교육연구관 ↔ 장학관
- 초등학교 교원 ↔ 특수학교 교원 ↔ 중등학교 교원
- 유치원 교원 ↔ 초등학교 교원 ↔ 중등학교 교원

전직과 관련한 최근 개정 사항(교육공무원인사관리규정 개정 2011. 11. 23)을 살펴보면 교육전문직의 교장 · 교감 전직가능 근속기간을 강화하여 교사에서 교육전문직으로 전직한 경우 5년 이상, 교감에서 교육전문직으로 전직한 경우 2년 이상 근속한 자는 교감 또는 교장으로 전직이 가능토록 바뀌었고, 교육전문직이 교원으로 전직할 경우는 장학사 · 연구사 및 장학관 · 연구관 각 단계에서 1회에 한하여 허용하고, 교육청 과장 직위 이상은 예외를 두어 학교현장의 안정을 기하도록 조치하였다.

---

2) 교과부와 그 소속기관 및 시 · 도교육청 과장(지역교육청 과장, 직속기관 부장 이상 포함) 직위 이상 장학관 및 교육연구관이 교원으로 전직하는 경우에는 횟수에 제한을 두지 아니함.

<예시>

- 장학사(연구사)→교감→장학사(연구사)→교감(×), 교장(○), 장학관(연구관)(○)
- 장학관(연구관)→교장→장학관(연구관)→교장(×)
- 장학관(연구관)→교장→과장직위 이상 장학관(연구관)→교장(○)
- 장학사→교감→장학관→교장→과장직위 이상 장학관(○)→교장(○)

자. 겸임 및 겸직

겸임은 교육공무원법 제18조, 교육공무원임용령 제7조의 2항에 의거 실시하되 2년 이내, 특히 필요한 경우 2년의 범위 안에서 연장 가능하며 복무는 본직 기관장의 지휘 · 감독을 받고, 보수도 본직 기관에서 지급한다. 다만 겸임수당은 겸임기관에서 지급이 가능하다.

겸직은 교육공무원법 제19조에 의거 실시하되 공무원이 영리업무에 해당되지 아니하는 다른 직무를 겸직하고자 할 때에는 소속기관의 장의 사전 허가를 받아야 한다. 여기서 겸임과 겸직의 차이는 겸임은 직위나 직무 내용이 유사하고, 직무 수행에 지장이 없어야 하는데 비해 겸직은 담당 직무 수행에 지장이 없는 경우에 한하여 소속 기관장의 사전 허가를 받아야 하며 교원은 비영리단체의 비상근 무보수 조건의 임직원 등을 겸직할 수 있다.

차. 직위해제(국가공무원법 제73조의 3)

직위해제란 공무원으로서의 신분은 유지하게 하지만 직무를 수행하는 권리를 강제적으로 해제하는 것을 말하며 그 사유는 직무 수행 능력이 부족하거나 근무성적이 극히 불량하거나 파면 · 해임 또는 정직에 해당하는 징계 의결이 요구 중이거나 형사 사건으로 기소되었을 때이다. 다만 약식 명령이 청구된 경우는 제외한다. 직위해제된 자는 3월 이내의 기간 대기를 명하고 능력회복이나 근무성적의 향상을 위한 교육훈련 또는 특별한 연구과제 부여 등 필요한 조치를 하여야 한다. 직위해제된 자에 대하여는 봉급의 8할을 지급하고 직위해제 사유소멸 시 임용권자는 지체 없이 직위를 부여하여야 한다.

카. 교원의 퇴직 및 면직

교원의 퇴직은 당연퇴직, 정년퇴직, 명예퇴직 등이 있으며 면직은 직권면직, 의원면직, 징계면직, 사망으로 나누어진다. 당연퇴직은 국가공무원법 제33조(임용의 결격 사유) 각 호의 어느 하나에 해당될 때에는 당연히 퇴직하는 경우고, 정년퇴직은 만 62세 정년이 달한 날이 속하는 학기의 말일에 정년퇴직하는 것을 의미하며, 명예퇴직은 교육공무원으로서 20년 이상 근속한 자가 정년퇴직일 전 1년 이상의 기간 중 자진하여 퇴직하는 경우로 예산의 범위 안에서 명예퇴직을 시킬 수 있다.

직권면직은 본인의 의사에 반하여 면직시키는 경우(국가공무원법 제70조)를 말하고, 의원면직은 본인의 의사 표시에 의하여 공무원 관계를 소멸시키는 것을 의미하며, 징계면직은 징계위원회 의결을 거쳐 파면 · 해임시키는 경우(파면, 해임)를 말한다. 교육공무원이 사망했을 경우는 사망 다음 날 면직처리를 한다. 한편 비위공직자의 의원면직 처리를 제한하기 위하여 다음과 같은 규정을 두고 있다.

※ 비위공직자의 의원면직 처리제한에 관한 규정(대통령훈령 제143호, 2005. 2. 24)

제3조 (의원면직의 제한) 임용권자 또는 임용제청권자는 의원면직을 신청한 공무원이 다음 각호의 어느 하나에 해당하는 때에는 의원면직을 허용하여서는 아니 된다. 다만, 제1호, 제3호 및 제4호의 경우에는 당해 공무원이 공무원징계령 제1조의 2 제1호에 규정된

중징계에 해당한다고 판단되는 경우에 한한다.
1. 비위와 관련하여 형사사건으로 기소 중인 때
2. 징계위원회에 중징계의결 요구 중인 때
3. 감사원, 검찰, 경찰 및 그 밖의 수사기관(이하 "조사 및 수사기관"이라 한다)에서 비위와 관련하여 조사 또는 수사 중인 때
4. 각급 행정기관의 감사부서 등에서 비위와 관련하여 내사 중인 때

타. 계약제교원의 임용[3)]

계약제교원이란 계약에 의하여 임용되는 비정규직 초·중등교원을 뜻하며, 현행 법령상 기간제교원, 산학겸임교사, 명예교사, 강사 등을 총칭하는 것을 말하며 계약제교원의 운영지침 중 주요 개정내용은 〈표 7-2〉와 같다.

표 7-2 계약제교원 운영 지침 개정 주요 내용(2011. 9. 1 시행)

개정 전	개정 후
▣ 임용절차 ■ 채용공고 : 홈페이지, 신문, 관보, 정보통신망 등에 3일 이상 공고 ■ 전형 : 면접 등을 통해 직무 수행 능력, 인성 등 심사 ▣ 보수 가. 호봉책정 ○ 공무원보수규정 제8조의 규정에 의하여 산정된 호봉액을 지급하되 고정급으로 지급(「별표 11」 비고), 단, 연금수급자(일시금 수령자 포함)인 퇴직교원을 기간제교원으로 임용하는 경우는 14호봉을 넘지 못함	▣ 임용절차 가. 채용 공고 의무화 ○ 대상 : 단위학교 1개월 이상 임용 기간제교원 ○ 방법 : 학교 홈페이지 및 교육청(지역교육청 포함) 홈페이지에 3일 이상 공고 나. 채용 시 서류심사 및 수업실연, 면접심사 실시 ○ 대상 : 단위학교 6개월 이상 임용 기간제교원 ○ 방법 : 3~5명으로 임용심사위원회 구성·심사 ▣ 보수 가. 호봉책정 ○ 공무원보수규정 제8조의 규정에 의하여 산정된 호봉액을 지급하되 고정급으로 지급(「별표 11」 비고), 단, 연금수급자(일시금 수령자 포함)인 퇴직교원(공무원, 군인 포함)을 기간제교원으로 임용

3) 서울특별시교육청(2011. 9). '초·중등학교 계약제교원 운영지침'에서 발췌함.

개정 전	개정 후
▣ 휴가 다. 기간제교원 연가 기준 : 계약기간	하는 경우는 14호봉을 넘지 못함 ▣ 휴가 다. 기간제교원 연가 기준 : 재직기간

2012. 8. 1 시행 개정 사항

현 행	개 정
▣ 임용 상한연령 ▪ 62세	▣ 임용 상한연령 : 62세 다만, 2학기에 한하여 1, 2차까지 공개채용 모집에도 불구하고 지원자가 없을 경우에는 예외적으로 65세까지 임용 가능(계약기간은 해당 학기 이내로 정함)
▣ 채용 공고 대상 ▪ 1개월 이상 임용 기간제교원	▣ 채용 공고 대상 ▪ 3개월 초과 임용 기간제교원
해당 내용 없음	〈신설〉 ▣ 장애인 계약제교원 채용 확대 학교장은 '1개월 동안의 소정근로시간이 60시간 이상'인 계약제교원 채용 시 장애인 계약제교원의 채용을 확대하도록 노력한다. ※「장애인 고용의무제도에 따른 장애인 고용장려금제도 운영 계획」에 의거, 1인당 월 30만원(경증) 또는 50만원(중증) 지급

계약제 교원은 공개 채용을 통해 채용하도록 하되, 기존 기간제교원의 계속 임용은 교감 및 동교과(학년) 교사의 평가 결과에 따라 결정하고, 임용대기자를 임용하는 등 학교 교육과정 운영상 부득이한 경우 최소한의 임용 절차를 거쳐 임용할 수 있다.

성범죄경력 조회는 아동 · 청소년의 성보호에 관한 법률 제44조, 같은 법 시행령 제20조에 따라서 학교에 취업한 공무원, 계약제교원, 인턴, 보조원, 보안관 등 모두를 대상으로 실시해야 한다. 이 조회는 경찰서에 의뢰하여 실시하며 이것을 의뢰할 때는 본인 동의서, 범죄경력조회 신청서(아동 · 청소년의 성보호에 관한 법률 시행규칙 별지 서식활용), 사업자등록증 사본(교육기관 증명)을 첨부하여 신청한다.

3. 교원의 복무

「헌법」 제7조 제1항은 "공무원은 국민 전체에 대한 봉사자이며, 국민에 대하여 책임을 진다."라고 규정하고 있고, 이 취지에 입각하여 「국가공무원법」은 공무원이 국민 또는 주민 전체의 봉사자로서 직무를 민주적이고 능률적으로 수행할 것을 규정하고 있다(「국가공무원법」 제1조, 제55조). 교원은 국가공무원이며 동시에 교육공무원이기에 국가공무원법을 따라야 한다.

가. 국가공무원의 책임

국가공무원의 책임을 알아보면 국민 전체의 봉사자로서 창의와 성실로써 책임을 완수해야 하며 업무를 수행하다 고의나 부주의로 잘못을 저질렀을 경우 행정상이나 형사상의 책임을 져야 한다. 먼저 행정상의 책임으로는 파면, 해임, 강등, 정직, 감봉, 견책 등의 징계가 있고, 국가재산상 손해를 끼쳤을 때 「국가배상법 및 회계관계직원 등의 책임에 관한 법률」에 의한 변상 책임을 져야 한다. 형사상의 책임으로는 특별권력 관계에 있는 공무원으로서의 책임 외에 일반 법익을 침해하는 경우에는 징계벌 이외의 형벌의 병과가 가능하다.

나. 교육공무원의 의무

교육공무원의 의무는 취임시 소속기관장 앞에서 선서를 할 의무(국가공무원법 제55조, 이하 국가공무원법을 '국공법'으로 표기)가 있으며, 직무상의 의무로는 성실의 의무(국공법 56조), 복종의 의무(국공법 57조), 친절 · 공정의 의무(국공법 59조), 비밀엄

수의 의무(국공법 60조), 청렴의 의무(국공법 61조), 품위유지의 의무(국공법 63조), 연찬의 의무(교육법 38조) 등이 있다. 또한 직무전념(신분상)의 의무로는 직장이탈금지(국공법 58조), 영리업무 및 겸직금지(국공법 64조), 정치운동금지(국공법 65조), 집단행위 금지(국공법 66조), 영예제한(외국)(국공법 62조) 등이 있다.

다. 교원의 근무

교원의 근무시간은 국가공무원 복무규정에 따르되 학교의 특수성을 감안하여 교육부장관이 안전행정부장관과 협의하여 변경 실시가 가능하다. 따라서 공무원 근무시간은 09:00~18:00시이지만 교원의 경우는 학교 형편에 따라 탄력적 근무시간제를 운영할 수 있다. 점심시간은 학교의 장이 따로 정할 수 있고 휴업일 등의 근무시간 변경은 교육공무원법 제41조(근무장소 이외에서의 연수)에 따라 실시한다. 학교장은 보충수업, 자율학습지도, 등·하교 및 방과 후의 학생 생활지도, 학사 사무처리 등 기타 학교장이 필요하다고 인정하는 경우 근무시간 외 근무를 명할 수 있다. 또한 특별사유 발생시 공휴일 근무를 명할 수 있으며(그 다음 정상 근무일을 휴무할 수 있음) 이 때 근무시간 외 근무자 및 휴일 근무자에게 예산 범위 내에서 수당을 지급할 수 있다. 출장을 갈 경우는 출장 신청서에 의하여 기관장의 허가를 받아서 실시하고 출장 후 귀청 때에는 지체없이 복명서를 제출한다(※ 구두 보고 가능).

각급 기관장은 엄정한 근무기강 확립을 위하여 직원관리를 철저히 하고 휴가·지참·조퇴 및 외출과 근무지 내 출장시 나이스에 의하여 학교장에게 허가를 받아야 한다.

또한 교원은 필요할 경우 각종 휴가를 사용할 수 있다. 휴가의 종류는 연가, 병가, 공가, 특별휴가가 있으며, 허가권자에게 미리 신청을 하여 사유 발생 전까지 허가받아야 한다. 연가는 매년 1. 1～12. 31까지 1년 단위로 실시하고 사용하지 못한 연가는 이월하여 사용할 수 없다. 교원의 연가는 학생 수업 등을 고려하여 특별한 사유가 없는 한 하기 · 동기 및 학기 말 휴업일에 실시함을 원칙으로 하며 재직기간별 연가일수는 〈표 7-3〉과 같다.

표 7-3 재직기간별 연가일수

재직 기간	연가 일수
3월 이상 6월 미만	3일
6월 이상 1년 미만	6일
1년 이상 2년 미만	9일
2년 이상 3년 미만	12일
3년 이상 4년 미만	14일
4년 이상 5년 미만	17일
5년 이상 6년 미만	20일
6년 이상	21일

병가는 공무원이 각종 질병에 걸렸을 때 사용할 수 있는 휴가로 일반병가는 연 60일 이내에서 사용할 수 있고 공무상병가는 공무상요양 승인을 받은자로서(공무원연금법) 연 180일 이내에서 사용 가능하다.

공가는 질병검사, 소집, 검열점호, 동원, 훈련참가, 국가기관 소환, 투표, 건강검진, 교원 등의 연수에 관한 규정 제13조에 의거한 외국어 능력시험 응시, 국가적인 행사 참가, 노조의 단체교섭위원으로 참석할 경우에 사용할 수 있으며 사용 기간은 공가사유에 따라 직접 필요한 기간이며 먼거리의 경우 왕복소요일수를 가산하여 사용할 수 있다.

특별휴가는 결혼, 출산, 사망 등의 경조사 휴가가 있으며 주 5일 수업제 실시에 따라 변경된 특별휴가(교육과학기술부 예규 제44호 2012. 3. 1. 시행)의 종류와 일수는 〈표 7-4〉와 같다.

표 7-4 변경된 특별휴가

<table>
<tr><th colspan="9">교 원</th></tr>
<tr><th colspan="5">주 5일 수업제 전면 미실시 경우</th><th colspan="4">주 5일 수업제 전면 실시 경우</th></tr>
<tr><th colspan="2">구분</th><th>대상</th><th>일수</th><th>휴무 토요일/ 공휴일 산입 여부</th><th>구분</th><th>대상</th><th>일수</th><th>휴뮤 토요일/ 공휴일 산입 여부</th></tr>
<tr><td rowspan="10">경조사 휴가</td><td rowspan="3">결혼</td><td>본인</td><td>7</td><td>○</td><td rowspan="2">결혼</td><td>본인</td><td>5</td><td>×</td></tr>
<tr><td>자녀</td><td>1</td><td>×</td><td>자녀</td><td>1</td><td>×</td></tr>
<tr><td>본인 및 배우자의 형제 자매</td><td>1</td><td>○</td><td rowspan="3" colspan="4">*주 5일 수업제 전면 실시에 따라 '12. 3. 1로 폐지</td></tr>
<tr><td rowspan="2">회갑</td><td>본인 및 배우자</td><td>5</td><td>○</td></tr>
<tr><td>본인 및 배우자의 직계존속</td><td>1</td><td>○</td></tr>
<tr><td>출산</td><td>배우자</td><td>7</td><td>○</td><td>출산</td><td>배우자</td><td>5</td><td>×</td></tr>
<tr><td rowspan="4">사망</td><td>배우자, 본인 및 배우자의 부모</td><td>7</td><td>○</td><td rowspan="4">사망</td><td>배우자, 본인 및 배우자의 부모</td><td>5</td><td>×</td></tr>
<tr><td>본인 및 배우자의 증조부모 · 조부모 · 외증조부모 · 외조부모</td><td>5</td><td>○</td><td>본인 및 배우자의 조부모 · 외조부모</td><td>2</td><td>×</td></tr>
<tr><td>자녀와 그 자녀의 배우자</td><td>3</td><td>×</td><td>자녀와 그 자녀의 배우자</td><td>2</td><td>×</td></tr>
<tr><td>본인 및 배우자의 형제 자매와 그 형제 자매의 배우자</td><td>3</td><td>○</td><td>본인 및 배우자의 형제 자매</td><td>1</td><td>×</td></tr>
</table>

교 원					
주 5일 수업제 전면 미실시 경우					주 5일 수업제 전면 실시 경우
		본인 및 배우자의 부모의 형제 자매와 그 형제 자매의 배우자	3	○	*주5일 수업제 전면 실시에 따라 '12. 3. 1로 폐지
	탈상	배우자, 본인 및 배우자의 부모	2	○	
		본인 및 배우자의 증조부모 · 조부모 · 외증조부모 · 외조모	1	○	
		본인 및 배우자의 형제 자매와 그 형제 자매의 배우자	1	○	
	입양휴가	본인	20	×	좌동
출산휴가		임신 중인 공무원 출산 전후 (출산 전 45일 초과 금지)	90	○	좌동
여성보건휴가		여자공무원 생리기와 임신검진	월 1일	×	좌동
출석수업		방송대 출석수업	연가일수 초과한 출석수업 기간	×	좌동
재해구호휴가		재해피해 교원 및 재해구호 봉사활동 참여 교원	5일 이내	×	좌동

교 원				
주 5일 수업제 전면 미실시 경우				주 5일 수업제 전면 실시 경우
불임시술 휴가	인공수정 또는 체외수정 등 불임치료 시술을 받은 공무원	1일	×	좌동
포상 휴가	상훈법(훈 · 포장), 정부표창 규정 (국무총리 이상), 모범공무원 선발 등	6일 이내 (휴업일 중 실시원칙)	×	*주 5일 수업제 전면 실시에 따라 '12. 3. 1로 폐지
퇴직준비 휴가	정년퇴직과 명예퇴직할 교원	3개월 이내	○	*주 5일 수업제 전면 실시에 따라 '12. 3. 1로 폐지
장기 재직 휴가	교원으로 20년 이상 재직한 교원	10	×	*주 5일 수업제 전면 실시에 따라 '12.3.1로 폐지

4. 휴직

교육공무원의 복지 증진 차원에서 근무 중에 필요할 경우 휴직을 할 수 있다. 휴직의 종류에는 휴직사유가 발생 시 본인의 의사와 관계없이 임용권자가 직권으로 휴직을 명하는 직권휴직과 휴직사유가 발생 시 본인의 희망여부에 따라 실시하는 청원휴직이 있다.

직권휴직의 종류로는 질병휴직, 병역휴직, 생사불명, 법정의무수행, 노조전임자 휴직이 있으며 그 자세한 내용은 〈표 7-5〉와 같다.

표 7-5 직권휴직 (교육공무원법 제44조 제1항)

종류	질병휴직	병역휴직	생사불명	법정의무수행	노조전임자
근거	제1호	제2호	제3호	제4호	제11호
요건	신체 · 정신상의 장애로 장기요양 (불임 · 난임 포함)	병역의 복무를 위하여 징 · 소집	천재 · 지변 · 전시 · 사변, 기타의 사유로 생사 · 소재가 불명	기타 법률상 의무수행을 위해 직무를 이탈	교원노동조합 전임자로 종사
기간	1년 이내	복무기간	3월 이내	복무기간	전임기간
재직경력인정	• 경력평정: 미산입 (단, 공무상질병인 경우 산입) • 승급제한 (단, 공무상질병인 경우 포함)	• 경력평정 : 산입 • 승급인정	• 경력평정 : 제외 • 승급제한	• 경력평정 : 산입 • 승급인정	• 경력평정 : 산입 • 승급인정
결원보충	6월 이상 휴직시 결원보충	6월 이상 휴직시 결원보충	결원보충 불가	6월 이상 휴직시 결원보충	6월 이상 휴직시 결원보충
보수지급	• 봉급 7할지급 (결핵은 8할) 공무상 질병은 전액지급	지급안함	지급안함	지급안함	지급안함
수당	• 공통수당 : 보수와 같은 율 지급 • 기타 수당 : 휴직사유별 차등 지급	지급안함	지급안함	지급안함	지급안함

청원휴직으로는 유학휴직, 고용휴직, 육아휴직, 입양휴직, 연수휴직, 간병휴직, 동반휴직 등으로 나뉘어지며 그 자세한 내용은 〈표 7-6〉과 같다.

표 7-6 청원휴직(교육공무원법 제44조제1항)

종류	유학휴직	고용휴직	육아휴직	입양휴직	연수휴직	간병휴직	동반휴직
근거	제5호	제6호	제7호	제7의2호	제8호	제9호	제10호
요건	학위취득을 목적으로 해외유학을 하거나 외국에서 1년 이상 연구 · 연수	국제기구, 외국기관, 국내외의 대학 · 연구기관, 다른 국가기관, 재외국민교육기관 또는 대통령령으로 정하는 민간단체에 임시로 고용	만 8세 이하 자녀 (초등학교 2학년) 양육, 임신 또는 출산	만 19세 미만의 아동 (육아휴직 대상은 제외)을 입양하는 경우	교육부장관이 지정하는 국내의 연구기관 · 교육기관 등에서 연수	부모, 배우자, 자녀 또는 배우자의 부모 간호	배우자가 국외근무를 하거나 제5호에 해당
기간	3년 이내 (학위 취득의 경우 3년 연장 가능)	고용기간	1년(여성교육공무원의 경우 3년) 이내	6개월 이내	3년 이내	1년 이내 (재직기간 중 총 3년)	3년 이내 (3년 연장 가능)
재직경력인정	• 경력평정 : 5할 산입 • 승급인정	• 경력평정 : 산입 • 승급인정 (비상근 5할)	• 경력평정 : 육아휴직 기간 10할 산입 • 승급인정 : 육아휴직 기간	• 경력 평정 : 휴직기간 • 승급 인정: 휴직기간	• 경력평정 : 5할 산입 • 승급제한 : 학위취득시 승급 인정	• 경력평정 : 제외 • 승급제한	• 경력평정 : 제외 • 승급제한
결원보충	6월 이상 휴직시 결원보충	6월 이상 휴직시 결원보충	6월 이상 휴직시 결원보충	6월 휴직시 결원보충	6월 이상 휴직시 결원보충	6월 이상 휴직시 결원보충	6월 이상 휴직시 결원보충
보수	봉급 5할 지급	지급안함	지급안함	지급안함	지급안함	지급안함	지급안함

종류	유학휴직	고용휴직	육아휴직	입양휴직	연수휴직	간병휴직	동반휴직
수당	• 공통수당: 5할 • 기타수당: 미지급	지급안함	최초 1년 이내 월 50~100 만원	지급안함	지급안함	지급안함	지급안함

※ 당해 학교 소속 교육공무원의 6개월 미만의 휴·복직은 학교장에게 위임함(2008. 12. 26부터)

※ 공통수당 : 기말수당, 정근수당, 장기근속수당, 가족수당, 자녀학비보조수당, 보전수당

5. 상훈과 징계

가. 상훈

상훈은 상훈법, 상훈법시행령, 정부표창규정, 정부포상업무지침에 따라 실시된다. 교원의 주요 포상 내용 및 시기를 살펴보면 정년퇴직, 명예퇴직, 의원면직 등 퇴직교원에 대한 포상은 전년도 5월~전년도 10월 중 퇴직자는 다음 해 2월 말에 포상하고 전년도 11월~당해연도 4월 중 퇴직자는 당해연도 8월 말에 포상한다. 스승의 날 포상은 매년 5월 15일에 실시하고 업무추진유공(우수·모범) 공무원 포상은 매년 6월, 12월에 실시한다.

퇴직교원포상[4]에 대해 구체적으로 살펴보면 대상은 교육공무원법 제47조 규정에 의하여 정년퇴직하는 교육공무원 및 사립학교 교원이나 국가공무원법 제74조의 2에 의거 명예퇴직하는 교육공무원 및 사립학교 교원, 기타, 사망

4) 서울특별시교육청(2011). '2012. 2월 말 퇴직교원 정부포상 계획'에서 발췌함.

또는 의원 퇴직하는 교육공무원 및 사립학교 교원이다. 포상훈격 기준은 재직기간에 따라 다르며 자세한 내용은 다음과 같다.

• 근정 훈장 : 재직연수에 따라 5등급으로 구분

구분	옥조(5등급)	녹조(4등급)	홍조(3등급)	황조(2등급)	청조(1등급)
재직 연수	33년~35년	36년~37년	38년~39년	40년 이상	대학총장 특별 추천

• 근정 포장 : 재직기간 30년 이상 ~ 33년 미만
• 대통령 표창 : 재직기간 28년 이상 ~ 30년 미만
• 국무총리 표창 : 재직기간 25년 이상 ~ 28년 미만
• 교육부장관 표창 : 재직기간 15년 이상 ~ 25년 미만

추천 제외 대상으로는 징계의결 요구 중인 자 또는 형사사건으로 기소 중인 자, 재직 중 벌금형 이상의 형사처벌을 받은 자(다만, 벌금형의 경우, 1회 벌금액이 200만원 이상이거나 3회 이상의 벌금형 처분을 받은 자는 사면여부와 관계없이 추천을 제한), 수사 중이거나 각종 언론보도 등으로 사회적 물의를 일으켜 정부포상이 합당치 않다고 판단되는 자와 재직 중 정부포상을 받은 자는 퇴직시 동일 종류의 동급 및 하위등급의 훈·포장 및 표창을 받을 수 없다.

나. 징계

징계는 국가공무원법 제78조~83조, 교육공무원임용령 제16조, 교육공무원징계령, 공무원보수규정 제14조~15조, 공무원연금법 제64조, 공무원연금법시행령 제55조에 근거하여 실시되며 징계의 종류와 효력에 대한 자세한 내용은 〈표 7-7〉과 같다.

표 7-7 징계의 종류와 효력

종류		기간	신 분	보수, 퇴직급여 등
중징계	파면	–	• 공무원 관계로부터 배제 • 5년간 공무원에 임용될 수 없음	• 퇴직급여 –재직기간 5년 미만자 : 1/4 감액 –재직기간 5년 이상자 : 1/2 감액 • 퇴직수당 : 1/2 감액
	해임	–	• 공무원 관계로부터 배제 • 3년간 공무원에 임용될 수 없음	• 퇴직급여 전액 지급 • 금전비리의 뇌물 · 향응수수, 공금횡 · 유용으로 해임된 경우 퇴직급여의 1/4 감액 (단, 5년 미만 재직자는 1/8 감액), 퇴직수당 1/4 감액
	강등	–	• 하위직위 임명 • 공무원 신분은 보유하나 3개월간 직무에 종사하지 못함 〈2008. 12. 31 신설〉 • 18월+처분기간 승진제한 • 처분기간 경력평정에서 제외	• 18월+처분기간 승급 제한 • 처분기간 보수의 2/3 감액
	정직	1월 ~3월	• 신분은 보유하나 직무에 종사 못함 • 18월+정직처분기간 승진제한 • 처분기간 경력평정에서 제외	• 18월+정직처분기간 승급 제한 • 보수의 2/3 감액 • 모범공무원 수당 지급중지
경징계	감봉	1월 ~3월	• 12월+감봉처분기간 승진제한	• 12월+감봉처분기간 승급제한 • 보수의 1/3 감액 • 모범공무원 수당 지급중지
	견책	–	• 6월간 승진제한	• 6월간 승급 제한 • 모범공무원 수당 지급중지

징계 요구 및 징계부가금 부과 사유의 시효(국가공무원법 제83조의 2①)는 사유가 발생한 날부터 3년(금품 및 향응 수수, 공금의 횡령 · 유용의 경우에는 5년)이 지나면 하지 못하며〈2012. 3. 21 개정〉 징계의 절차는 [그림 7-1]과 같다.

1. 비위사실 적발

- 감사원, 검찰, 경찰, 정부 합동점검반, 자체조사 등

2. 징계의결 요구

- 통보받은 날로부터 1개월 이내
- 중징계, 경징계로 구분
- 혐의자에게 징계의결요구서 부본 통보

3. 징계의결

- 관할징계위원회
  - 접수함으로써 징계의결요구의 효력발생
  - 혐의자 주장서 접수 및 사실조사
  - 징계위원회 개최 3일전까지 출석 통지
  - 의결(접수일로부터 60일, 부득이한 경우 30일 연장 가능)
  - 심문 및 진술권 부여
  - 의결서 및 회의록 작성

4. 징계의결 통고

- 관할징계위원회
  (※ 지체없이 통고)
  - 징계처분권자
  - 징계의결요구권자
  - 관계기관(감사원 등)

5. 징계집행

- 징계처분권자
  - 징계의결서를 통고받은 날로부터 15일 이내
  - 처분사유설명서 교부

6. 불복신청

- 징계처분받은 자
  - 징계처분을 받은 날로부터 30일 이내 소청심사 청구
- 징계의결요구권자
  - 징계의결서를 통보받은 날로부터 15일 이내에 직근상급기관에 설치된 징계위원회에 심사 청구

7. 행정소송 청구

- 소청결정을 받은 날로부터 90일 이내 행정소송 청구

[그림 7-1] 징계절차

참고문헌

강경석 외(2011). 중등교직실무. 경기: 교육과학사.
서울특별시교육연구정보원(2011). 교직실무편람.
서울특별시교육청(2009). 교육공무원 인사실무매뉴얼.
서울특별시교육청(2009. 학교회계직원 인사노무의 이해.
서울특별시교육청(2011). 2012. 2월 말 퇴직교원 정부포상 계획.
서울특별시교육청(2011). 2012. 3. 1자 교장공모제 시행계획.
서울특별시교육청(2012). 보직교사 관리지침.
서울특별시교육청(2012). 초·중등학교 계약제교원 운영지침.
서울특별시동작교육청(2008). 초등학교 교감 업무 길라잡이.

제8장

인성교육과 권리교육

김성기(협성대 교수)

1. 학교폭력 예방 및 대책
2. 생활지도
3. 언어교육
4. 권리교육

인성교육은 학생들에게 바른 생활습관과 민주시민의식을 함양함으로써 더불어 사는 삶을 살아가도록 지도하는 것이다. 인성, 진로, 상담, 질서, 안전사고, 성, 학교폭력, 금연, 부적응, 따돌림, 언어, 사이버예절, 휴대폰사용예절, 민주시민의식 교육 등을 포함하지만, 여기서는 학교장이 학교를 경영함에 있어 학교폭력예방과 생활지도, 언어교육을 효과적으로 수행하기 위한 지침을 제시하고자 한다. 아울러 인성교육의 중요한 내용이라 할 수 있는 권리교육에 대해서도 설명한다.

1. 학교폭력 예방 및 대책

가. 학교폭력의 개념과 형태

학교폭력이란 '학교 내외에서 학생을 대상으로 발생한 상해, 폭행, 감금, 협박, 약취 · 유인, 명예훼손 · 모욕, 공갈, 강요 · 강제적인 심부름 및 성폭력, 따돌림, 사이버 따돌림, 정보통신망을 이용한 음란 · 폭력 정보 등에 의하여 신체 · 정신 또는 재산상의 피해를 수반하는 행위'이다. 최근 들어서는 눈에 보이지 않는 폭력이 증가하고 있다. 물리적 상해를 수반하는 폭력보다는 눈에 띄지 않는 사이버폭력이 증가하고 있다. 학교에서는 특히 통신기기를 이용한 따돌림 등의 괴롭힘이 발생하지 않는지 유의할 필요가 있다.

나. 학교폭력 여부의 판단기준

학교폭력은 단순한 장난을 넘어 사람의 생명을 해칠 수도 있다. 물론 학생간

사소한 다툼은 학생들이 자율적으로 조정하여 화해하게 하는 것이 교육적으로도 바람직하다. 모든 것을 법적으로 해결하는 것이 옳은 것은 아니다. 따라서 문제는 어떤 행위가 폭력이고 어떤 행위는 폭력이 아닌지를 판가름하는 잣대가 필요하다.

첫 번째 기준은 의도성이다. 고의적으로 피해를 주기 위해 괴롭힌 것인지 우발적으로, 의도치 않게 그러한 것인지 따져야 한다. 예컨대, 체육 시간 중에 공을 던졌는데 공에 맞아 다쳤을 때 그것이 누가 보더라도 고의적으로 했다고 한다면 학교폭력 사안으로 처리한다. 그러나 단순히 공을 던지는 순간에 우연히 지나가다가 맞았다면 학교안전공제회를 통해 치료를 하도록 처리하는 것이 바람직하다. 의도성이 있었는지의 여부는 주변 사람들의 증언으로 확인할 수 있다.

두 번째 기준은 지속성이다. 위에서 말한 의도성도 판단하기 곤란한 애매한 경우가 있을 수 있다. 그러나 만약 그러한 피해가 한 학생에 의해, 혹은 특정 학생과 연루되어 지속적으로 발생되었다면 충분히 의도성이 있었다고 판단할 수 있다.

세 번째 기준은 피해신고이다. 위의 경우에도 가해자는 일부러 그런 것이 아니라고 주장하고 가해 사실을 부인할 수 있다. 그러나 학교폭력 여부를 판단할 때 피해신고는 중요한 기준이 될 수 있다. 즉 피해자가 학교폭력 사안으로 신고를 하게 되면 우선은 학교폭력 사안으로 접수를 할 필요가 있다. 그렇지 않으면 피해자 측에서 민원이 발생할 수 있기 때문이다. 그러나 모든 사안에 대해 피해자 신고만으로 학교폭력대책자치위원회를 개최한다면 학교행정이 마비될 수도 있다. 따라서 중재나 조정, 화해 절차를 거쳐 원만하게 해결하도록 하고 성사되지 않을 경우에는 공식적으로 위원회를 개최하여 사안을 처리하는 것이 바람직하다.

다. 학교폭력 실태 조사

학교폭력이 빈번하게 발생하고 있다. 따돌림을 당하던 학생이 자살하는 경우까지 발생하고 있다. 이에 교육부에서는 매년 전국 17개 시 · 도 초등학교 4학년부터 고등학교 2학년까지 약 454만 명의 학생과 초 · 중 · 고 학부모를 대상으로 학교폭력 실태 전수조사를 하고 있다. 이 조사에서는 학교폭력 행동의 원인, 결과 등을 조사하여 학교폭력 현황에 대한 학생들의 인식을 보다 입체적으로 파악하고 있다.

학생 참여 및 피해응답 현황 등 주요 조사 결과는 학교별 예방교육 프로그램 현황, 학교폭력대책자치위원회 운영 실적 등과 함께 학교알리미(www.schoolinfo.go.kr)에 공시된다. 이렇듯 학생들이 학교폭력에 일상적으로 노출되어 있음을 알 수 있다. 학교장은 학교폭력을 예방하고 해결하기 위해 노력하여야 한다. 정부차원의 실태조사와 함께 학교장은 학교에서 개별적으로 주기적으로 실태를 조사하고 대책을 마련하여야 할 것이다.

라. 학교폭력 관련법의 이해

학교폭력 관련법의 주요내용은 다음과 같다.

첫째, 학교폭력은 종전의 '학생간 폭력'에서 '학생을 대상으로 하는 폭력'으로 개념이 바뀌었다. 이에 따라 학생이 아닌 사람에 의해 학교 밖에서 행사된 폭력도 학교폭력으로 다루고 있다. 학교를 그만 둔 청소년에 의한 폭력을 염두에 둔 법조항인데 법적으로 대개 만 16세까지는 중학교 학령기 아동이므로 학생으로 다루는 것이 가능하다. 그러나 고등학교 중단자는 사실상 일반인에 속하므로 학생처럼 학교에서 다루기 어렵다. 학생이 아닌 사람을 학교에 소환하여 위원회에서 의견을 듣는다는 것이 현실적으로 어렵다. 이러한 사안은 현실적으로 경찰에서 담당하는 것이 적절하다.

둘째, 교육감의 역할이 확대되었다. 교육감은 연 2회 학교폭력 실태조사를 실시하고 조사 · 상담 · 치유프로그램 운영을 위한 전문기관을 설치할 수 있도록 했다. 학교폭력 예방 및 사후조치를 위한 조사 · 상담 인력을 지정하도록 했다. 따라서 학교에서는 이러한 실태조사에 적극적으로 응하고 시설과 인력을 활용할 수 있도록 해야 할 것이다.

셋째, 학교장은 학교별로 학교폭력대책자치위원회를 구성하여 적극적으로 사안 처리에 대비해야 한다. 둘 이상의 학교에서 가해학생과 피해학생이 각각 다른 학교에 재학 중인 경우에는 교육감의 보고를 거쳐 둘 이상의 학교가 공동으로 자치위원회를 구성할 수 있다. 이 위원회에서는 단지 가해학생 조치만을 결정하는 것이 아니다. 피해학생 보호는 물론이고 피해학생과 가해학생 간의 분쟁조정도 할 수 있다. 따라서 가급적이면 극단적인 대립이 생기지 않도록 최대한 조정하려고 노력하는 것이 바람직하다. 또한 분기별로 1회 이상 자치위원회를 개최하여 위원회 운영을 활성화해야 한다. 자치위원회의 위원의 임기는 2년으로 한다. 다만, 자치위원회 위원의 사임 등으로 새로 위촉되는 위원의 임기는 전임위원 임기의 남은 기간으로 한다. 자치위원회의 회의는 재적위원 과반수의 출석으로 개의하고, 출석위원 과반수의 찬성으로 의결한다. 자치위원회의 위원장은 해당 학교의 교직원에서 자치위원회의 사무를 처리할 간사 1명을 지명한다. 자치위원회의 회의에 출석한 위원에게는 예산의 범위에서 수당과 여비를 지급할 수 있다. 다만, 공무원인 위원이 그 소관 업무와 직접적으로 관련하여 회의에 출석한 경우에는 그러하지 아니하다.

넷째, 학교장은 교감, 전문상담교사, 보건교사 및 책임교사 등으로 학교폭력 전담기구를 구성한다. 학교폭력을 인지한 경우 지체없이 전담기구 또는 교원으로 하여금 사실여부를 확인하도록 한다. 학교폭력을 은폐, 축소한 교원은 징계대상이 되며 학교폭력 예방에 기여한 교원은 가산점을 부여하고 포상하도록 하고 있다.

다섯째, 학교의 장은 학교폭력의 예방 및 대책 등을 위한 교직원 및 학부모에 대한 교육을 학기별로 1회 이상 실시하여야 한다. 예방교육 프로그램의 구성 및 그 운용 등을 전담기구와 협의하여 전문단체 또는 전문가에게 위탁할 수 있다. 예방교육은 학급 단위로 실시함을 원칙으로 한다. 교직원에 대한 학교폭력 예방교육에는 학교폭력 관련 법령에 대한 내용, 학교폭력 발생 시 대응요령, 학생 대상 학교폭력예방 프로그램 운영 방법 등을 포함하여야 하며, 학부모에 대한 학교폭력 예방교육에는 학교폭력 징후 판별, 학교폭력 발생 시 대응요령, 가정에서의 인성교육에 관한 사항을 포함하여야 한다.

여섯째, 피해학생에 대해 적극적으로 보호하도록 했다. 자치위원회의 요청이 있는 경우에 학교장은 피해학생의 보호자의 동의를 받아 7일 이내에 보호 조치를 하여야 하고 이를 자치위원회에 보고하여야 한다. 그 조치에 필요한 결석은 출석일수에 산입하고 평가에 불이익이 없도록 한다. 심리상담 및 조언, 일시보호, 치료 상담을 받는 비용은 가해학생의 보호자가 부담하여야 하나 신속한 치료를 위해 학교안전공제회나 시·도교육청이 부담한 후 나중에 구상권을 행사할 수 있다.

일곱째, 가해학생에 대한 조치를 강화하였다. 가해학생 조치 요청 사유가 피해학생에 대한 협박 또는 보복 행위일 경우에는 여러 조치를 병과하거나 조치 내용을 가중할 수 있다. 서면사과와 퇴학을 제외한 다른 조치(표 8-1의 ②~④, ⑥~⑧)를 결정한 경우 특별교육과 심리치료를 같이 받아야 한다. 그 기간은 자치위원회에서 정한다. 조치를 결정함에 있어 다음 사항을 고려해야 한다.

- 가해학생이 행사한 학교폭력의 심각성·지속성·고의성
- 가해학생의 반성 정도
- 해당 조치로 인한 가해학생의 선도 가능성
- 가해학생 및 보호자와 피해학생 및 보호자 간의 화해의 정도
- 피해학생이 장애학생인지 여부

긴급한 경우 자치위원회 개최 전 서면사과와 접근금지, 교내봉사, 특별교육,

심리치료, 출석정지의 조치(표 8-1의 ①~③, ⑤~⑥)를 취할 수 있으며 즉시 위원회에 보고하여 추인을 받도록 한다. 자치위원회의 요청이 있는 경우 학교장은 14일 이내에 조치하여야 한다. 가해학생이 조치를 거부 · 회피하는 경우 징계한다. 여기서 징계란 교내봉사, 사회봉사, 특별교육이수, 출석정지(1회 10일 이내, 연간 30일 이내), 퇴학을 말한다. 교내봉사, 사회봉사, 특별교육이수나 심리치료를 받는 경우 출석으로 인정할 수 있다. 특별교육은 가해학생 학부모도 같이 받아야 한다. 전학조치가 취해진 경우 원적교로 다시 전학을 올 수 없도록 했다. 의무교육단계에서는 교육장에게, 고등학교는 교육감에게 전학할 학교의 배정을 요청한다.

여덟째, 조치에 대해 재심을 청구할 수 있다. 피해학생은 보호조치나 선도 · 교육조치에 대해 지역위원회에, 가해학생은 전학과 퇴학에 대해 시 · 도학생징계조정위원회에 재심을 청구할 수 있다.

아홉째, 자치위원회의 회의는 공개하지 않지만, 피해학생 · 가해학생 또는 그 보호자가 회의록의 열람 · 복사 등 회의록 공개를 신청한 때에는 학생과 그 가족의 성명, 주민등록번호 및 주소, 위원의 성명 등 개인정보에 관한 사항을 제외하고 공개하여야 한다.

벌칙으로서 비밀누설금지 의무를 위반한 사람은 300만원 이하의 벌금에 처하며, 자치위원회의 교육이수조치를 따르지 않는 가해학생 학부모에게는 300만원 이하의 과태료를 부과한다.

표 8-1 가해학생과 피해학생

피해학생 조치	가해학생 조치
심리상담 및 조언 일시보호 치료 및 치료를 위한 요양 학급교체	① 서면사과 ② 피해학생 및 신고 · 고발 학생에 대한 접촉, 협박 및 보복행위의 금지 ③ 학교에서의 봉사

피해학생 조치	가해학생 조치
기타	④ 사회봉사 ⑤ 학내외 전문가에 의한 특별 교육이수 또는 심리치료 ⑥ 출석정지 ⑦ 학급교체 ⑧ 전학 ⑨ 퇴학

마. 따돌림 예방 및 대책

이처럼 학교폭력에 대해서는 엄격한 조치가 필요하다. 이 때 유의해야 할 것은 학교폭력이 반드시 눈에 보이는 유형력의 행사만을 의미하는 것이 아니라는 점이다. 즉 따돌림도 눈에 보이지 않지만 엄연한 폭력이라는 점이다.

1) 따돌림의 개념

"따돌림"이란 학교 내외에서 2명 이상의 학생들이 특정인이나 특정집단의 학생들을 대상으로 지속적이거나 반복적으로 신체적 또는 심리적 공격을 가하여 상대방이 고통을 느끼도록 하는 일체의 행위를 말한다.

"사이버 따돌림"이란 인터넷, 휴대전화 등 정보통신기기를 이용하여 학생들이 특정 학생들을 대상으로 지속적, 반복적으로 심리적 공격을 가하거나, 특정 학생과 관련된 개인정보 또는 허위사실을 유포하여 상대방이 고통을 느끼도록 하는 일체의 행위를 말한다.

2) 따돌림의 예방과 대응

따돌림을 예방하기 위해서는 무엇보다도 수시로 가해 · 피해 실태를 파악하는 노력이 있어야 한다. 학교따돌림 척도를 활용한 설문을 시행하거나 상담을 실시한다. 주기적으로 쪽지상담을 실시하는 것도 따돌림을 찾아내고 방지하는 데 도움이 된다.

또한 학교폭력 예방교육에 포함될 수도 있겠으나 교과시간, 창의적 체험활동 시간 등을 활용해 따돌림이 얼마나 위험하고 나쁜 행위인지에 대해 적극적으로 교육한다.

3) 따돌림에 대한 대응

따돌림이 확인되면 학교폭력 사안처리 방법에 준하여 처리하되 눈에 보이지 않는 폭력이므로 사실관계 파악에 신중을 기해야 한다. 특히 사이버 따돌림의 경우에는 피해학생에게 정보통신기기상의 메시지들을 확인하고 저장하도록 할 필요가 있다. 저장하는 방법도 교육할 필요가 있다. 유형력을 수반하는 폭력은 일반적으로 목격자나 상처가 증언하지만 사이버 폭력은 증거가 나타나지 않거나 소멸되는 경우가 많아 사실관계를 파악하기가 어렵다. 따라서 사안발생 초기에 교사에게 반드시 신고하고 증거를 수집하도록 해야 한다.

2. 생활지도

가. 학생 상담

초·중등학교에서 매년 6만 명 이상의 학업중단자가 발생하고 있다. 조기유학과 복교율을 감안하더라도 매년 약 5만 명의 학생들이 학교를 그만 두고 있다. 청소년 자살률은 OECD국가 중 1위다. 위기학생이 계속 증가하고 있다. 학교 안에는 탈북학생과 다문화학생 등 더 깊은 관심이 필요한 학생들이 있다. 학생상담이 일상적으로 필요한 이유다.

1) 상담 제도

학교에서 활용할 수 있는 상담 제도는 다음과 같다.

첫째, 전문상담(순회)교사제도를 운영한다. "전문상담(순회)교사란 상담이라는 특수 분야를 담당하는 교사"라 정의할 수 있다. 단위학교 또는 교육지원청에 배치된다.

둘째, Wee 프로젝트를 이용한다. 위기학생의 체계적인 관리 및 지도를 위해 지역교육청에 설치하여 '진단-상담-치료'가 가능한 One-Stop 상담 및 치유 프로그램을 제공하기 위한 학생안전망이다.

셋째, 청소년상담지원센터 등의 외부 자원을 활용한다. 지역사회청소년통합지원체계 운영기관으로 위기상황에 처한 청소년에 대한 상담서비스를 제공한다. 청소년상담지원센터를 통한 서비스를 받으려면 청소년, 학부모, 교사 등 누구나 '헬프콜 청소년전화 1388'로 전화하거나, 직접 방문하여 상담을 요청하면 된다.

2) 상담 운영 방법

첫째, 사전 집중 예방교육을 실시한다. 위험군 학생에 대한 전문상담 · 지도 및 가정 · 상담기관 등과 연계지도한다.

둘째, '학부모 상담주간' 운영으로 학부모 상담을 활성화한다. '진로진학상담교사' 및 '전문상담교사'를 활용한 학기 초 학부모 상담을 통해서 가정과 연계한 상담지도를 활성화한다. 학교 밖 비교육적 환경 노출의 심화로 인한 학교역할의 한계성을 극복하고 자녀 지도에 대한 학부모의 책임의식을 제고한다.

셋째, 학업중단 예방을 위한 학업중단 숙려기간을 운영한다. 학업중단 숙려제도란 자퇴 의사가 있는 학생이 학교에 자퇴 원서를 제출한 날부터 15일 내외 숙려기간을 거치게 하여 학업중단으로 발생할 수 있는 여러 가지 문제에 대하여 학생 및 학부모가 생각할 기회를 줌으로써 경솔한 학업중단을 예방하기 위한 제도이다. 이 기간에 자퇴를 희망하는 학생은 교육청 내에 Wee센터 혹은 지역사회의 청소년상담지원센터에서 일정 시간 이상의 상담을 받고, 상담 실적을 자퇴원서에 첨부해야 한다. 위기학생에 대한 실질적인 치료, 상담, 예방 프로그램을 지원한다.

나. 성교육

성폭력 사건이 계속 발생하고 있다. 심지어 교사에 의한 학생 성추행사건도 벌어지고 있다. 성에 대한 그릇된 관념에서 비롯된 경우가 많다. 학교밖에서의 음란한 대중매체에 의해 영향을 받은 결과이지만 이에 대응해서 학교에서 적극적으로 성교육을 행하고 성폭력 사안에 대해 단호하게 대처해야 한다.

1) 성교육 실시 방안

첫째, 성에 대한 올바른 인식을 갖도록 음란물의 폐해에 대해 교육한다. 성에 대한 올바른 인식과 성에 대한 궁금증을 해결한다. 성교육 동화나 성교육 도움 사이트를 소개한다. 음란물에 빠지게 되었을 때의 폐해를 교육한다. 컴퓨터에 유해 사이트 차단 프로그램을 설치하도록 알려 준다.

둘째, 이성교제 방법에 대해 교육한다. 자신의 일에 최선을 다하며 이성교제를 해야 서로에게 도움이 됨을 교육한다. 부모님께 이성교제 사실을 밝히는 것이 중요하다. 상대방에 대한 존중, 단정한 차림과 예의, 이성교제 시 활용할 수 있는 건전한 활동, 신체접촉의 한계 등을 소개한다.

셋째, 학생과 교사 대상 성폭력 예방교육을 실시한다. 「청소년의 성보호에 관한 법률」 등 관계법령에 따라 교육과정에서 성희롱 · 성폭력 예방교육 2시간, 성매매 예방교육 1시간을 실시한다.

2) 성폭력 발생 시 대처방법 및 유의사항

첫째, 교사가 신속히 개입한다. 성폭력 피해는 한 개인의 성적 자기결정권을 침해당하는 경험이기 때문에 그 정신적 후유증이 매우 심각하고 지속적이다. 성폭력 사안이 발생했을 때 학교에서 할 수 있는 신속한 개입은 수사기관에 바로 신고하거나 성폭력전문상담기관에 직접적으로 연계하는 것이다. 교사는 피해학생에 대해 세심한 주의를 기울이면서 개입해야 한다.

둘째, 성폭력 사안 발생시 신고한다. 학교장이나 교사가 청소년 대상 성범죄의 발생 사실을 알게 된 때는 아동, 청소년 대상 성범죄 신고조항에 의거하여 강제추행 이상의 중대 사안은 즉시 수사기관에 신고해야 할 의무가 있다.

셋째, 전문기관을 연계한다. 여성긴급전화 1366, 성폭력상담소 혹은 여성부 양성평등교육진흥원 '아동성폭력예방교육 전문강사과정'을 이수한 동료교사 등 전문가에게 문의하고 지원을 요청한다.

넷째, 비밀보장에 유의한다. 성폭력 발생시 의료적 지원이나 외부상담, 경찰조사 등으로 결석, 조퇴하는 경우 주변 친구들이나 교사들에게 알려져 주목받거나 비난받지 않도록 비밀보장에 유의해야 한다.

※ 성교육 관련 사이트와 연락처

구성애의 아우성 http://www.9sungae.com
알고 싶은 성, 청소년세계 http://www.youth.co.kr
건강한 세상을 위하여 http://www.woorisung.com
샘과 함께하는 성 http://www.ssam.or.kr
교사와 함께 풀어가는 성교육 이야기
http://www.edugender.or.kr/06_program/program_01.htm
학생 성폭력 예방 교육 애니메이션 http://forchild.moge.go.kr/animation/index.html
한국청소년상담원 ☎ 1388
여성 긴급전화 ☎ 1366
성매매 및 여성 학교폭력 신고 ☎ 117

3. 언어교육

최근 우리나라 학생들의 욕설 사용이 심각한 수준이라는 데는 이견이 없다. 한국교육개발원(2010)의 욕설사용실태 조사 결과를 보면, 욕을 처음 사용한 시기가 초등학교라는 응답이 70%를 넘고 있다. 학교교육 초기에 언어순화교육이 필요함을 역설한다. 욕설사용빈도를 보면 거의 사용하지 않거나 전혀 사용하지 않는 비율이 26.6%에 불과하다. 욕을 가장 많이 사용하는 시간은 친구들과 놀 때가 53.1%, 인터넷 게임이나 채팅을 할 때가 17.4%, 쉬는 시간이 14.8% 등이다. 욕설을 사용하는 이유로는 '습관이 돼서'가 25.7%, '남들이 사용하니까'가 18.2%, '말로 스트레스를 풀기 위해서'가 17%, '친구끼리 친근감을 나타내기 위해서'가 16.7%, '남들이 나를 만만하게 볼까봐'가 8.2% 등이다. 욕설문화가 자리잡았다고 해도 과언이 아니다. 또한 심리적 방어기제나 공격성을 표하는 수단으로도 활용되고 있음을 알 수 있다.

어디에서 욕설을 배우는 것일까? 한국청소년정책연구원(2013)의 연구결과를 보면 다음과 같다. 게임 이용자들이 온라인 게임을 통해 욕설이나 속어 등을 배운다고 답한 비율은 14.8%에 달했다. 텔레비전이 욕설이나 속어 등을 배우는 통로가 된다고 답한 비율도 12%에 달했다. 응답자의 26%는 인터넷을 통해 욕설을 배웠다고 답했다. 노랫말을 통해 욕설이나 속어를 배우는 사례도 4%였다.

교육과정 영역 외에서 일상적으로 언어순화교육이 이루어져야 할 것이다.학교에서는 학생은 물론이고 교직원을 대상으로 한 언어 표준화 연수를 주기적으로 실시할 필요가 있다. 경기도교육청의 학생 언어 순화 교육 프로그램[1]을 참고할 만하다.

<경기도교육청의 언어문화 개선 프로그램>

- **칭찬양파 프로젝트**
- 양파 (갑)에게는 계속 칭찬만 해 준다.
- 양파 (을)에게는 계속 꾸중만 해 준다.
- 30일간 진행하면서 일주일에 한번 씩 사진을 찍어 성장과정을 기록한다.
- 교실에서 진행하면서 학생들에게 자연스럽게 언어폭력의 문제점에 대해 이해할 수 있다.

- **욕 어원 풀이**
- 평소에 자신이 가장 많이 쓰는 욕을 5가지 정도 학습지에 적어 본다.
- 그 욕이 뜻하는 의미를 조사한다.
- 모둠원들이 조사해 온 자료를 바탕으로 전체 발표 자료를 정리해 본다.
- 모둠마다 욕의 어원을 1가지씩 발표한다. 앞의 발표를 들으면서, 중복되지 않는 것을 발표한다.
- 욕의 어원을 듣고 앞으로 느낀 점과 앞으로의 언어생활 실천 다짐서를 작성한다.

1) 경기도교육청(2011). 언어문화 개선을 위한 존중과 배려의 인성교육 길라잡이(중 · 고등학교용)에서 발췌.

• **미디어 비평**
- 읽기 자료를 제시함으로써 청소년 관람가 영화의 언어폭력의 문제점에 대해 인식하도록 한다.
- 학습지를 통하여 청소년 관람가 영화 속에 드러나 언어폭력을 비평하고 발표할 수 있다.

• **비속어 근절 UCC제작**
- 비속어 근절을 위한 실천 대책으로서 UCC를 제작함으로써 청소년들의 올바른 언어습관을 도모하고, 건강한 언어문화 정착을 위한 청소년들의 내면화를 통하여 지속적 실천

• **언어 관리 플래너**
- 우리말 관련 좌우명을 자신의 '언어관리 플래너'에 작성한다.
- 매일 아침 자율학습시간에 어제 자신이 한 말 중에 부정적인 말을 작성해 보고, 긍정적인 말로 바꾸어 본다.

• **'욕 없는 날'운영**
- 일주일에 한 번 '욕 없는 날'을 정한다.
- 학생들이 돌아가며 '언어문화 지킴이'가 된다. 언어문화 지킴이는 욕을 한 친구들에게 옐로카드를 줄 수 있다.
- 욕을 하는 친구들의 벌칙은 학급 내 토론을 통하여 정한다(예 : 욕 1회 - 벌금, 욕 2회 - 청소, 욕 3회 - 선생님과의 상담).
- 욕을 한 학생은 묵언수행을 할 수도 있다(묵언수행은 마스크를 주고 한 시간 동안 침묵과 자기반성의 시간을 가진다.).

• **그린언어 지킴이**
- '그린언어 지킴이'로 선정된 학생은 반에서 욕을 많이 한 학생에 대해 체크리스트를 작성한다. 그린언어 지킴이는 반에서 돌아가면서 한다.
- 가장 많은 욕을 한 학생은 '달콤한 우리말을 찾습니다.', '아름다운 우리말, 우리가 찾습니다.'와 같은 캠페인 띠를 맨다.
- 교사와 함께 반을 돌아다니면서 캠페인 활동을 한다.

• **표준말 골든벨 퀴즈대회 운영**
- 학생들의 은어 등 언어를 순화하고 표준말을 사용할 수 있도록 유도하기 위해 대회를 운영하고 시상한다.

4. 권리교육

학생인권조례가 제정된 이후에 학교에서는 교사들의 학생지도행위가 매우 어려워졌다는 불만의 목소리가 터져 나오고 있다. 학생의 권리만 강조되고 의무와 책임에 대한 의식이 없다는 지적도 많다. 학생 개인의 자유도 중요하지만 교사의 교육권과 다수 학생의 학습권도 중요하다는 권리교육이 제대로 되어야 한다. 교권과 학생인권 모두에 대한 교육이 이루어져야 한다.

가. 교권교육

교권이 바로 서지 않으면 학생인권도 실현되기 어렵다. 교권은 여러 형태로 침해되어 왔다. 이에 「교원예우에 관한 규정」에서는 학교교권보호위원회를 설치하여 이에 대응하고 있음을 교육한다. 종전의 학교교육분쟁조정위원회를 '학교교권보호위원회'로 개칭하고 그 기능을 강화하였다. 「교원예우에 관한 규정」 중 다음 사항이 2013년 2월 5일에 개정되었다.

첫째, 교원의 교육활동 보호에 관한 다음 사항을 심의하기 위하여 초 · 중등학교에 교권보호위원회를 둔다.

① 교육활동 침해 기준 마련 및 예방 대책 수립
② 교육활동 침해 학생에 대한 선도 등의 조치
③ 교원의 교육활동과 관련된 분쟁의 조정
④ 그 밖에 학교규칙으로 정하는 사항

둘째, 교권보호위원회의 위원은 위원장 1명을 포함하여 5명 이상 10명 이하의 위원으로 구성한다. 학교교권보호위원회의 위원은 그 학교의 교원, 학부모 및 지역사회 인사로 구성하며, 위원장은 위원 중에서 호선(互選)한다. 학교교권보호위원회의 위원장은 회의를 소집하고, 그 의장이 된다.

셋째, 학교교권보호위원회의 회의는 다음 사항이 발생했을 때 소집한다.

① 재적 위원 4분의 1 이상이 요청하는 경우

② 교원의 교육활동 침해 사실을 신고받거나 보고받은 경우

③ 그 밖에 위원장이 교원의 교육활동 보호를 위하여 필요하다고 인정하는 경우

넷째, 위의 규정 외에 학교교권보호위원회의 설치 · 운영에 필요한 사항은 국립학교의 경우에는 교육부장관이 정하는 기준에 따라 학교규칙으로 정하고, 공립 · 사립학교의 경우에는 교육감이 정하는 기준에 따라 학교규칙으로 정한다.

나. 학생인권교육

'인권'은 존엄성과 안녕 복리(well-being)를 추구하는 사회적 존재로서의 인간이 갖는 권리이다. 이러한 인권은 보편적으로 보호되어야 한다. 즉 학교라고 예외일 수 없다. 인권의 역사적 변천에 비추어 보면 한국의 학교는 1948년 '세계인권선언'의 시점보다 이전 세기에 머물러 있다. 우리나라는 인권소외국이라 할 만큼 인권침해를 자행했던 아픈 역사를 안고 있다. 특히 학교 관련 유엔아동권리위원회의 한국정부에 대한 권고문(2003)을 보면 학생인권 보호를 위한 정부 역할이 미흡했음을 알 수 있다. 학생인권조례는 이러한 부끄러운 과거에 대한 반성의 발로이다.

그러나 한 사람의 인권은 타인의 인권을 존중하는 토대 위에서 보장될 수 있다는 한계를 가진다. 특히 소수의 교사가 다수의 학생들을 지도하는 학교라는

특수한 상황에서는 그 인권도 보다 특수하게 정의될 필요가 있다. 이러한 점을 생각할 때 학생인권은 '인간으로서 누릴 기본적 인권에 기초하되, 미성숙단계이자 성장단계에 있는 피교육자로서의 학생이 학교라는 공동체에서 타인의 권리를 침해하지 않으면서 자신의 권리를 행사할 수 있도록 보호받을 권리'로 정의할 수 있다. 정부나 교육당국, 교원과 학생, 학부모가 공히 이러한 권리를 보호하고 신장하기 위한 방안을 적극적으로 찾고 실천해야 한다.

사실 학생인권의 개념은 다소 모호하다. 학생으로서의 인권이 따로 있는 것인지 애매하다. 그럼에도 그러한 용어가 생긴 것은 학생이 그 동안 학교 안에서 인간으로서의 기본적 권리조차 보장받지 못하고 있었다는 문제의식 때문이라 생각된다. 더 넓게 본다면 학생은 본질적으로 학습의 권리(학습권)를 가지므로 학생인권은 학생이 헌법상 보장된 인간으로서 가지는 기본적 권리와 학습권을 포괄하는 것으로 보아야 할 것이다. 이러한 취지에서 여러 교육청에서 학생인권 조례를 제정하였지만 지나치게 권리와 자유만 강조하고 의무와 책임이 결여되어 있다는 비판을 받아왔다.

외국의 경우에는 학생권리장전을 만듦에 있어서 대부분 학생의 책임도 열거하고 있다. 개인의 자유를 보장받기 위해서는 타인의 자유를 존중하여야 하고 소수의 권리가 중요하다고 하더라도 다수의 권리를 침해해서는 안 된다는 법의식이 자리잡을 수 있도록 해야 한다.

참고문헌

경기도교육청(2011). 언어문화 개선을 위한 존중과 배려의 인성교육 길라잡이(중 · 고등학교용).

김성기(2008). "「학교폭력예방 및 대책에 관한 법률」과 동법 시행령의 문제점과 개정방안". 교육법학연구. 20(2). 한국교육행정학회. 27-45.

문용린 · 신종호 · 원혜욱 · 김성기 · 장맹배 · 김미정 · 김진숙(2009). 학교폭력 사안처리 가이드북. 교육과학기술부.

박주형 · 정제영 · 김성기(2012). "「학교폭력예방 및 대책에 관한 법률」과 동법 시행령의 문제점 및 개선방안 연구". 교육행정학연구. 30-4. 한국교육행정학회.

배상률 · 김형주 · 성은모(2013). 2013 청소년 매체 이용 실태 조사. 한국청소년정책연구원.

서정화 · 김세진 · 김세곤 · 김성기 · 박명숙 · 송경헌 · 송정기 · 배영직 · 안종란 · 안정선 · 유재준 · 임종근 · 하봉운(2012). 학교경영 길라잡이. 서울특별시교육청.

양명희 · 강희숙(2010). "학교생활에서의 욕설 사용 실태 및 순화 대책". 한국교육개발원.

한유경 · 정제영 · 김성기 · 김성식 · 장원경 · 박주형 · 이주연 · 오인수 · 이승연 · 서경혜(2013). 괴롭힘 예방: 행복한 학교문화 조성과 사회적 역량 개발. 서울: 학지사.

제9장

행복교육을 추구하는 교육복지

서정화(홍익대학교 초빙교수)

1. 행복교육 개념의 발전
2. '행복학교' 건설
3. 복지의 본질 및 의의
4. 교육복지의 의의와 실태
5. 교육복지정책의 방향

경제적 수준이 높아지고 삶의 질 향상에 대한 요구가 증대됨에 따라 복지에 대한 인식과 기대가 높아지고 있다. 이러한 흐름과 궤를 같이하여 학교교육 복지에 대한 학생과 학부모의 기대와 요구가 높아지고 있어 적절한 학교교육 복지대책도 요청되고 있다.

이 장에서는 행복교육의 개념을 살펴보고 복지의 본질과 실태, 그리고 향후 교육복지 방향과 과제를 제시하고자 한다.

1. 행복교육 개념의 발전

인간은 누구나 행복한 삶을 원한다. 행복한 삶을 위해 어떤 이들은 종교나 학문, 예술, 운동 등 여러 가지 활동에 관심을 가지고 몰입 상태에 빠지기도 한다. 그러면 '행복'이란 무엇인가? 행복이란 '마음에 차지 않거나 모자라는 것이 없이 기쁘고, 넉넉하고, 푸근한 상태'라 할 수 있다. 포괄적인 관점에서 '심리적으로, 심신의 양면에 걸쳐 욕구가 충족된 상태'로 정의하기도 한다. 공리주의에서는 행복을 '감각적 쾌락과 같은 것으로 고통이 없는 상태'로 보았다. 희랍시대의 철학자 아리스토텔레스(Aristotle)는 인간의 본질인 이성이 제 기능을 다하고 있는 상태를 뜻하는 것으로 보고, 행복은 덕을 실천할 때 얻어질 수 있다고 하였다. 독일의 철학자 칸트(I. Kant)는 '자아의 결정에 의하여 자기 존재의 충족성과 조화를 의미하는 인격의 통일성이 성취된 상태'라고 규정하였다. 대체로 종교에서는 초현실적인 희락과 기쁨의 상태를 행복으로 보기도 하는 것 같다.

이렇듯 '행복'에 대해 여러 가지로 규정하고 있다. 이는 행복이 물질적 개념과 달리 무형적이고 형이상학적인 측면이 있어서 다양한 설명이 있는 것 같다. 인간은 마음이 평안하고 기쁜 상태를 유지하면서 행복하게 살아가려고 노력하지만 인간은 언제나 행복하거나 항상 불행한 상태에 있지도 않다. '여자의 일생'을 쓴 모파상도 인생은 '행복한 것도, 불행한 것도 아니다'라고 고백하고 있는데, 이 또한 우리 인간의 삶의 모습을 말해 주는 것이 아닌가 한다.

어린아이가 태어나서 자라나 일정한 연령에 이르면 친구들과 함께 놀고, 어울려 지낸다. 그러다가 만 6세가 되면 의무교육기관인 초등학교와 중학교를 거쳐 고등학교를 진학하게 되고, 졸업 후 취업을 하거나 대학 등으로 진학하여 계속 공부를 하기도 한다. 학교교육을 받으면서 인간은 더욱 성숙해지고 새로운 지식과 기술을 습득하고 친구들과 교사 또는 친 · 인척이라든지 주변 사람들과 함께 인간관계를 더욱 확대해 나간다.

다른 나라와 달리 한국인의 교육열은 가히 세계적 수준에 있다. 초 · 중학교는 의무교육이므로 누구나 이수해야 한다. 그 이후에도 중학교 졸업생의 고등학교 진학률은 현재 99.8%에 이르고 있고 정부에서는 고등학교 의무화를 공약으로 발표하기도 하였다.

이러한 상황은 초등학교부터 중학교, 고등학교까지 12년 또는 대학에 진학하는 경우를 포함하면 16년 동안 학교생활을 하는 셈이다. 이렇게 긴 기간을 학교에서 보내면서 우리나라 학생들이 과연 얼마나 행복을 느끼고 만족한 상태에서 공부하고 있을까라는 물음에 대해 그리 긍정적인 답변을 하기 힘든 것 같다. OECD의 발표 결과를 보면 한국 학생들의 성적은 상위권을 마크하고 있지만 학교생활에 대한 만족도는 낮은 것으로 보고되고 있다. 이러한 사실에 대해 '왜 그러한가'라는 물음과 함께 과연 우리나라 학생들이 하루 24시간의 1/3 또는 1/2 정도를 학교에서 생활하면서 얼마나 행복과 만족을 느끼고 있는가를 생각해 보게 된다.

행복을 결정짓는 요인들은 많다. 행복을 결정하는 사회적 인구학적 특징이 행복과 관련이 없지는 않지만, 상관관계는 대체로 약하고 행복의 변량 중 10~15% 정도밖에 설명하지 못하는 것으로 보고되었다(Abbey & Andrews, 1985). 그리고 일부 심리학자들은 개인의 심리적 요인과 관련된 행복의 결정요인들에 관심을 기울이게 되었다. 이들 연구에 의하면, 행복수준이 높을수록 욕구충족을 잘 하고 있으며(최경희, 1995), 자기존중감이 높은 사람이, 또는 자신이나 주위에 대한 통제력을 가지고 있는 것으로 지각하는 사람이, 또는 주위 사람들과 보다 친밀한 관계를 유지하는 사람들이 그렇지 않은 사람들보다 높은 행복감을 보이고 있다(Myers & Diener, 1995; 국승희, 2001).

그 동안의 연구들을 보면 자기존중감이 낮은 사람일수록 불안, 우울, 불행 등을 겪고 사회적으로 어색함을 느끼며, 자의식이 강하고 남들의 비판에 매우 예민하다. 반면, 자기존중감이 높은 사람들은 생활의 만족이 높고 긍정적인 태도를 가지며 적대감이나 분노를 덜 느끼며 대인관계도 좋다. 자기존중감은 개인의 행복과 효과적인 기능을 발휘하는데 필수적인 요소로 보인다.

Veenhonen(1991)은 자신의 일이나 외부의 사건을 자신이 스스로 통제할 수 있다고 믿는 것 자체가 주관적 행복감의 구성 요소라고 주장했다. 경험적 연구들은 내적 통제감이 높은 사람일수록 스트레스를 더 느끼며(장윤옥 · 정서린, 1997) 자신의 생활을 만족스럽게 여긴다고 한다.

여기서, 내적 통제성(locus of control)이란 어떤 사건 또는 행위의 발생이 개인의 의지에 의해서 이루어지는가, 아니면 개인의 통제를 벗어나 있는 것인가에 관한 믿음을 말하는 것이다. 이를테면, 자신의 운명은 운에 달렸다고 믿는 운명론적 생각은 외적 통제신념이고, 자신의 의지에 달렸다는 사고는 내적 통제신념이다.

인간관계도 행복과 관련되어 있다. Aristoteles가 '인간은 사회적 동물이다.'라고 말한 것처럼 사람에게는 타인과 사회적 관계를 유지하려는 욕구가 있다(Wayne, 1992). 동기위계설을 주장한 A. W. Maslow 뿐 아니라 F. Herzberg(1959)도 조직 구성원에게 만족을 주는 요인을 동기요인으로 불안을 일으키는 요인을 위생요인(衛生要因)이라고 보고 자신이 수행하고 있는 일 자체와 관련되는 성취감이라든지 전문성 신장, 성취에 대한 인정 등은 주로 내적 동기와 관련되어 있어 만족요인을 크게 하는 것이 적극적이고 장기적인 효과를 가져온다고 보았다. 이는 학생이나 학부모가 학교생활에서의 만족과 행복을 느끼는데 유의한 시사점을 제공하고 있다.

이렇듯 행복은 객관적인 요인이 작용하지만 주관적인 요인에 의해 결정되는 것으로 보인다. 특히, 자기존중감, 내적 통제성, 인간관계는 행복에 영향을 주는 매우 중요한 심리적 요인이다. 그러므로 자신을 가치있는 사람으로 생각하고 자신의 일이나 외부의 사건을 자신이 스스로 통제할 수 있다고 믿으며 인간관계에서의 대인관계 능력이 향상될 때 개인의 행복은 증진될 수 있다고 볼 수 있다.

21세기 지식기반 사회, 정보화 사회에서 국가적인 명제가 되고 있는 국가경쟁력 강화는 바로 교육의 질 향상에 달려 있다고 해도 과언이 아니다. 그래서 각급 학교와 교사들은 교육활동 수행에 필요한 조건을 정비하고 보다 좋은 서비스를 제공하며 교육의 능률성과 효과성을 높이고자 노력한다. 산업체와 같은 분야에서는 수요자 중심차원에서 고객만족을 넘어서서 근자에는 고객감동, 고객행복 경영을 내걸고 있다. 학교교육에서도 학생들이 행복하다고 느끼고 또 보람 있도록 미래의 주인공들인 학생들을 위한 행복교육 추진이 요청되고 있다.

2. '행복학교' 건설

가. '행복학교' 개념의 대두

최근에 '행복' 또는 '행복 지수' 등에 관한 개념이 유행어처럼 회자되고 있다. 한국인의 행복지수는 세계 102위고, 서울시민의 행복지수는 세계 10대 도시 중 최하위를 기록하였다고 한다. 한국인의 평균 행복점수는 69점으로, 그리고 건강이 가장 중요한 것으로 인식하고 있다는 언론 보도도 있었다.

전술한 바와 같이 우리의 교육열은 아직도 세계적이다. 그리고 학생들 대부분이 좋든 싫든 12~16년 동안 학교생활을 하면서 젊은 날들을 보내고 있다. 이렇게 긴 기간을 학교에서 보내면서 학생들은 과연 얼마나 행복해하고 교사들은 보람을 느끼며 학부모들은 만족한 상태에 있을까?

앞에서 '어떤 학교가 좋은 학교인가', '바람직한 학교의 모습은 어떤 것인가'에 대한 논의가 '효과적인 학교'(effective school)라는 개념으로 간간히 소개되어 왔다. 또, 근자에 '행복한 학교, 즐거운 교실' 등에 관한 컨셉을 가지고 학교를 경영하는 학교들이 늘어나고 있다. 아마도 우리사회가 발전하면서 복지에 대한 관심이 높아지고 생활 수준이 향상되면서 '행복'이 핵심 개념으로 등장하고 있는 것과도 무관치 않을 것이다. 이렇게 우리 학생들이 행복한 학교, 즐거운 교실에서 학교생활을 해야 할 것이지만, 그러나 아쉽게도 소중한 학창 시절을 보람 있고 알차게 보내지 못하는 학생들이 많이 있다. 여러 가지 스트레스와 부담 속에 지내고 있는 것이다. 대부분의 학생들은 학업성취 향상뿐 아니라 비롯해서 대학 진학, 장래 문제 그리고 친구들이나 인간관계에서의 부담을 느끼며 지내고 있다고 해도 과언이 아닐 것이다.

나. '행복학교'와 관련된 요인들

교육활동의 주인공인 학생들이 학교생활에 대하여 얼마나 행복하다고 느끼고 있는가를 파악하는 것은 학교교육을 개선하는 자료로 활용될 수 있다.

요인분석(factor analysis)에 의해 최근 새롭게 개발된 학교교육 행복지수 (Educational Happiness Quotient : EHQ) 척도에 따르면 학교교육 행복과 관련된 요인들로서는 ① 교사관계, ② 교우관계, ③ 심리적 안정감, ④ 학교생활 적응력, ⑤ 자기효능감, ⑥ 자기 통제력, ⑦ 학습활동 만족도, 그리고 ⑧ 학교 시설 만족도 등을 들 수 있다.

동 척도에 따라 조사된 우리나라 초 · 중 · 고 학생들의 행복점수는 100점 만점에 65점으로 나타났다. 그리고 배경 변인별로 본 학교교육 행복감은 여학생일수록, 학년이 낮을수록, 공립학교일수록 높게 나타났다. 또한 학생들의 학업성취 수준이 높을수록, 사회 · 경제적 수준이 높을수록, 가정에서 느끼는 행복감의 정도가 높을수록 학교교육 행복감 정도가 높게 나타났다. 또, 쾌적한 환경과 좋은 시설 학교 학생들일수록 그리고, 종교를 가지고 있는 학생일수록 행복감이 높은 것으로 나타났다1).

이러한 연구 결과는 학생들에게 만족을 주고 행복을 증진시키는 교육활동과 교육프로그램 개발 운영, 교사들의 관심과 노력, 그리고 학교경영진을 비롯하여 교육정책결정들의 지원 활동 등과 관련하여 여러 가지 시사점을 제공하고 있다.

먼저, 학생들이 느끼는 학교교육 행복감을 높이려면 외재적(外在的) 요인도 중요하지만 내재적(內在的) 동기가 중요하므로 학생들로 하여금 자기효능감이라든지 성취감, 안정감, 학습활동에 대한 만족 등을 높이기 위한 노력이 요청된다는 것이다. 전술한 F. Herzberg라는 학자도 조직 구성원의 불만족을 제거하는 일은 외부적 환경과 관련되지만, 만족을 높이는 일은 내적 동기와 관련된다고 주장한 바 있다.

둘째, 학교 내 · 외적인 개선 노력을 통해 학생 · 학부모들로 하여금 학교교육 만족의 수준을 넘어서서 '감동교육'을 실천하고, 나아가서 학생들의 교육행복감을 높이는 학교교육을 위해 학습자 중심의 교육활동 내실화를 추구하고, 실질적인 맞춤형 각종 프로그램 개발과 실천 노력이 절실하다는 것을 확인시켜 주고 있다.

셋째, 쾌적한 학교시설의 확보, 지역사회의 시설과 학교시설 연계구축 강화 등을 통해 교육활동 과정에서 학생들의 행복감을 높이는 노력도 필요하다.

넷째, 교육활동의 주체인 교사들로 하여금 보람을 느끼고 열정을 불러일으킬

---

1) 학교교육 행복지수 개발 및 적용에 관한 연구 (서교연 2006-129 연구진 : 서정화, 김종백, 송경헌, 권순환, 배영직, 김태은)

수 있도록 합리적인 인사관리와 연수 강화, 인센티브 제공, 그리고 원활한 교육지원시스템 마련 등도 필요하다.

다섯째, 학생의 학교교육 행복은 가정에서의 행복과 경제적 수준 그리고 학업성취 정도가 영향을 미치므로 좋은 학교를 만들기 위한 지원이라든지 방과 후 교육활동 등을 더욱 내실화하여야 한다. 가정의 행복 정도와 가정의 경제적 수준에 따라 발생되고 있는 교육 격차를 줄이는 방안도 강구될 필요가 있다.

이외에도 학업부진아의 학업성취 향상을 위한 맞춤형 개별지도, 생활 및 상담지도 강화도 필요하다. 그리고 학습자 개개인의 개성과 특기를 살려 주기 위한 따뜻한 관심과 배려가 있는 공동체를 구축함으로써 자유와 용기, 그리고 희망을 주는 행복한 삶의 장(場)인 학교를 만들어야 한다. 또한, 입시사정관제 등을 활용하여 인성교육의 회복과 학교교육의 정상화를 이끌어 내는 대학진학 제도 개선을 통해 학업에 관련된 스트레스를 덜 받으면서 학교생활이 재미있도록 지원하는 방안 강구도 필요하다.

끝으로, 학교교육에 대한 학생들의 행복감과 학부모의 만족도를 확인하기 위한 주기적인 평가로 학교교육 행복감 변화 추이를 살펴보고 이에 대처하는 노력도 필요하다.

다. '행복학교' 건설을 위한 요건

이상의 논의를 토대로 '행복학교'를 위한 요건을 몇 가지 제시해 보면 다음과 같다.

무엇보다도, 교육의 본질 추구 노력이다. 학습자 개개인의 능력을 최대한 발양할 수 있도록 우수한 아이들의 능력 개발을 더욱 유도할 뿐 아니라 학업성취 향상을 유도하는 동시에 뒤쳐진 아이들의 잠재력을 최대한으로 개발하고 끌어올리는 노력이 강화되어야 한다. 학습의 기초가 확립되지 않거나 학업 성취 향상이 이루어지지 않으면 학교생활이 즐거울 수 없겠기 때문이다. 또한, 학교

단위에서 학습자 중심의 교육활동 내실화를 추구할 필요가 있다. 예컨대, 활동 중심 수업이라든지 학교 홈페이지를 활용한 활발한 상호작용을 강화하며 구성원들의 만족도를 높이는 노력이 더욱 요청되고 있다.

둘째, 이미 강조한 바와 같이 인성, 전인교육을 위한 다양하고 차별화된 프로그램이 운용된다. 학업성취도 신장에 못지않게 인성교육, 전인교육이 절박하지만, 여기에 중점을 두기 어려운 것이 작금의 학교 현실이다. 그럼에도 불구하고 학생들에게 꿈과 비전을 심어 주고 정직, 절약, 예절, 배려, 상호존중 등의 가치 추구와 역사의식 함양 등을 위한 노력은 행복한 학교 공동체 구축의 기본 요건이 될 것이다.

셋째, 자율적이고 책임성 있는 단위학교 체제 구축이다. 집권적이고 획일적이며 관료적인 운영방식과 풍토 그리고 전근대적(前近代的)인 감사방식 등으로 인해 창의적이고 자발적인 노력을 제대로 기울이지 못하고 있다. 이러한 방식으로부터 탈피하여 단위 학교 중심으로 자율적이고 책임성 있는 교육활동을 실천할 수 있도록 법적 · 제도적 뒷받침이 절실하다. 또한, 교육활동의 주체인 교사들로 하여금 동기유발을 할 수 있는 조치가 강구되어야 한다. 합리적인 인사관리와 연수 강화, 인센티브 제공 등 다양한 방식이 마련될 필요가 절실하다. 교사들이 행복해야 학생들이 더욱 행복할 수 있을 것이기 때문이다.

넷째, 전문적이고 개방적인 학교 분위기다. 교사들이 교수-학습 활동을 수행할 수 있는 전문적 분위기 형성과 교원들이 새로운 변화와 사회적 요구에 발빠르게 대응하는 개방적 마인드와 학생 · 학부모 등 수요자 중심적 사고와 인식이 요청되고 있다.

다섯째, 소외 계층 학생들에 대한 관심과 배려다. 경제적으로 어려운 학생들과 정신적으로 방황하는 학생들, 비관적 자아정체감과 학습 무력감을 느끼는 학생들, 그리고 심각한 정신장애 상태에 놓여 있는 학생들일수록 경제적으로 어려운 처지에 있고 가정적인 환경은 좋지 않고 또, 성적도 낮은 것 같다. 어려운 환경 속에서도 꿋꿋하게 자신들의 꿈을 펼쳐갈 수 있도록 지원하고 격려하는 노력은 학생 개개인의 행복과 장래 준비를 위해서 뿐 아니라 잠재적인 학교폭력을 선제적(先際的)으로 예방할 수 있다는 점에서 매우 중요하다고 생각된다. 특히 학교 생활에 잘 적응하지 못하는 학생들과 고위험군(高危險群)들을 위한 별도의 프로그램 확충 및 개발이 절실하다.

여섯째, 앞으로 학교시설의 첨단화, 지역사회의 시설과 학교시설 연계구축 강화 등을 통해 학생들이 쾌적한 환경 속에서 배우는 과정에서 학생들의 행복감을 높여줄 수 있는 지원조건 마련도 요청되고 있다.

끝으로, 학부모 및 지역사회와 긴밀한 파트너십 구축이다. 교사, 학생, 행정가, 학부모 등 학교 구성원의 헌신적인 노력과 정성이 투입될 때 교육 본질 구현과 학교의 진정한 변화가 가능하다. 학교운영위원회 운영도 학부모, 지역사회 인사와 긴밀한 파트너십을 형성함으로써 교장 및 교사 위주 학교경영이 아니라 학습자들을 중심으로 하는 따뜻하고 행복한 학교 공동체 건설의 지원조건이 될 것이다.

3. 복지의 본질 및 의의

우리 사회가 경제적으로 성장·발전하고 계층간의 소득 격차가 커지면서 복지에 대한 관심이 증대되고 있다. 복지는, 국민 모두가 잘 살도록 하는 것을 목적으로 한다. 기본적으로 인간의 욕구와 열망을 충족시키는 사회적 노력이라고 할 수 있다. 교육복지는 '모든 국민에게 일정 수준의 교육을 받을 수 있는 기회를 제공하며, 개인 및 사회·경제적 요인으로 인해 발생하는 교육소외·부적응·불평등 현상을 해소하며 모든 국민이 각자의 교육적 요구에 맞는 교육을 받음으로써 잠재능력을 최대한 개발할 수 있도록 제반 지원을 제공하는 것'으로 규정한 바 있다(이혜영, 2011).

흔히, 복지의 유형을 민족복지, 국민복지, 계층복지 등으로 구분하여 논의하고 있거니와 복지문제는 우리의 경제형편이나 제반여건을 고려하면서 우선순위를 적절하게 설정할 필요가 있다. 우리나라의 조세부담률이 21%를 넘고 있는데, 이는 OECD의 복지지출 비율이 OECD 국가의 평균을 100으로 볼 때 74정도로 나타나고 있어(이용환 · 이철수, 2011) 복지수준이 낮지 않다. 따라서 우리 수준에 적절한 복지정책이 추진될 필요가 있다.

복지문제와 관련하여 그 동안 보편적 복지인가 아니면 선별적 복지인가에 대한 논란이 있어 왔다.

선별적 복지는 '사회보장 급여를 소득에 근거하여 보다 효과적으로 집중시키기 위해 반드시 해당 복지가 필요한 사람들에게만 선택적으로 시행되는 복지'로서, 필요사항 조사에 바탕을 두고 수급자의 요건을 해당하는 사람들에게만 선별적으로 급여를 행하는 것을 말한다. 대표적인 예로는 국민연금을 들 수 있다. 소득과 연계하여 보험료를 부과하고 보험료가 많고 적음에 따라 수령하는 연금액이 많아지거나 적어지기 때문이다. "무상급식과 관련하여 급식에 경제적인 지원이 없어도 될 학생들에게까지 무상급식을 강요할 이유가 없다"라고 주장하는 것은 선별적 복지의 입장이라 할 수 있다. 이러한 선별적 복지는 낮은 비용으로 높은 효과를 기대할 수 있고, 대상의 변동에 따라 유연한 서비스의 변화를 추구할 수도 있으며 경제적인 면 이외의 정신적, 사회관계적 치료를 할 수 있을 뿐더러, 서비스의 질이 좋아진다는 것이 장점이 될 것이다. 단점으로서는 대상자에게 낙인이 존재하고, 서비스 대상자가 한정되어 있다는 점 등을 들 수 있다.

한편, 보편적 복지는 교육, 보육, 의료, 주거 등을 사회적 기본권으로 보고 접근하는 방식으로서 소득과 재산조사에 관한 기초 자료 없이 모든 국민(경우에 따라 거주자 포함)에게 특정 복지급여를 평등하게 하는 것을 말한다. 예를 들어 영국이나 스웨덴처럼 조세를 재원으로 하여 모든 국민의 소득이나 재산조사 그리고 보험료 등과 상관 없이 우리나라에서는 지난 1995년 교육개혁을 통해 교육의 질 향상을 위한 개혁 정책으로 신교육 체제를 "모든 국민이 자아실현을 극대화할 수 있는 교육복지국가"로 정의하면서 국내 교육복지에 대한 관심이 고조되었다. 이후 "교육복지 종합대책 1997-2001"이 마련되었고, 국민의 정부에서는 교육복지와 관련하여 '중산층 육성 및 서민 생활 향상 정책'의 교육부문 대책을 실시하였는데, 중학교 무상의무교육의 전국적 확대, 중 · 고등학생의 수업료 지원, 저소득층 5세 아동에 대한 무상 교육비 지원, 저소득층 학생에 대한 컴퓨터 무상 보급 및 중식 지원 등이 주요한 정책들이었다. 2004년에는 "교육복지종합계획"이 다시 수립되었고, 참여정부에서는 교육격차의 해소 및 평등의 보장을 추구하며 교육복지정책으로 '국민기초교육수준 보장', '교육부적응 및 불평등 해소', '복지친화적 교육환경 개선' 등의 3개 영역을 추진하였다.

이후 이명박 정부에서는 교육복지정책을 '학력수준 향상과 교육격차 완화', '가난 걱정 없이 다닐 수 있는 학교', '교육복지 지원체제 구축', '건강한 학생 안전한 학교', '선진화된 유아교육과 특수교육 보장', '평생 공부할 수 있는 환경 조성' 등의 국정과제 하에 세부 정책과제들을 진행하였다. 현재 실시되고 있는 교육복지정책은 교육 불평등 해소, 방과 후 활동, 평생교육, 학교부적응 치유, 정보화교육 등을 중심으로 이루어지고 있다.

표 9-1　교육복지정책의 현황

교육불평등 해소	- 교육복지투자우선지역지원사업 - 농산어촌지역교육여건개선사업 - 다문화가정자녀 교육지원 - 장애아 교육지원 - 무지개청소년센터 - 드림스타트
방과 후 활동	- 방과후학교사업 - 청소년방과후아카데미사업

	- 청소년공부방사업 - 문화예술교육지원사업 - 방과후교육사업 - 지역아동센터사업
평생교육	- 평생학습도시조성사업 - 성인문해교육지원사업 - 고용지원센터사업
학교부적응 치유	- 지역사회청소년통합지원체계구축사업 - 청소년쉼터사업 - 청소년동반자프로그램 - 대안교육활성화사업 - 아동학대 예방사업
정보화 교육	- 저소득자녀정보화지원사업 - 정보화마을조성사업 - 정보화교육 등 정보격차해소사업

4. 교육복지의 의의와 실태

교육복지는 교육기회 및 교육의 질에 있어서 그 사회의 보편적 수준에 이르지 못하는 불평등 해소에 초점을 두고 있다. 취약 집단을 대상으로 교육의 기회를 제공하고, 교육의 과정 속에서 유의미한 학습 경험을 제공하며, 개인의 역량을 충분히 발휘하여 교육적 성취를 얻을 수 있도록 지원함으로써 교육 불평등을 해소 또는 완화하려는 사회적인 행위라고 할 수 있다(류방란 외, 2006).

교육복지 개념이 지향하는 대상이 누구인가에 따라 협의의 교육복지는 '취약한' 이들에게 초점을 맞추는 개념으로, 광의의 교육복지는 모든 국민을 대상으로 하는 개념이다(한만길 외, 2000; 이부영, 2009, 재인용).

가. 교육복지의 목적 및 목표

교육복지는 국민 누구나 자신의 능력을 최대한 개발하여 개인적으로는 자신의 삶의 질을 향상시키도록 도와주고 사회적으로는 사회통합을 실현하며, 국가발전에 기여하도록 하는 것이 그 궁극적인 목적이라 할 수 있다.

개개인이 갖고 있는 자질과 능력이 있는데 이를 가로막는 사회 환경적인 여러 요소를 제거함으로써 이들이 자신의 소질과 능력을 주체적으로 발현하도록 하는 것이 교육의 기초가 아닐 수 없다.

우리 헌법에서도 국민의 균등한 교육받을 권리를 선언하고 있으며 교육기본법은 교육에 있어 차별받지 않고 자신의 능력과 적성에 따라 교육받을 수 있는 학습자의 권리를 규정하고 있다. 국제법적으로도 교육받을 권리는 모든 인간의 기본권이며 차별받지 않을 권리를 지니고 있는 것이다. 교육복지는 인적자원개발을 위한 사회적 투자, 사회통합을 위한 대책이기 이전에 인간의 기본권을 실현하기 위한 근본적 노력이라고 할 수 있다.

1995년 발표된 우리 정부의 5.31 교육개혁안에서도 "누구나 언제 어디서나 원하는 학습을 통하여 자기 개발을 할 수 있는 교육복지국가(edutopia)"를 비전으로 제시하고 있거니와, 이는 지식기반 사회에서 자기의 역량을 개발하고 발휘하기 위하여 평생학습사회로 진전되고 있는 즈음에 누구에게나 자기에게 알맞은 학습기회가 보장되는 시스템의 구축이라 할 수 있다.

우리나라에 거주하는 모든 사람을 위한 교육복지 체제의 구축은 인간의 기본권 보장, 국가발전을 위한 인적자원개발, 사회정의 실현을 통한 사회통합 등을 위하여 우리 사회가 수행해야 할 필수적인 과제다. 그 동안 정부는 다양한 교육복지사업을 구안하고 시행하여 왔으며 민간차원에서도 다양한 주체들이 여러 가지 노력을 경주하여 왔다.

교육복지의 목표는 다음 몇 가지 측면에서 강조되어 왔다.

먼저, 국민 기초 교육수준을 보장하는데 있다. 장애인 및 건강 장애학생, 저소득층 학생, 저학력 성인, 외국인 근로자 자녀, 기초학력 미달자 등 신체적, 사회·경제적, 제도적 요인 등으로 교육기회를 제한받고 있거나 기초학력에 미달하는 교육소외 계층에 대한 실질적인 교육기회 보장 및 기초학력 달성을 통해 국민기초교육 수준달성을 보장하는 것이다.

둘째, 교육 부적응 및 불평등을 해소한다. 요사이 심각하게 나타나는 학교부적응 현상과 사교육으로 인한 교육기회의 불평등 현상이 지속되고 심화되는 것 뿐만 아니라 사회계층화로 인한 정보화 격차가 심화되고 있는 것도 교육복지 관점에서 해결해 나가야 할 사회적 현상이다. 따라서 학교 부적응 현상의 치유 및 교육여건 불평등의 완화를 가져오도록 다양한 정책을 실시하는 것이다.

셋째, 복지친화적인 교육환경을 조성한다. 교육의 현장에서 복지의 개념이 학교에서 학생들에게 기본적인 생활의 영역에서 복지서비스를 강화하는 정책을 통해 밝고 즐거운 학교 및 쾌적하고 건강한 교육환경을 조성해 주며 실질적으로 학교와 지역사회가 협력하는 복지친화적인 교육환경을 조성함으로써 교육의 목적을 달성할 수 있도록 하는 일이다.

나. 교육복지 투자우선지역 지원사업 실태 및 문제점

교육부에서는 교육복지정책의 하나로 2003년부터 교육복지 투자우선지역 지원사업을 추진하기 시작하였다. 이 복지 사업은 교육취약 집단이나 소외계층의 신체적, 문화적, 심리적 결손을 사회안전망 확충의 측면에서 예방과 치료에 의의를 두고, 불균형한 교육여건으로 인해 갈수록 심화되는 상대적 교육격차를 해소하고자 영·유아 및 아동·청소년들에게 실질적인 교육평등을 보장하기 위한 조치인 것이다.

교육복지 투자우선지역 지원사업은 교육취약 아동 · 청소년의 교육기회, 과정, 결과에서 나타나는 주요 취약성을 최대한 보완하기 위한 교육, 문화, 복지 등의 통합지원시스템 구축사업으로, 학교가 중심이 되는 지역교육공동체 구축을 통해 학습, 문화, 심리 · 정서, 보건 등 삶 전반에 대하여 지원함으로써 저소득층 아동 · 청소년의 교육적 취약성을 해소해 나가고자 하는데 특징이 있다.

교육복지특별지원학교의 설문조사 실시 결과는 다음과 같다(서정화 외, 2011).

먼저, 학교에서 실시하고 있는 교육복지 활동으로는 교과목 관련 교육활동, 정서적 교육활동, 문화 보충 교육활동, 체험 학습, 의료 및 건강 서비스 순으로 시행되고 있는 것으로 나타났다. 그리고 학교에서 취약계층 아동들이 당면하고 있는 문제점으로는 모두 경제적 형편 곤란, 기초 학력 미흡, 한부모 가정 등의 어려움 등을 응답하였다. 또한, 민간기관의 지원프로그램에 대하여 교사가 동의하는 정도가 매우 높다. 아울러, 민간기관의 교육복지 사업 협력 내용 및 적극적인 협조 방안으로서 교사들의 교육복지 인식 제고 및 마인드 향상, 협력 민간기관에 대한 인센티브 부여, 교육청의 중개, 공공방송을 통한 다양한 기부 창구 마련, 민간기관의 교육복지 투자액에 따른 국가재정지원 차등화, 교육복지 계획 수립시 민간기관 담당자 참여, 체계적이고 구체적인 매체 홍보로 교육복지에 대한 인식 개선 효과 기대 등을 들 수 있다.

앞으로 교육복지에 민간기관 참여를 유도하기 위해서 기존 교육복지 협력의 파트너들이라고 할 수 있는 학교, 교육청, 기업 뿐만 아니라 정부의 다각적인 지원이 필요하다. 그리고 교육복지 중점 지원 대상인 기타 가정 학생에 대한 지원은 다른 지원보다 경제적 지원, 체험학습 지원, 의료서비스 지원, 자기주도 학습 지원이 우선되어야 한다. 또한, 학생들의 문화 보충 프로그램에 대한 요구와 교사들의 심성 계발 프로그램에 대한 요구 등을 반영하여 구체적인 실행계획을 마련할 필요가 있다. 이외에, 중학생의 진로교육에 대한 민간기관의 지원이 절실하다. 현재 학생의 최대 고민이 성적이고, 학교에서 교과목 관련

교육활동을 가장 많이 시행하고 있는 것이 사실이지만, 중학생의 경우 진로교육에 대한 요구에 부응해야 한다.

민간기관과의 연계협력 교육복지 사업이 확대되어야 한다. 대상 학생의 특수성과 다양한 요구를 반영한 복지정책의 수립과 체계적인 교육복지 시스템의 구축을 바탕으로 한 사업 추진의 일관성과 지속성이 필요하다. 이를 위해 온·오프라인의 정보 공유 및 인적, 물적 네트워크를 구축·강화하여야 한다. 또한 민간기관형 교육복지 협력사업 매뉴얼을 제작·보급하고, 민간기관과 교육청과의 연계·협력 맞춤형 교육복지 프로그램 개발을 공동으로 개발할 필요가 있다.

앞으로, 민간기관과의 연계·협력을 활성화하기 위해 교육청의 교육정책에 부합하는 방향으로 경직적으로 유도하거나 교육청 주도로 단체나 기구를 만들어 기존 행정시스템에 연계하는 것보다는 민간기업의 자율성과 창의적 활동을 바탕으로 한 교육복지 사업에의 적극적인 관심과 참여를 유도하기 위해 다양한 동기부여와 전략적인 홍보활동이 필요하다. 민간기관과의 교육복지 사업 협력 마인드 전환도 필요하다. 특히, 저소득층 학생들에 초점을 두고 민간기관과 교육청이 학습부진아 기초학습, 다양한 체험학습, 가족 상담 및 문화체험, 우울증 치료, 진로체험 등과 관련되는 프로그램을 개발하여 운용할 필요가 절실하다.

교육청과 민간기관의 교육복지사업의 연계협력을 활성화하기 위해서는 먼저, 저소득층 학생들의 학교생활 적응 및 학교교육 만족도를 높이는데 초점을 두고 총체적이며 효율적인 지원체제를 확립할 필요가 있다. 지역별로 행정수준별로 역할을 분담하여 저소득층 학생들에게 실질적인 혜택이 주어지도록 단위학교 중심으로 자율적이고 주도적인 역할을 수행하도록 한다. 그리고 지원 활동이 지속적으로(sustainable) 작동할 수 있는 네트워크를 구축, 운영하도록 한다.

민간기관과의 협력 유형으로서는 재정 지원, 프로그램 공동 개발 연계 운영,

인력 및 교육서비스 제공 및 교류, 정보 · 기술 및 시설 · 자료 제공 등 총체적으로 융 · 복합적인 방식이 추진되어야 할 것이다.

그리고 민간기관과의 협력 사업을 효과적이고 효율적으로 추진하기 위해 교육행정 단위별로 민간기관과의 협력 파트너십을 구축과 역할 분담 등 체계적인 협력체제를 갖추도록 한다. 이를 위해 지역별로 가칭, '교육복지지원센터'를 설립 · 운영하고, 교육복지 관련 박람회를 개최하는 등 홍보활동을 전개하며, 교육복지 확충 계획의 수립 및 단계별 추진 로드맵을 마련할 필요가 있다. 민간기관과의 연계 · 협력 사업이 지속적이고 체계적으로 시행될 수 있도록 교육청에 교육복지 관련 기구를 확대하고 인력을 증원 배치가 요청되고 있다. 아울러 정기적으로 기업체, 관련 단체, 교육청 관계관 등과 교육복지 관련 세미나나 포럼 등과 같은 모임을 가짐으로써 상호 정보 교류 및 협력을 강화해 나갈 필요가 있다.

5. 교육복지정책의 방향

모든 국민이 능력을 최대한 개발할 수 있도록 복지교육체제를 구축하고 이를 실천하도록 한다. 이를 위해 정부의 역할을 다음 3가지로 제시할 수 있다.

첫째, 모든 자녀들의 소질과 재능을 발휘할 수 있는 기회와 여건을 제공한다.

둘째, 교육의 기회균등을 실현하기 위해 본인의 능력이나 노력 이외의 환경적 요인을 적정하게 구축하도록 한다.

셋째, 어려운 상황에 있는 학생들에게 차등적으로 보상하는 일에 주력하도록 한다.

이와 같은 일을 추진하기 위해서는 여러 종류의 프로그램을 개발하여 운영할 필요가 있다. 예를 들면 생산적 복지 프로그램 개발 운영이 그것이다. 그리고 교육복지의 효과를 높이기 위해 대상 집단과 계층을 설정하고 이들이 필요로 하는 내용을 규정하여 제공하도록 한다. 특히 장애인, 저소득 계층, 교육낙후지역, 외국인 근로자 자녀, 새터민 자녀, 기초학력 미달학생 및 학교중퇴자 등에 초점을 두어야 할 것이다.

그리고 선택적 복지인가 또는 보편적 복지인가에 대한 논의가 대립되어 나타나고 있지만 제한된 재원을 모든 대상자들에게 평등하게 나누어 주기보다는 선택적으로 나누어 주어 사회적 약자가 더 혜택을 받도록 하는 것이 바람직하다고 본다. 한정된 재원을 나눌 때 사회적 약자가 더 많은 혜택을 받을 수 있어야 평등사회로 나갈 수 있고 사회양극화를 조금이라도 더 완화시킬 수 있기 때문이다(김태완, 2014).

아울러 복지정책을 효율적이고 효과적으로 추진하기 위해 부처별 협력을 강화하고 민간의 참여를 활성화하며 학교 내뿐 아니라 학교간의 협력과 네트워킹을 구축하여 추진할 필요가 있다.

참고문헌

교육정책자문회의(1990). 교육복지 구현방안.

교육인적자원부(2002). 공교육 진단 및 내실화 대책.

구재선(2005). 성격, 효능감, 생활경험과 주관적 행복의 관계. 중앙대학교 박사학위논문.

김명소 외(2003). 한국성인의 행복한 삶의 구성요인 탐색 및 척도 개발. 한국심리학외지: 건강, Vol. 8, No. 2, pp. 415-422.

김명소 · 김혜원 · 차경호(2003). 심리적 안녕감의 구성 개념 분석: 한국성인 남녀를 대상으로. 한국심리학회지: 사회 및 성격, Vol. 15. No. 2, pp. 19-39.

김종서 외(1994). 교원복지의 과제와 종합 대책에 관한 연구.

김태완(2014). "복지 논쟁에 대한 전망과 과제". 한국교육의 지향 가치와 향후 과제. 미래교육국민포럼, 한국학교교육연구원.

김태완(2014). "보편적 복지인가, 선택적 복지인가?" 한국학교교육연구원, 미래교육국민포럼 세미나 자료.

서정화 외(2007). 학교교육행복지수와 정책적 시사. 한국학교교육연구원.

서정화 외(2011). 민간기관의 교육복지 사업 실태 및 민간기관 협력사항 분석. 서울특별시교육연구정보원.

신득렬(2000). '행복과 교육', 교육철학. Vol. 18, pp. 191-208.

이용환 · 이철수(2011). 큰 복지 작은 복지. 한반도선진화재단.

이종재 외(2004). 교육소외계층을 위한 교육복지 정책의 방향과 과제. KEDI Position Paper 제1권 제23호, 한국교육개발원.

이지선 외(2004). '한국인의 행복과 복 : 유사점과 차이점'. 한국심리학회지: 사회 및 성격, Vol. 18, No. 3, pp. 115-125.

이혜영 외(2011). 교육복지 통합적 지원체제 구층 방안 연구. 한국교육개발원.

주간 동아(2003). '한국인의 행복지수'. 2, 6, 371호, pp. 20-22.

제10장

교육법령의 이해

황준성(한국교육개발원 연구위원)

1. 교육법의 이해
2. 교육법의 체계
3. 교육권에 대한 이해
4. 교육법의 해석과 적용

본 장에서는 학교라고 하는 교육기관을 경영함에 있어 반드시 준수하여야 하는 교육법령을 보다 쉽게 이해할 수 있도록 돕기 위하여 교육법과 관련된 기초적 논의의 장을 제공하고자 한다. 제시되는 세부 내용으로는 교육법의 개념 · 성질 · 필요성 · 기본원리 등 교육법의 이해, 교육법의 법원 등 교육법의 체계, 교육권에 대한 이해 그리고, 교육법의 해석과 적용 등이 있다.

본 장을 통하여 교육법령에 대한 막연한 두려움과 거부감을 지우고 교육법령에 친숙해짐으로써 학교경영에 있어서 법과 원칙 그리고 적법절차 등이 보다 잘 준수되는 계기가 되기를 기대한다.

1. 교육법의 이해

가. 교육법의 개념

1) 교육법의 일반적 정의

고대 로마의 철학자였던 키케로(Marcus Tullius Cicero)는 "사회가 있는 곳에 법이 있다"(Ubi societas, ibi ius.)고 하였다. 즉, 모든 사회에는 그 구성원들에게 일정한 행위를 하거나 또는 하지 말도록 요구하는 기준이 있는 바 그 기준을 사회규범이라고 하며, 이러한 사회규범 중 자율적이며 심리적인 강제를 이끄는 관습, 도덕, 종교 등과 달리 타율적이고 물리적인 강제를 이끄는 것이 법이다. 이런 이유로 통상 '법'이라 하면 국가 · 사회의 강제력을 수반하는 인간이 지켜야 하는 사회규범으로 이해된다. 이와 같은 맥락에서 본다면 '교육법(敎育法, Educational Law)'은 국가 · 사회에 있어서 교육과 관련되어 그 구성원들이 지켜야 하는 강제력이 수반된 사회규범으로 정의할 수 있다.

참고

- 법률(法律): 강제력이 수반되는 사회규범으로서 법 중에서 국민의 대표기관인 국회가 '법률'이라는 형식으로 제정한 법규범
- 법령(法令): 법률과 함께 행정부가 법률의 집행을 위하여 또는 법률의 특별한 위임에 의하여 제정한 하위법인 시행령 및 시행규칙(대통령령, 총리령, 부령 등)의 통칭
- 법규(法規): 일반적으로 국민의 권리와 의무에 관계된 법규범을 의미하나, 경우에 따라서는 구체적인 의미의 행정행위나 판결에 대응되는 개념으로서 추상적 의미의 법규범을 뜻하기도 함

2) 교육법의 개념적 정의

교육법을 주된 연구대상으로 삼는 교육법학에 있어 교육법은 크게 '형식적 의미의 교육법'과 '실질적 의미의 교육법'으로 구분된다.

먼저, '실질적 의미의 교육법'이란 교육목적을 달성하기 위한 모든 교육활동 및 그 지원 활동들을 규율하는 관계 법령의 체계를 의미한다. 즉, 「교육법」이란 법명과 무관하게 교육활동 및 그 지원 활동들과 직·간접적으로 관련된 모든 법령체계를 의미한다. 그리고 이러한 실질적 의미의 교육법이 규율하는 대상은 크게 교육의 내적 사항과 외적 사항으로 구분하는데, 내적 사항에는 교육의 이념, 목적, 목표, 교육과정 등 기준 설정이 포함되며, 외적 사항에는 교육행정 제도와 교육기관의 기능 규정, 교육주체인 학생과 교원의 역할 등이 포함된다.

한편, '형식적 의미의 교육법'이란 지난 1949년 12월 31일 법률 제86호로 제정된 「교육법」의 이름을 갖고 있던 단일 법전(法典)을 의미한다. 다만, 이 「교육법」은 지난 1997년 12월 13일 「교육기본법」, 「초·중등교육법」, 「고등교육법」 등 교육3법 제정과 함께 폐지되어 오늘에는 존재하지 않는다. 따라서 오늘날에는 '교육법'이라고 하면 일반적으로 형식적 의미가 아닌 '실질적 의미의 교육법'을 의미한다.

3) 교육법 이해에 대한 학설

교육법이 무엇인가 또는 교육법은 어떠한 것이어야 하는가와 관련하여 학자들은 크게 다음의 세 가지 이야기를 한다.

(1) 교육행정법규설

교육법을 "교육행정에 관한 법", 즉 공교육분야의 행정법으로 이해하는 입장으로, 공교육은 국가의 공공사업에 해당하는 것으로서 교육과 교육행정을 분리하지 않는 입장이다. 특히, 이 관점은 교육법의 독자성을 부정하는 행정법학적 견해가 강하에 반영되어 있다.

(2) 교육특수법설

교육법을 "교육제도에 관한 특수한 법 논리 체계" 또는 "교육 및 교육제도에 관한 법규의 총체"로 이해하는 입장이다. 이 관점은 교육과 교육행정은 다름을 인정하며, 교육법은 학생교육관계라고 하는 특수한 사회생활 관계를 규율하기 때문에 일반행정법과는 다르다는 특수사회법학적 견해가 반영된 것이다.

(3) 교육인권법설

교육법을 교육에 관한 국민의 기본권, 즉 "교육기본권을 보장하기 위한 법의 총체와 그 체제"로 이해하는 입장이다. 교육법에 대한 헌법학적 이해를 바탕으로 한다. 구체적으로 국민의 학습권(교육을 받을 권리)을 중심으로 하여, 부모, 교사, 설치자, 국가 등 다른 교육의 주체들이 이 학습권을 보장하기 위해 상호협력 관계를 가지도록 하는 법 체제로 이해한다.

나. 교육법의 성질

1) 행위규범성 · 조직규범성 · 재판규범성

교육법은 다른 여타의 법들과 마찬가지로 행위규범성, 조직규범성과 함께 재판규범성을 갖는다.

(1) 행위규범성

법의 행위규범성이란 법은 그 구성원으로 하여금 어떤 행위를 하거나 또는 하지 못하도록 명하는 힘을 갖고 있음을 의미한다. 교육법 역시 교수-학습활동 및 그 지원활동 등에서 많은 행위규범성을 부과하고 있다. 즉, 교육법은 교육영역에 있어서 그 구성원들에게 "~해야 한다" 또는 "~해서는 아니 된다" 등 명령 또는 금지 규범으로서의 성질을 갖는다.

(2) 조직규범성

조직규범은 통상적으로 법규범의 제정 · 집행 · 적용을 담당하는 기관인 입법부, 행정부, 사법부의 조직과 권한에 관한 규범을 의미한다. 교육법은 국가 및 지방교육자치단체 그리고 교육기관으로서 학교 등의 조직 또는 제도에 관한 규범으로서의 성질을 갖는다.

(3) 재판규범성

법에 있어서 재판규범성이라 함은 사법부가 재판 과정에서 법을 판단의 핵심 준거로 삼음을 의미한다. 즉, 교육법의 행위규범성 또는 조직규범성이 지켜지지 않아 국가가 이를 강제 또는 처벌하기 위하여 재판을 진행할 때, 법원은 반드시

교육법에 의하여야 한다는 것이다. 다시 말해 교육법은 교육 관계 재판에 있어서 그 기준이 되는 규범이 된다.

2) 규제성 · 조성성

교육법은 규제법이면서 조성법이다.

교육법은 전술한 것과 같이 행위규범성, 조직규범성과 함께 재판규범성을 갖는 바, 본래 사적 자치의 영역이었던 교육을 공교육제도의 구축과 운영을 통해 국가의 감독 및 통제 아래에 두고자 하는 직접적인 법 제정 목적 아래 형성된 것이다. 이러한 측면에서 교육법은 질서 · 제도 유지를 목적으로 하는 차원의 규제법의 성격을 갖는다. 현행 교육법이 학교의 설립 · 운영, 교육활동 등에 있어 많은 내용적 · 절차적 조건 등을 제시하고 있음은 이러한 이유에서다.

그런데 이와 같은 규제가 필요하고 가능한 본질적 이유는 이러한 규제가 종국에는 국민의 교육기본권을 보장하기 위한 것이기 때문이다. 즉, 교육법에 의한 규제는 그 자체가 목적이 아니라 수단일 뿐이다. 구체적으로 국민의 교육기본권을 보장하고 실현시키기 위하여 '능력에 따라 균등한' 교육을 가능하도록 하여야 하는 국가가 이의 실천을 위해 형성한 법이 교육법이다. 이러한 측면에서 교육법은 실제 국민의 교육기본권을 보장할 수 있는 교수-학습활동이 이루어질 수 있는 제도, 여건 등 그 기반을 갖추어 주기 위한 조성법인 것이다.

이와 같이 교육법은 규제법이면서 조성법에 해당하므로 질서 · 제도 유지 차원에서 지나치게 소극적이며 규제적으로 접근하는 것은 경계될 필요가 있으며, 조성적 측면에서 보다 적극적이며 합목적적으로 해석 · 적용하고자 하는 노력이 필요하다. 즉, 학제, 졸업요건, 교원지위, 교육재정 원칙 등 교육제도의 구축 및 운영의 기본질서는 준수하되, 기타 세부적인 조성 · 지원적 규정들은 그 목적에 따라 융통성 있게 적용함으로써 교육기본권의 보장과 실현이라는 합목적성을 추구하여야 할 것이다.

다. 교육법의 필요성

1) 교육법의 대상으로서 공교육

교육법은 주로 공교육을 대상으로 한다. 즉, 모든 교육이 아니라 사회적, 공공적, 조직적 활동으로서의 교육을 주된 대상으로 한다. 따라서 극히 개인적이며 사사롭고 임의적인 교육은 그 대상에서 제외된다. 여기서 사회적 활동으로서의 교육이란 2인 이상의 사회적 상호작용을 통해 사회적 현상으로서의 교육을, 공공적 활동으로서의 교육은 개인의 사사로운 영역에서 벗어나 공공의 이익을 추구하는 그래서 국가나 지방자치단체가 관여하는 교육을, 조직적 활동으로서의 교육이란 지속적이며 체계성을 갖는 교육을 의미한다.

이와 같은 공교육은 다음의 세 가지를 중요 이념으로 한다.

첫째, 공교육은 국민의 교육기본권 특히 학생의 학습권의 실질적 보장을 목적으로 한다. 즉, 국가와 사회의 모든 공적 교육활동은 교육에 관한 국민의 헌법적 기본권을 보장하고 실현하는데 그 목적이 있어야 한다. 특히, 교육의 자유와 교육의 평등의 조화가 중요하다.

둘째, 공교육은 교육의 자주성 · 전문성 · 중립성 보장을 전제조건으로 한다. 이는 본질적으로 순수한 교육논리에 의하여 학생의 조화로운 인격형성을 위한 성장 · 발달 추구를 지향하는 것이지만, 직접적으로는 교육에 대한 특정 정파적, 종파적, 행정적인 부당한 간섭 배제의 필요성을 이야기한다.

셋째, 공교육제도에 있어서 교육조건 정비는 국가 및 지방자치단체의 책무이다. 이러한 책무에 의하여 국가 및 지방자치단체는 교육관계 법령의 정비, 교육시설 · 설비 구축, 교육재정 제공, 교원 수급, 교육내용 결정 등을 행하는 일차적인 주체가 된다.

2) 교육법의 필요

교육법의 필요성은 다양한 측면에서 논해질 수 있으나 가장 먼저 국민의 교육기본권 보장 및 실현의 수단으로서 그 필요성이 인정된다. 특히, 교육에 관한 국가권한의 절대화에서 상대화로의 변화, 그리고 국가 이외의 교육주체들의 권리를 바르게 보장함으로써 교육에서의 정의를 실현하고 헌법정신을 구현하기 위하여 교육법은 필요하다. 그리고 이것은 교육에 대한 국가권력의 자의적 지배를 방지하기 위한 것으로 교육에서의 민주주의의 기초가 되는 '법의 지배'를 실현함으로써 '법치행정의 원리'를 통해 헌법이 지배하는 교육의 실현과 그 맥을 같이 한다.

또한, 교육법은 안정적인 교육제도의 구축 및 운영 등을 통해 교육활동의 안정성을 확보하기 위해서도 필요하다. 즉, 법은 본질적으로 안정성을 추구하는데 교육법도 법 자체의 안정성 뿐만 아니라 교육법에 의해 보호되는 사회질서와 국민의 기대 법익 등의 안정을 도모하기 위해 필요하다.

한편, 모든 법의 목적과 필요성이 '정의'의 실현에 귀착되듯이 교육법의 목적과 필요성 또한 '교육정의'의 실현에 있다. 특히 '정의'의 본질이 평등에 있음을 감안할 때, 교육에서의 정의라 함은 교육에서의 자유와 평등의 조화라 할 수 있다. 즉, '같은 것은 같게(보편성의 요구), 다른 것은 다르게(개별성의 요구) 취급하라!'는 평등의 원칙을 지키기 위해 사회적으로 합의된 기준과 원칙, 그리고 방법이 필요하기 때문에 교육법이 존재 의의를 갖는 것이다.

<공교육에서의 평등>

가. 교육기회의 평등 - 교육의 형식적 평등

• 허용적 평등: 능력의 차이를 인정하여 교육의 양은 능력에 비례하여야 하고, 교육기

회는 엄격한 기준에 의한 선발을 거쳐야 한다.
- 보장적 평등: 교육받을 기회를 허용함은 물론 취학을 가로막고 있는 경제적, 지리적, 사회적 장애를 제거해 주어야 한다.

나. 교육내용의 평등 – 교육의 실질적 평등
- 과정의 평등: 취학의 평등을 넘어 시설, 교사의 자질, 교육과정에 있어서도 학교간 차이가 없이 평등하고 효과적으로 학교교육을 받을 수 있도록 해야 한다.
- 결과의 평등: 교육목적은 꼭 배워야 하는 것을 배우는 것이므로 교육목적 달성이라는 교육결과도 같아야 한다.

3) 교육행정과 교육법의 관계

교육행정과 교육법은 형식적 측면에 있어서 '법치행정의 원리'라는 점에서 그 맥을 같이 한다. 즉, 교육행정과 교육법은 국가권력의 자의에 의한 교육의 지배를 막기 위하여 교육행정권의 행사가 법률에 근거하고 법률에 적합하여야 함을 강조하는 공통점을 갖는다. 이와 같은 맥락에서 우리 헌법 제31조 제6항은 "학교교육 및 평생교육을 포함한 교육제도와 그 운영, 교육재정 및 교원의 지위에 관한 기본적인 사항은 법률로 정한다"고 하여 교육제도 법률주의를 규정하고 있다. 한편, 이와 같은 법치행정의 원리 또한 본질적으로는 '국민의 교육기본권'을 보다 실효성 있게 보장하고 실현시켜 주기 위한 수단적 의미를 갖는다는 점에서 교육행정과 교육법은 그 내용적 측면에서 또한 공통점 · 교차점을 갖는다.

라. 교육법의 기본원리

1) 교육법 기본원리의 의미

모든 법에는 그 법 전체를 꿰뚫어 하나로 묶는 특정한 이념 또는 원칙이 있으며, 통상적으로 이를 해당 법의 기본원리라고 한다. 교육법의 영역에 있어서도 드러나지는 않지만 관련법을 제정함에 있어 그 기준이 되는 이념 또는 원칙이 있는 바 이를 교육법의 기본원리라고 한다. 그리고 이러한 교육법의 기본원리는 법의 제정 단계뿐만 아니라 법의 집행 및 판단에 있어서 요구되는 해석의 준거가 되기도 한다.

2) 기존 논의들

학자들은 주로 「헌법」의 교육 조항을 통해 교육법의 기본원리를 도출하여 왔다. 먼저 일본의 兼子仁(1978: 193-358)은 교육법의 기본원리로서 ① 국민의 교육의 자유와 학습권, ② 국민의 교육을 받을 권리(학습권)를 보장하는 공교육제도, ③ 교사의 교육권과 부모의 교육요구권, ④ 교직의 전문직성과 특별신분 보장, ⑤ 교육행정 · 학교경영의 교육조건 정비성 등을 제시하였다.

국내 학자들이 제시한 것도 크게 다르지 아니한데 구체적인 내용은 다음과 같다. 김낙운(1986)은 교육법의 기본원칙으로 ① 교육제도의 법정주의, ② 지방교육자치의 원칙, ③ 교육의 권리 및 학문의 자유, ④ 교육의 기회균등, ⑤ 교육의 중립성을 제시하였다. 한경주(1983)는 교육법의 입법원칙으로 ① 복지주의 원칙, ② 자유주의 원칙, ③ 법치주의 원칙을, 윤정일 · 조석훈(1991)은 ① 교육의 자유의 원리, ② 참여의 원리, ③ 비례성의 원리, ④ 실질 의사존중의 원리를 제시하였으며, 정태수(1993)는 교육법의 10원칙으로 ① 수(受)교육권, ② 균등주의, ③ 취학의무, ④ 무상제, ⑤ 교육제도 등의 법률주의, ⑥ 자주성, ⑦ 중립성, ⑧ 전문성, ⑨ 평생교육진흥, ⑩ 대학 자율성을 제시하였다.

강인수 등(1995) 교육법 연구자가 중심이 되어 간행된 한국교육행정학회의 저서에서는 ① 교육제도 법정주의, ② 교육의 권리 및 학문의 자유보장, ③ 교육의 기회균등, ④ 교육의 중립성, ⑤ 지방교육자치의 확립을 제시하였다. 또한 김윤섭(2003)은 교육법의 기초원칙으로서 ① 교육을 받을 권리를 제시한데 이어, 운영원칙으로 ② 교육의 인격존중성, ③ 교육의 평등성, ④ 교육의 의무성, ⑤ 교육의 공공성, ⑥ 교육의 자주성, ⑦ 교육의 전문성, ⑧ 교육의 중립성, ⑨ 대학의 자율성, ⑩ 평생교육의 진흥, ⑪ 교육제도의 법정주의, ⑫ 교원의 지위보장 등 12개 원칙을 제시하고 있다. 그리고 고전(1998)은 ① 이념적 원리로서 교육기본권에의 기속성 원리를, ② 방법적 원리로서 공공성의 원리를, ③ 내용적 원리로서 교육조리 존중의 원리를 제시한 바 있다.

3) 교육법의 다섯 가지 기본원리

이와 같은 선행 연구들을 종합하면 교육법의 기본원리는 다음의 다섯 가지로 정리할 수 있다.

먼저, 교육제도의 기본이념과 이를 수용하고 있는 헌법 조항을 통하여 "이념적 원리"로서 도출 가능한 ① 교육에서의 자유와 평등의 조화를 전제로 하는 '교육기본권의 보장'이다. 이것은 교육기본권 보장이야말로 교육법의 존재이유이자 목적에 해당함을 다시 한 번 강조하는 것으로 궁극적으로 교육법 역시 헌법이 지향하는 '인간의 존엄성'이라는 기본권의 핵심적 가치를 지향함을 의미한다.

또한, "방법적 · 수단적 원리"로서 ② 의무교육제도 등 국가의 조건정비 의무, ③ 교육의 자주성과 공공성의 조화, ④ 교육제도 법률주의를 찾을 수 있다. 여기서 '국가의 조건정비 의무'는 공교육 제도의 구축 및 운영 주체인 국가로 하여금 공교육 제도에 의하여 국민의 교육기본권이 보장되고 실현될 수 있도록 교육관계 법령의 정비, 교육 시설 · 설비 구축, 교육재정 제공, 교원 수급, 교육내용 결정 등의 조치를 취할 의무를 부과하는 것이다. 한편, '교육의 자주성과 공공성의 조화'는 교육의 사사성과 공익성 간 균형을 요구하는 것으로 현실적 측면에서 본디 사적 자치 영역이었던 교육 문제에 대한 국가와 사회의 적정한 개입 범위 문제와 관련된다. 또 다른 방법적 · 수단적 원리인 '교육제도 법률주의'는 교육제도와 관련된 기본적인 사항은 국민의 대표기관인 국회에서 법률로 확정하여야 한다는 것으로 교육 입법상의 법률주의 또는 법률에 의한 교육행정의 원리라고도 할 수 있다. 이러한 교육제도 법률주의는 특정 세력, 즉 특정 정파적, 종파적, 행정적 세력에 의한 부당한 교육의 지배를 경계하기 위한 것이다.

마지막으로 "내용적 원리"에 해당하는 것이 ⑤ 교육의 전문성 · 중립성 보장을 근간으로 하는 '교육조리의 존중'이다. 이것은 교육법이 교육을 위한 법인 이상 다른 어떤 것도 아닌 바로 교육의 기본원리에 충실해야 한다는 원칙이다. 즉, 교육법은 순수한 교육논리에 의하여 국민 특히 학생의 조화로운 인격형성을 위한 성장 · 발달 추구함에 기여하여야 하며, 그 과정에서 교육의 기본원리에 반하는 것은 허용되어서는 아니 됨을 강조하는 것이다. 또한, 이는 교육법 영역에 있어서 자칫 있을 수 있는 법률만능주의에 대한 경계를 내포하는 것이기도 하다.

2. 교육법의 체계

가. 교육법의 법원(法源)

'교육법규의 체계'라 함은 국내법의 최고규범인 「헌법」을 비롯하여 「교육기본법」 등 교육에 관한 모든 법령, 판례, 관습, 조리 등의 위계관계를 말한다. 즉, 공교육제도에 관한 법령, 학교교육에 관한 법령, 평생교육에 관한 법령, 교원에 관한 법령, 교육활동에 관한 법령, 교육재정 및 시설에 관한 법령 등 교육활동 그리고 그 토대 및 지원에 관련된 모든 법령과, 판례, 관습, 조리 등이 상호작용하며 존재하고 효력을 발휘하는 체계를 말한다. 이러한 법의 체계는 법원(法源)과 관련된다.

한편, 법원은 법의 연원(淵源)이라고도 하는데 구체적으로는 법의 존재형식을 말한다. 특히 법원은 법적 다툼이 있을 때, 사법부인 법원(法院)에 의해 재판규범으로 인정받을 수 있는 법규범을 뜻하기도 한다. 법원은 문서화의 형식을 취하는지 여부에 따라 성문법 체계와 불문법 체계로 구분된다. 이와 같은 법원에 대한 논의는 교육법 법원에도 그대로 적용되며 교육법의 법원을 간단히 제시하면 다음과 같다.

- **법원**
  - **성문법**
    - 헌법 : 제31조 등
    - 법률 : 교육기본법, 초 · 중등교육법, 고등교육법 등
    - 국제조약 · 국제법규 : UNESCO헌장, 세계인권선언 등
    - 명령 : 대통령령, 총리령, 부령
    - 자치법규 : 조례 및 교육규칙
  - **불문법**
    - 관습법 : 행정선례, 유권해석 등
    - 판례법 : 법원의 판례
    - 조리 : 사회상규, 사회통념, 도덕률 등

나. 성문법(成文法)의 체계

통상 문서화된 법으로 이해되는 성문법은 그 출현이 인위적인 것으로 제정권자의 의사가 정형화된 문장과 법의 형식으로 구현된 것을 의미한다. 이와 같은 성문법 중심의 법체계는 법적 안정성 특히 국가권력의 자의적인 행사로부터 국민의 기본권을 보장함에 적합하다는 장점을 갖는다. 그러나 성문법은 확정된 문장으로 이루어지기 때문에 그 타당성을 지속하기 위하여 사회의 변화 및

국민적 요구에 따라 지속적으로 개정되어야 한다는 단점을 갖는다. 또한, 성문법을 구성하는 문장들은 추상적이며 개방적인 특성을 갖기 때문에 성문법의 집행과 판단에 있어 해석의 적합성 문제가 중요하게 대두될 수밖에 없다.

1) 헌법

「헌법」은 국가의 통치조직과 통치작용의 기본원리 및 국민의 기본권을 보장하는 근본 규범이다. 이러한 점에서 교육법의 최상위 법원 또한 「헌법」상 교육관련 조항들이 된다. 현행 「헌법」에서 대표적인 교육관련 조항은 제31조이다. 즉, 우리나라 「헌법」 제31조는 제1항에서 “모든 국민은 능력에 따라 균등하게 교육을 받을 권리를 가진다”고 하여 국민의 교육을 받을 권리를 헌법상 기본권의 하나로 명시하고 있으며, 이하의 조항에서는 이의 실질적 보장을 위하여 의무교육제도, 의무교육의 무상성, 교육의 자주성 · 전문성 · 중립성 및 대학의 자율성, 국가의 평생교육 진흥 의무, 교육제도 법률주의 등을 명기하고 있다. 이러한 헌법 제31조는 우리나라의 모든 교육체제 및 교육활동의 가장 근본이 되는 규정으로서 모든 교육관련법규들은 이 헌법 조항의 실현을 위한 하위의 구체화법에 속한다.

특히, 제6항이 “학교교육 및 평생교육을 포함한 교육제도와 그 운영, 교육재정 및 교원의 지위에 관한 기본적인 사항은 법률로 정한다”고 하여 규정하고 있는 교육제도 법률주의는 다른 국가의 헌법에서는 찾아보기 쉽지 않은 우리 헌법의 특수한 규정이다. 이는 우리 대한민국 헌정의 역사적 산물이기도 한데, 교육의 국가 사회적 영향력을 고려하여 교육제도의 중요한 골격만큼은 국가사회 공동체 구성원의 총의를 모아 사회 전체의 이념과 조화되는 가운데서 형성 · 발전되어져야 하기 때문에 교육제도의 구성과 운영에 관련된 기본적인 사항의 조직은 국민 대표기관인 입법부가 담당하여야 한다는 것을 의미한다. 여기서 기본적인 사항이라 함은 동조 제4항이 규정하고 있는 교육의 자주성 ·

전문성 · 정치적 중립성을 담보할 수 있는 교육활동 기반의 구축을 의미한다고 할 것이다. 즉, 교육제도 법률주의는 교육제도가 공교육체제의 미명 아래에 일시적인 정치세력 또는 교육행정권한에 좌우되는 것을 방지하고, 교육 본연의 자주성과 전문성 그리고 중립성을 유지하도록 하고자 하는 목적을 갖는다.

한편, 「헌법」 제31조 이외에도 '학문과 예술의 자유'를 규정하고 있는 제22조를 비롯하여 제10조(기본적 인권), 제11조(평등), 제19조(양심의 자유), 제20조(종교의 자유), 제34조(인간다운 생활을 할 권리), 제35조(환경권), 제36조(혼인 · 모성의 보호), 제37조(자유와 권리의 보호) 등 국민의 다양한 기본권 조항 그리고 기타 제6조(국제조약), 제7조(공무원의 지위), 제9조(전통문화의 계승 · 발전과 민족문화의 창달), 제94조(행정 각부의 장), 제117조(지방자치단체) 등도 교육과 연관되는 간접조항으로 교육법의 법원에 속한다. 또한, "…정치 · 경제 · 사회 · 문화의 모든 영역에 있어서 각인의 기회를 균등히 하고, 능력을 최고도로 발휘하게 하며…"와 같이 규정하고 있는 헌법 전문(前文)도 교육법의 기본이념을 제시하고 있다는 측면에서 교육법의 법원으로 포함시킬 수 있다.

대한민국 헌법에 있어 교육관계 조항 변천 과정

▶ 대한민국헌법[제정 1948. 7. 1 7 헌법 제1호]

제16조 모든 국민은 균등하게 교육을 받을 권리가 있다. 적어도 초등교육은 의무적이며 무상으로 한다. 모든 교육기관은 국가의 감독을 받으며 교육제도는 법률로써 정한다.

▶ 대한민국헌법[전문개정 1962. 12. 26 헌법 제6호]

제27조 ① 모든 국민은 능력에 따라 균등하게 교육을 받을 권리를 가진다.
② 모든 국민은 그 보호하는 어린이에게 초등교육을 받게 할 의무를 진다.
③ 의무교육은 무상으로 한다.
④ 교육의 자주성과 정치적 중립성은 보장되어야 한다.
⑤ 교육제도와 그 운영에 관한 기본적인 사항은 법률로 정한다.

▶ **대한민국헌법[전문개정 1972. 12. 27 헌법 제8호]**

제27조 ① 모든 국민은 능력에 따라 균등하게 교육을 받을 권리를 가진다.
② 모든 국민은 그 보호하는 자녀에게 적어도 초등교육과 법률이 정하는 교육을 받게 할 의무를 진다.
③ 의무교육은 무상으로 한다.
④ 교육의 자주성과 정치적 중립성은 보장되어야 한다.
⑤ 교육제도와 그 운영에 관한 기본적인 사항은 법률로 정한다.

▶ **대한민국헌법[전문개정 1980. 10. 27 헌법 제9호]**

제29조 ① 모든 국민은 능력에 따라 균등하게 교육을 받을 권리를 가진다.
② 모든 국민은 그 보호하는 자녀에게 적어도 초등교육과 법률이 정하는 교육을 받게 할 의무를 진다.
③ 의무교육은 무상으로 한다.
④ 교육의 자주성·전문성 및 정치적 중립성은 법률이 정하는 바에 의하여 보장된다.
⑤ 국가는 평생교육을 진흥하여야 한다.
⑥ 학교교육 및 평생교육을 포함한 교육제도와 그 운영, 교육재정 및 교원의 지위에 관한 기본적인 사항은 법률로 정한다.

▶ **대한민국헌법[전문개정 1987. 10. 29 헌법 제10호]**

제31조 ① 모든 국민은 능력에 따라 균등하게 교육을 받을 권리를 가진다.
② 모든 국민은 그 보호하는 자녀에게 적어도 초등교육과 법률이 정하는 교육을 받게 할 의무를 진다.
③ 의무교육은 무상으로 한다.
④ 교육의 자주성 · 전문성 · 정치적 중립성 및 대학의 자율성은 법률이 정하는 바에 의하여 보장된다.
⑤ 국가는 평생교육을 진흥하여야 한다.
⑥ 학교교육 및 평생교육을 포함한 교육제도와 그 운영, 교육재정 및 교원의 지위에 관한 기본적인 사항은 법률로 정한다.

2) 법률

국민의 대표기관으로서 입법기관인 국회 의결을 거쳐 제정된 법률로서 교육과 관련된 것들이 성문법으로서 교육법의 대표적인 법원이 된다. 특히, 지난 1997년 12월 17일 제정된 「교육기본법」은 '기본법'이라는 법명에서 드러나듯이 교육관계 법률 체계에 있어서 가장 기본적인 사항들을 담고 있으며, 일각에서는 교육분야에 있어서 준(準) 헌법적 지위, 즉 헌법에 버금가는 위상과 효력을 갖는 것으로 이해하기도 한다.

이 「교육기본법」을 중심으로 해서 「유아교육법」, 「초·중등교육법」, 「고등교육법」이 각 학교급별로 중요 사항을 규율하고 있으며, 내용에 따라 「학교폭력예방 및 대책에 관한 법률」, 「학교도서관진흥법」, 「학교급식법」, 「학교보건법」, 「학교안전사고 예방 및 보상에 관한 법률」, 「학교체육진흥법」, 「학교시설사업 촉진법」, 「과학교육진흥법」, 「영재교육진흥법」, 「특수교육 장애인 등에 대한 특수교육법」, 「도서·벽지 교육진흥법」, 「사립학교법」, 「지방교육재정교부금법」, 「지방교육자치에 관한 법률」, 「교육공무원법」, 「교원지위향상을 위한 특별법」 등이 각각 규정되어 있다. 또한, 사회교육·평생교육 분야에 있어서도 「평생교육법」이 있으며 그밖에 「학원의 설립·운영 및 과외교습에 관한 법률」, 「학점인정 등에 관한 법률」, 「독학에 의한 학위취득에 관한 법률」, 「직업교육훈련 촉진법」, 「산업교육진흥 및 산학연협력촉진에 관한 법률」 등이 있다. 아울러 「정부조직법」, 「국가공무원법」, 「교육세법」, 「지방자치법」, 「지방재정법」 등 교육 영역 고유의 법률이 아니더라도 교육활동 또는 교육기관의 조직과 운영 등을 직·간접적으로 규율하는 법률이라면 교육법의 법원에 포함된다고 할 것이다.

3) 명령

법률이 입법기관에 의해 제정된다면 명령은 집행기관인 행정부가 제정하는 성문법이다. 즉, 행정부는 법률에서 위임한 사항에 대한 세부 규정을 정하기 위해서 뿐만 아니라 법률을 집행하기 위해서 필요한 규정을 국회의 의결을 거치지 아니하고 독자적으로 제정하기도 한다. 전자가 '위임명령'이며, 후자가 '집행명령'이다. 이 두 경우 모두에 있어서 그 내용은 법률의 내용에 반할 수 없으며, 특히 국민의 권리를 제한하거나 의무를 부과하는 내용은 명령으로서는 결코 규정할 수 없다. 다만, 「헌법」 제76조에 의해 국가 위기 시 등에 한하여 극히 제한적으로 발효되는 대통령의 긴급명령권과 긴급재정 · 경제명령권은 예외적으로 법률의 효력을 갖는다.

이와 같은 명령은 그 제정권자가 누구인가에 따라 '대통령령', '총리령', '부령'으로 구분되는데, 대통령령의 경우에는 주로 '-시행령'(ex: 「유아교육법 시행령」, 「초 · 중등교육법 시행령」, 「고등교육법 시행령」 등), '-령'(예: 「국립학교설치령」, 「교육공무원임용령」), '-직제'(예: 「교육부와 그 소속기관 직제」), '-규정'(예: 「교과용도서에 관한 규정」, 「고등학교 이하 각급학교 설립 · 운영 규정」 등)과 같은 형식을 취한다. 총리령과 부령은 '-시행규칙'(예: 「유아교육법시행규칙」, 「고등학교 이하 각급학교 설립 · 운영규정 시행규칙」) 또는 '-규칙'(예: 「공무원 인사 기록 및 인사사무 처리 규칙」, 「연구학교에 관한 규칙」, 「사학기관재무 · 회계규칙」 등)의 형태를 취한다. 이와 같이 교육을 직접 또는 간접으로 규율하는 명령들은 교육법 체계의 한 요소로 중요한 법원이 된다. 특히, 한편, 현대국가에 들어서 행정국가화 현상이 가속화되면서 행정입법, 즉 명령의 제정이 증대되면서 교육법의 법원 중 양적이나 질적으로 가장 큰 비중을 차지하고 있다.

4) 자치법규

자치법규란 지방자치단체가 해당 관할 지역 내에서 적용할 것을 목적으로 법령의 테두리 내에서 제정한 자치에 관한 규정이다. 자치법규는 크게 '조례'와 '규칙'으로 구분되는데, 조례는 지방의회의 의결을 통해 제정되며, 규칙은 자치단체의 장이 제정한다. 다만, 지방교육자치제도에 의하여 교육에 관한 자치단체의 행정권한은 시 · 도교육청의 수장인 시 · 도교육감에게 있기 때문에 교육에 관한 규칙, 즉 '교육규칙'의 제정권은 시 · 도교육감에게 있다. 이들 자치법규도 교육활동 등을 직 · 간접적으로 규율하는 한 교육법의 법원에 해당된다.

교육법원에 속하는 대표적인 조례로는 각 시 · 도의 학교설치조례, 교육청 소속기관 설치 조례, 교육청 직제 조례, 학교운영위원회 설치 · 운영 조례, 수업료 및 입학금에 관한 조례, 교육시설사용료 징수 조례, 각종 위원회의 설치 조례 등이 있으며 최근에 주목을 받고 있는 학생인권조례도 여기에 포함된다. 교육규칙으로는 이들 조례에 대한 시행규칙들은 물론 교육비 특별회계 재무회계 규칙, 입학자격 검정고시 규칙, 인정도서심의회 규칙, 행정권한의 위임에 관한 교육규칙 등으로 다양하다.

5) 조약

조약이라 함은 국제법 주체인 국가들 사이에 국제법률 관계를 설정하기 위하여 문서에 의해 합의한 것으로 국제법의 하나이다. 한편, 조약의 체결과 비준은 「헌법」 제74조 제2항에 의해 대통령의 권한에 속하지만, 「헌법」 제60조 제1항은 상호원조 또는 안전보장에 관한 조약, 중요한 국제조직에 관한 조약, 우호통상항해조약, 주권의 제약에 관한 조약, 강화조약, 국가나 국민에게 중대한 재정적 부담을 지우는 조약 또는 입법사항에 관한 조약의 체결 · 비준에 대한 동의권을 국회에 부여하고 있다.

그런데 우리 「헌법」 제6조 제1항은 "헌법에 의하여 체결 · 공포된 조약과 일반적으로 승인된 국제법규는 국내법과 같은 효력을 가진다"고 규정하고 있다. 따라서 대통령에 의해 체결 · 비준된(경우에 따라서는 국회의 동의를 얻은) 교육과 관련된 조약은 여타의 국내법과 같이 교육법의 중요한 법원이 된다. 구체적으로 교육과 관련된 조약 및 국제법규로는 UNESCO헌장, 세계인권선언, 국제연합헌장, 어린이 권리조약, 교원의 지위에 관한 권고 등이 있다.

다. 불문법(不文法)의 체계

통상적으로 문서화되지 않은 법체계로 이해되는 불문법은 문서화 자체보다는 법제정의 의도성 여부에 따라 성문법과 구별된다. 즉, 비제정법으로도 불리는 불문법은 법령 제정권을 갖고 있는 입법기관에 의해 특정 목적을 갖고 인위적으로 제정되지 않은 여타의 법들을 의미한다. 구체적으로 판례의 경우에는 문서화되어 있음에도 불구하고 사법부가 입법기관이 아니며 판례 자체의 목적이 법의 제정이 아니라는 점에서 불문법에 포함되는 것이다. 한편, 우리나라와 같은 성문법계 국가에서의 불문법에 대한 효력과 관련하여 이견이 있는데 일반적으로는 불문법이 성문법의 흠결을 보충하는 효력과 함께 관습 · 판례 등이 반복되면서 실정법이 그에 따라 개정되어 나간다는 점에서 변경적 효력을 함께 인정하는 추세이다.

1) 관습법

관습법이라 함은 사회 구성원들 사이에 일정한 행위가 지속적으로 반복하여 행하여짐에 따라 일반인 또는 일정한 사회 집단에 속하는 사람들이 지켜야 한다는 규범력 또는 강제력에 대한 인식을 갖게 됨에 따라 법적 가치를 취득한 불문법을 말한다. 즉, 관습법이란 사회의 관행이 국가에 의하여 승인되고 국민들에 의해 지켜지는 것을 의미하는데, 구체적으로 ① 관행의 존재(사실인 관습), ② 국민의 확신, ③ 공서양속에 반하지 않을 것, ④ 관습과 동일하거나 이에 반하는 성문법이 없을 것이라는 성립조건을 충족시켜야 한다.

이와 같은 관습법은 통상적으로 성문법을 보충하거나 후에 성문법을 개정 또는 폐지시키는 효력을 갖는다. 특히, 「민법」 제1조는 "민사에 관하여 법률의 규정이 없으면 관습법에 의하고…"라고 하고 있고, 「상법」 제1조는 "상사에 관하여 본법에 규정이 없으면 상관습법에 의하고 상관습법이 없으면 민법의 규정에 의한다"고 규정하여 관습법의 효력을 명시적으로 밝히고 있다.

한편, 교육법 영역에서는 관습법에 관한 규정이 없다. 그러나 교육이라고 하는 것이 본래 국가 및 법의 출연 이전부터 존재하던 것이며 인격과 인격 간의 대응을 기저로 하는 인간 활동으로서 성문의 법에 규율하지 못하는 부분이 많이 있기 때문에, 오늘날에도 '관행'이 실질적으로 많은 교육활동을 규제한다는 점에서 그 어떤 영역보다 관습법이 법원으로서 기능할 여지가 크다고 할 것이다.

기존 연구물들에서 교육법의 법원으로서 관습법의 대표적인 예로 가장 많이 언급되는 것이 대학의 자치에 관한 것이다. 전통적으로 대학의 자치는 법이 아닌 학문의 자유에서부터 유래한 관습에 의해 보장된 것이라는 설명이다. 그런데 현재에는 우리 「헌법」이 대학의 자율성 보장을 규정하고 있고 최근에 대학의 내부 조직 등 자치적 운영에 관해서도 적지 않은 법령들이 생기고 있음을 고려할 때, 관습법이 성문법을 개폐하는 예로 봄이 타당할 것이다. 그밖에 사회적 통념상 받아들여졌던 '사랑의 매'도 과거에는 관습법적으로 용인되던 것이다. 현재의 경우 구체적인 법령 근거 없이 지속되고 있는 고등학교 이하 각급학교들의 '교무회의'와 매 수업시간마다 이루어지는 교사-학생 상호간 인사 등이 관습법에 의한 것으로 볼 수 있다.

2) 판례법

법원의 재판 결과는 원칙적으로 해당 사건에 한하여 구속력을 갖는다. 그러나 법 현실에 있어서 상급법원의 판례가 동종사건에 관한한 하급심을 구속하는 힘을 갖는 것이 사실이다. 판례를 법원으로 인정하는 규정이 없음에도 법원 스스로가 법을 해석하고 적용함에 사법부 입장의 통일성 유지 차원에서 이전 판례를 적극적으로 검토하게 되며 특히, 하급법원이 상급법원의 판례를 존중하는 재판을 하게 되기 때문이다. 판례법은 이와 같이 법원의 판례가 이후 동일 또는 유사한 사건에 대하여 사실상의 구속력을 갖게 됨을 의미한다.

교육과 관련된 재판이 증가하는 오늘에 있어서 판례법은 점차 중요성이 더해지고 있다. 특히, 「초 · 중등교육법시행령」 제31조 개정에 의해 직접적 체벌이 금지되기 이전에 학교체벌과 관련하여 다수의 판례에 의해 그 정당한 체벌의 수준, 즉 사회통념상 용인될 수 있는 체벌의 정도가 교육상 불가피한 경우, 체벌의 절차 준수, 방법 및 정도의 적정성 확보 등의 요건을 갖춘 것 여부로 보아야 하는 것으로 형성되었던 것이 판례법의 좋은 예라고 할 수 있다. 그밖에 학교폭력을 포함한 학교안전사고, 교직원 징계와 관련된 판례들도 동종의 후속 판례에 많은 영향을 미치는 것이 사실이다.

3) 조리(條理)

조리라 함은 사전적 의미로 사물 또는 자연의 본성 · 도리, 사물의 객관적 타당성 등을 의미한다. 그런데 이러한 조리가 실제 법 현실 특히, 재판과정에서 불문법의 하나로 작용하는 경우가 있는데 이 경우를 조리법이라고 한다. 이는 재판 등의 법 적용과정에서 관련된 성문법이 없음은 물론 전술한 관습법이나 판례법을 찾기 어려운 경우에 최후의 수단으로서 일반적인 사람들이 인정할 수 있는 이치를 찾아 이를 불문의 법원으로 적용할 수밖에 없기 때문이다.

이와 관련하여 「민법」 제1조는 "민사에 관하여 법률에 규정이 없으면 관습법에 의하고 관습법이 없으면 조리에 의한다"고 하여 조리가 법원의 하나임을 명문으로 규정하고 있기도 하다. 그리고 대표적인 조리의 예로 사회통념, 공서양속, 신의성실, 정의, 형평, 도리 등이 언급된다. 또한 행정법의 영역에 있어서도 신뢰보호, 평등, 비례의 원칙, 부당결부금지 등 행정법의 일반원칙들이 조리법과 같이 적용되곤 한다.

그런데 교육은 본래 법으로부터 자유로운 인간의 사적 활동의 하나로 그 자체가 독자적인 본질 내지 법칙을 갖고 있다는 점에서, 성문의 법원이 규율함에 다른 어떤 영역보다 한계가 크다는 점에서 교육에서의 조리법의 중요성은 더욱 크다. 한편, 일반적으로 교육 영역에 있어서 조리법(교육조리법)으로 인정받기 위해서는 ① 명확한 교육원리 · 교육법칙의 존재, ② 최종적으로 국가권력에 의한 강제적 실현이 포함되는 법 이론화, ③ 이를 지지하는 국민의 교육법의식, ④ 국가권력 특히 사법부에 의한 승인이라는 조건들이 충족되어야 한다(황준성, 1999).

한편, 대표적인 교육조리법으로는 '교육기본권에의 기속(羈屬)성'을 들 수 있다. 즉, 교육과 관련된 모든 법과 제도 등은 국민의 교육기본권을 보장하고 실현시키기 위한 것으로 귀결되어야 한다는 것이다. 그리고 이것은 교육에서의 자유와 평등의 조화, 교육의 자주성 · 전문성 · 중립성의 보장, 교육의 자주성과 공공성의 조화에 의해서 비로소 가능해지는 바, 이들의 원리 · 원칙도 중요한 교육조리법에 해당한다고 할 것이다.

3. 교육권에 대한 이해

가. 교육권의 의미

교육권(教育權)이란 교육에 관한 일정한 권리를 보장하기 위하여 법이 특정한 개인 또는 단체에 부여하여, 그 의사를 우선적으로 주장하고 남을 지배할 수 있는 힘, 즉 "교육에 관한 권리 · 권한의 총칭"을 의미한다. 이러한 교육권은 국민의 교육기본권을 실현하기 위해 교육관련 각 주체가 가질 수 있는 개별적 · 구체적 권리 또는 권한으로 이해할 수도 있다. 한편, 예전에는 교육권을 학습권과 대비되는 개념으로 보아 '교육할 권리'로 좁게 이해하기도 하지만 이러한 입장은 차츰 사라지고 있다.

나. 교육권의 구체적 내용들

1) 학생의 교육권

"교육에 관한 권리 · 권한의 총칭"을 의미하는 교육권에 있어서 핵심은 다름 아닌 학생의 교육권이다. 그리고 학생의 교육권은 헌법이 보장하고 있는 "능력에 따라 균등하게 교육받을 권리"와 그 맥을 같이 한다. 즉, 학생의 교육권이 헌법상 교육기본권의 본질이 되며, 헌법 이전에 인간으로서 학습을 통하여 성장 · 발달하고자 하는 자연법적 인권으로서의 '학습권'을 헌법 이하 실정법 체계가 수용한 것이기도 하다.

이와 같은 학생의 교육권은 다음을 구체적인 세부내용으로 한다.

○ 자유권으로서 교육권: 교육의 자유(공교육선택권, 학교선택권, 교육내용선택권 등)

○ 평등권으로서 교육권: 교육의 기회균등

○ 청구권으로서 교육권: 교육청구권(교육제도 정비청구권)

2) 부모의 교육권

부모의 교육권은 부모가 자녀를 교육할 권리를 의미하는 것으로 '교육친권'이라고도 할 수 있다. 그리고 이러한 부모의 교육권은 자녀의 교육권 실현을 위한 대행적 권리로서 권리임과 동시에 의무적 성격을 갖는다.

부모의 교육권은 다음을 구체적인 세부내용으로 한다. 특히 부모의 교육권은 일차적으로 학교교육에 대하여 자녀 교육을 요구하는 것으로부터 출발한다.

○ 학생의 자유권으로서 교육권, 평등권으로서 교육권, 청구권으로서 교육권의 대행

○ 자녀의 학교 및 교육 내용 결정권, 학교 교육활동 및 공교육 운영에 대한

의견 진술권 등

○ 자녀에 대한 순종요구권

3) 교사의 교육권(교육직무권)

교사의 교육권은 공교육에 있어서의 실질적인 교육활동의 주체로서 교사가 신뢰를 바탕으로 학생들을 대상으로 교육할 권리를 뜻한다. 그런데 이러한 교사의 교육권이 기본권에 해당하는지, 권리에 해당하는지, 권한에 해당하는지 다툼이 있는데 일반적으로는 권한으로 본다. 즉, 교사의 교육권은 학생 · 학부모로부터의 직접적 대리가 아닌 공교육제도를 통해 교사라고 하는 직책에 의해 국가로부터의 재위임받은 직무상 권한, 즉 직권으로 이해하는 것이 다수다.

이러한 교사의 교육권은 다음을 구체적인 세부내용으로 한다. 아울러 제3자에 대하여 '학생 교육권'의 대리자로서 교육에 대한 부당한 개입을 배제할 권리를 내포한다.

○ 교육과정 편성권

○ 교육내용 결정권, 교재 선택권

○ 교육방법 결정권

○ 평가권, 징계권 등

4) 국가의 교육권

국가의 교육권은 교육행정권이라고도 하는데 국민의 교육받을 권리를 보장하기 위한 공교육의 조건정비적 책무에서 비롯된 공교육 제도의 조성 · 관리 · 감독권을 의미한다. 그리고 이것은 국민 교육에 대한 국가의 책임을 핵심으로 한다.

이러한 국가의 교육권은 다음을 구체적인 세부내용으로 한다.

○ 공교육제도의 조직 · 운영권(교육제도 확립권, 기준설정권, 학교설치권, 학생 및 교원 선발, 재정운영권 등)

○ 공교육제도의 관리 · 감독권(적절한 교육수준 유지를 위한 지도 · 조언 · 권고권, 교육 관련 분쟁 조정권, 징계권 등)

4. 교육법의 해석과 적용

가. 교육법의 해석

성문법은 물론 불문법 역시 언어로 표현되며, 언어는 추상성을 갖는다. 따라서 구체적인 법 현실에 있어서 법 적용을 위해서는 법이 담고 있는 의미를 추상적인 언어의 해석을 통해 밝혀 내는 것이 우선시되어야 하는 바 이 과정이 법의 해석이다. 그런데 법의 해석은 해석의 목적과 해석하는 주체에 의해 다양한 방법이 가능하다. 그리고 경우에 따라서는 특정 가치가 내재하기도 한다.

1) 문리적 해석

문리적 해석은 법 조문의 문자적 의미에 철저히 따라 해석하는 방법이다. 이와 같은 문리적 해석은 해석의 임의성을 최소화할 수 있다는 장점이 있다. 그러나 이와 같은 문리적 해석이 지나치게 되면 법에 내재하는 법 제정 목적 또는 법의 이념과 원리를 고려하지 않게 된다는 문제점을 갖고 있다. 즉, 과도한 문리적 해석은 해당 법과 조문에 있어 목적과 수단의 전치현상을 가져오게 된다.

2) 목적론적 해석

목적론적 해석은 법조문 하나하나의 언어적 문구보다는 당해 법의 제정 목적에 강조점을 두어 그 목적을 실현시킬 수 있는 방법을 찾아가며 법을 해석하는 방법이다. 이는 전술한 문리적 해석의 한계를 극복하기 위한 것으로 문리적 해석과 대립되는 것이 아니라 문리적 해석의 보완적인 방법이라 할 것이다.

3) 법체계적 해석

하나의 법 내에서 개별 조문 하나하나가 관련성을 갖는 것과 같이 법령 그 자체도 고립된 것이 아니라 법원 상호 간에 관련성을 갖는다. 즉, 특정 법의 내용은 다수의 관련 법령과의 관계 속에서 비로소 올바른 의미를 도출할 수 있다. 이러한 맥락에서 해석의 대상이 되는 조문을 해당 법 내에서의 다른 조문들과의 관련성은 물론 상위법 · 하위법 또는 유사법들과의 전체 관련성 속에서 논리적으로 해석하는 것이 법체계적 해석이다.

4) 법규흠결의 보충적 해석

법도 인간이 만들어 낸 것으로 완전무결할 수 없다. 특히 법은 정적인 반면에 그 규율대상이 되는 국가 · 사회와 그 속에서의 인간의 활동은 동적이기 때문에 제정 당시에는 완벽성을 기하였다고 하더라도 점차 흠결을 보일 수밖에 없다. 이러한 점을 고려하여 관습법, 판례법 특히 조리법 등을 통해 당해 법 자체의 흠결을 보완하면서 해석하는 것이 요구되는 바, 이것이 법규흠결의 보충적 해석이다. 특히 교육법의 경우 세밀한 교육활동에 관한 모든 것을 규율함에 한계가 있으므로 교육조리를 통한 보충적 해석은 매우 중요하다.

한편, 법의 해석은 다시 유권해석과 학리해석으로 구분되기도 한다. 유권해석은 해석에 관한 권한을 갖는 기관에 의하여 법조문의 내용이 확인되고 설명되는 것을 말하는데 그 주체에 따라 입법적 해석, 행정적 해석, 사법적 해석으로 구분된다. 이러한 해석은 뒤의 학리해석과 다르더라도 그 해석의 결과는 구속력을 갖는다. 한편, 학리해석이라 함은 유권해석과 같이 강제력을 갖는 것은 아니지만 학자 등 전문가들에 의해 학리적 사고에 입각하여 법조문의 의미를 파악하는 것을 말한다. 학리해석은 주로 학설의 형태를 취하게 되는데 유권해석의 타당성을 뒷받침하거나 추후에 유권해석의 변경을 가져오는 실질적인 힘으로 작용하기도 한다.

나. 교육법 적용의 삼원칙

일반적으로 법령 적용에 있어 대표적인 세 가지 원칙이 상위법 우선의 원칙, 신법 우선의 원칙, 특별법 우선의 원칙이다. 이 세 가지 원칙은 교육법의 적용에 있어서도 그대로 적용된다.

1) 상위법 우선의 원칙

법의 체계성을 인정하여 하위법의 적용은 상위법에 반해서는 안 된다는 원칙이다. 즉, 상위법과 하위법이 충돌할 경우 상위법이 우선 적용되어야 한다는 원칙이다. 구체적으로 법률은 헌법에 반할 수 없지만 명령에 우선하며, 명령 중 대통령령은 총리령 · 부령에 우선하고, 이들은 자치법규에 우선하는 등 상위의 법령이 하위의 법령에 우선하여 적용된다는 것이다.

2) 신법 우선의 원칙

같은 단계의 법령이라도 시간적으로 뒤에 성립된 것이 먼저 성립된 것보다 우선 시 된다는 것이다. 즉, 신법과 구법이 충돌할 경우 최근에 제 · 개정된 신법이 우선 적용되어야 한다는 것이다. 이러한 신 · 구법의 충돌을 예방하기 위하여 신법의 부칙에 '경과규정'을 두는 경우가 많다.

3) 특별법 우선의 원칙

일반법과 특별법이 충돌할 경우 특별법을 우선 적용하는 것이 원칙이다. 여기서 일반법이라 하면 규율 · 적용 대상에 특별한 제한 없이 모든 국가 · 사회에 보편적으로 적용되는 법을 의미하며, 특별법은 특정한 지역, 사람, 사물, 사항에 국한하여 규율되고 적용되는 법을 말한다. 다만 특별법의 여부는 법명에 '특별법' 존재 유무에 있지 않고, 실질적인 내용의 차별성에서 찾아야 한다. 즉, 일반법과 달리 그 규율과 적용의 특례를 규정하는 특별법이 별도로 제정되어 있는 경우에는 그 제정 목적을 존중하여 특별법을 우선 적용하는 것이 특별법 우선의 원칙이다. 교육법의 영역에 있어서 대표적인 특별법으로는 「국가공무원법」의 특별법으로서 「교육공무원법」 및 「사립학교법」, 「지방자치법」의 특별법으로서 「지방교육 자치에 관한 법률」, 「노동조합 및 노동관계조정법」의 특별법으로서 「교원의 노동조합 설립 및 운영 등에 관한 법률」 등을 들 수 있다.

다. 교육법 해석 및 적용의 기본원칙

교육법의 해석 및 적용에 있어서 특히 유의하여야 할 것이 있는 바 그것은 교육과 관련된 모든 법은 궁극적으로 국민의 교육기본권을 보장하고 실현시키기 위한 것이라는 '교육기본권에의 기속성'을 모든 해석 및 적용의 원칙으로 삼는 것이다. 이와 같은 맥락에서 교육법은 규제법이 아닌 조성법으로의 성격이 강조되어야 하며 그 해석과 적용 또한 국가와 사회의 질서유지에 목적을 둔 소극적, 처벌적, 규제적인 것이 아니라 국민의 교육기본권을 보장하고 실현시켜 주기 위한 적극적이고 허용적이며 합목적적인 것이 되도록 하여야 한다. 이와 같은 맥락에서 교육법은 그 규정과 해석 · 적용 모두가 '원칙규제, 예외자유'에서 벗어나 '원칙자유, 예외제한'으로 전환될 필요성이 크다.

한편, 기술적인 측면에서 교육법의 해석과 적용상 논란이 있을 경우에는 다음의 방법을 활용하여야 한다.

(1) 기존의 관련 질의 · 회신, 사례 및 판례 검토

(2) 당해 기관 법무담당부서에 검토 의뢰

(3) 당해 기관 고문 변호사 자문

(4) 상급기관에의 질의(법무담당부서 및 관련부서)를 통한 유권해석 접수

참고문헌

강인수 외(1995). 교육법론. 서울: 양서원.
강인수 외(2000). 교원과 법률. 서울: 한국교원단체총연합회.
고전(1998). 한국교육법론. 미간행 대학원 강의 교재.
김낙운(1986). 현행 교육법해설. 서울: 하서출판사.
김범주(2001). 신교육법. 서울: 도서출판 지성.
김윤섭(2003). 한국교육법. 서울: 한올출판사.
박재윤 외(2005). 제4판 학교교육법 편람. 경기: 교육과학사.
박재윤 · 황준성(2006). 2006년판 사립학교법 편람. 서울: 한국문화사.
윤정일 · 조석훈(1991). 교육법의 기본원리와 구조에 관한 법철학적 분석연구. 서울대학교 사범대학.
정태수(1993). 한국교육기본법제 성립사. 서울: 예지각.
조석훈 · 김용(2007). 제2판 학교와 교육법. 경기: 교육과학사.
표시열(2002). 교육정책과 법. 서울: 박영사.
한경주(1983), 교육법강의. 서울: 법문사.
황준성(1999). "교육조리론에 관한 일고찰." 교육법학연구 11. 대한교육법학회.
황준성(2011). "교육입법평가에 관한 연구." 교육법학연구 23(1). 대한교육법학회.
황준성(2012). "교육입법정책에 관한 기초 연구." 교육법학연구 24(2). 대한교육법학회.

兼子仁(1978). 教育法(新版), 法律學全集, 東京: 有斐閣.

제11장

교육활동 지원의 학교 재무관리

최준렬(공주대학교 교수)

1. 학교 교육활동과 재무관리
2. 학교예산의 구조와 회계책임
3. 학교예산의 편성 · 심의 · 확정
4. 학교예산의 집행
5. 학교예산의 결산 및 감사

학교재무관리[1]는 학교의 예산흐름을 기록하고 관리하는 활동이다. 학교에서 교육활동을 위한 예산을 투입하면서 학교가 자체적으로 예산을 편성하여 집행하고 결산을 한다. 학교의 여건에 따라 자율적으로 예산을 운영하고 책임을 지게 하는 제도이다.

학교가 자율적으로 예산을 운용하게 됨에 따라 예산을 합법적이고 효율적으로 집행해야 할 필요가 커졌다. 이를 위해서 학교의 재무관리와 관련된 학교재정, 학교회계, 복식부기, 발생주의 등의 용어를 살펴보고, 실제 적용되는 예산의 운영과정을 예산편성, 심의, 확정, 집행, 결산, 감사의 과정을 중심으로 살펴보았다.

학교의 교육활동을 성공적으로 달성하기 위해서는 예산을 효과적이고 효율적으로 운용해야 한다. 이를 위한 체계적인 내용을 기술하였다.

1. 학교 교육활동과 재무관리

가. 학교 교육활동과 재무관리

학교의 교육활동은 다양하게 이루어지고 있다. 재정지원 없이도 이루어질 수 있는 영역이 있고, 재정지원이 없으면 교육활동이 어려운 영역도 있다. 학교

1) 학교재무관리는 학교회계를 관리하는 것으로 2001년에 학교회계제도를 실시하면서 학교회계규칙을 제정하고 교직원에게 학교회계제도를 알리기 위해 학교회계 길잡이를 제작하였다. 시간이 지남에 따라 부분적으로 변경된 부분이 있지만 학교재무관리의 주요 내용은 학교회계규칙과 학교회계 길잡이를 토대로 하고 있기 때문에, 학교재무관리를 집필하면서 법령과 학교회계 길잡이를 주로 참고하였다. 참고하면서 인용을 달았지만 인용이 반복되어 독자에게 부담이 되는 부분은 일일이 인용을 달지 않고 대표인용으로 갈음하였다.

의 교육여건이 개선되고 교육방법이 다양화됨에 따라 재정지원이 없으면 교육하기 어려운 영역이 확대되고 있다. 학교의 교육목적을 최적으로 달성하기 위해서는 학교의 재원을 효율적으로 배분하고 집행해야 할 필요가 증대되고 있다.

학교의 교육활동을 재정적으로 적절히 지원하고 관리하는 영역이 재무관리이다. 학교의 기본운영비가 확대되고 교육활동을 최적으로 달성해야 할 필요가 커짐에 따라 예산을 배분하고 집행하며 결산을 하는 재무관리의 영역이 중요한 영역으로 확대되고 있다. 이런 중요성은 성과주의 예산제도에서 잘 나타나고 있다. 예산을 집행한 결과가 교육목적을 얼마나 달성하였는가를 중시하는 제도가 성과주의 예산제도이다. 재원을 효율적으로 활용하여 교육목적을 최적으로 달성하도록 하는 제도이다.

나. 학교재정과 학교재무

재정은 '국가 또는 공공단체가 행정활동이나 공공정책의 시행에 필요한 재산을 조달하고 관리 사용하는 일체의 경제활동(다음, 2013)'이며 재무는 재정에 관한 사무를 의미한다. 재정이 재원을 조달하고 관리하는 과정에서 발생할 수 있는 모든 요인, 즉 거시적인 요인, 미시적인 요인, 금전적인 요인, 비금전적인 요인 등을 고려한다면 재무는 미시적인 요인, 금전적 요인 등에 한정하여 재원을 관리하는 일이다. 학교재정과 학교재무는 재정과 재무의 이념과 방법을 학교에 적용한 것이다. 학교의 경우 사립학교가 있기 때문에 재정의 의미가 부합되지 않을 수 있지만 사립학교도 공립과 유사한 기능과 역할을 수행하기 때문에 동일한 차원에서 개념과 방법을 적용할 수 있다.

학교재정이 학교의 교육활동에 미치는 재원의 포괄적인 영역, 즉 재원을 어떻게 조달하고 배분하며, 집행한 성과를 종합적으로 분석하느냐에 중점을 두었다면 학교재무는 이런 재정활동이 구체적으로 어떻게 기록되고 정리되느냐에 중점을 둔다.

다. 학교재무와 학교회계

학교재무가 학교의 재정에 관한 사무를 관리하는 일이라면 학교회계는 학교의 금전출납에 관한 사무를 기록하고 관리하는 일이다(다음, 2013). 학교회계는 금전적인 활동에 중점을 두고 있는 반면 학교재무는 금전적 활동을 토대로 학교 재원의 흐름, 재원의 효율성, 재원의 전망 등을 분석하고 파악하는 활동까지를 포함한다. 금전출납에 관해 장부에 기록하는 일을 부기라고 하는데 장부에 어떻게 정확히 기록하느냐에 중점을 둔다. 학교회계는 장부에 수입과 지출을 기입하는 활동 이외에 예산을 편성하고 집행하며 결산하는 활동을 포함한다.

회계는 수입과 지출의 관리와 운용에 관한 계산제도(accounting)이다(교육부 · 한국교육개발원, 2000). 이는 장부에 수입과 지출을 기록하는 부기보다는 넓은 의미를 지니며 수입의 전망, 지출의 과정, 결산 등을 포함하는 예산 활동이다.

라. 단식부기와 복식부기

단식부기와 복식부기는 예산의 흐름을 장부에 기입하는 방법으로 거래의 항목을 한 면만 기록하는 것을 단식부기라 하고, 양면을 기록하는 것을 복식부기라 한다. 금전출납부와 같이 현금의 유입과 유출을 한 계정에 기록하는 것을 단식부기라 하고, 금전출납부의 현금의 유입과 유출과 더불어 그의 원인과 결과를 밝혀 다른 계정에 추가적으로 기록하는 것을 복식부기라 한다. 복식부기는 계정이 2개이기 때문에 양식을 둘로 나눠 왼쪽에 기입하는 것을 차변, 오른쪽에 기입하는 것을 대변이라 한다. 항시 차변과 대변은 동일한 금액으로 기입된다(임연기 · 최준렬, 2012: 265-266). 예컨대 현금을 주고 비디오를 구입했다면 비디오를 구입했기 때문에 자산이 증가되었고, 현금이 나갔기 때문에 현금이 감소되었다. 현금의 유입 및 유출과 더불어 현금의 유입 및 유출의 원인이 무엇인가를 기입하는 방법이 복식부기이다. 이를 구체적으로 제시하면 〈표 11-1〉과 같다.

- 현금 200,000원에 비디오 구입
  비디오(자산증가) 200,000 - 현금(감소) 200,000
- 현금 150,000원에 전철정액권 구입
  전철정액권(자산증가) 150,000 - 현금(감소) 150,000

표 11-1 복식부기 기록의 예

차변		대변	
비디오	200,000	현금지급	200,000
전철정액권	150,000	현금지급	150,000
합계	350,000	합계	350,000

마. 현금주의와 발생주의

현금주의와 발생주의는 현금의 흐름을 기록하는 부기의 방법으로 기록의 시점을 중심으로 구분된다. 현금주의는 현금의 흐름을 장부에 기록할 때 현금이 지출되는 시점을 기준으로 장부에 기입하는 방법이고, 발생주의는 거래가 발생한 시점을 기준으로 장부에 기입하는 방법이다. 현금주의는 학교의 현금잔액과 은행의 잔고가 일치되기 때문에 현금의 현황을 정확히 파악할 수 있으나 부채를 파악하기 어렵다. 반면에 발생주의는 거래가 발생한 시점을 중심으로 장부에 기입하기 때문에 거래의 전체 현황을 명확히 파악할 수 있어 투명하게 재원을 관리할 수 있다. 그렇지만 보유하고 있는 현금 내역을 명확히 알 수 없어 얼마나 지불능력이 있는가를 알기 어렵게 한다. 이를 보완하기 위해 현금출납부를 별도로 관리하여 현금보유 현황을 파악하도록 하고 있다(임연기 · 최준렬, 2012: 266-267).

바. 주민참여예산제

주민참여예산제는 정부의 "집행부가 독자적으로 행사해 온 예산편성권을 지역사회와 주민들에게 분권화 또는 권한을 이양함으로써 예산편성 과정에 지역주민들이 직접 참여하는 것을 보장하는 참여제도"(김관보 · 김옥일, 2007: 89)이다.

주민참여예산제는 예산편성과정에 주민들이 직접 참여하여 자신들의 선호와 우선순위에 따라 예산을 스스로 결정할 수 있는 기회를 제공함으로써 참여와 자기결정이라는 지방자치의 이념을 구현하기 위한 주민참여제도이다. 따라서 주민참여예산제는 지방재정 운영과정에서 참여민주주의 또는 직접민주주의의 이념을 구현하기 위한 핵심적인 장치(곽채기, 2005)이다. 주민이 예산과정에 참여함으로써 주민의 요구를 예산에 반영하는 제도라 할 수 있다.

주민이 예산과정에 참여하는 방법은 예산을 편성할 때 참여하는 방법, 예산을 집행할 때 참여하는 방법, 예산의 집행이 이루어지고 난 후에 참여하는 방법이 있다. 예산을 편성할 때 참여하는 방법으로는 주민예산참여제가 있고, 예산을 집행하는 과정에서 참여하는 방법으로는 예산의 집행내역 공개, 정보요구, 민원신고, 제보 · 신고 등이 있다. 예산 집행이 이루어지고 난 후에 참여하는 방법으로는 서비스 만족도조사, 고객평가, 사이버 정책평가 등이 있다. 이런 참여방법 중에서 예산을 편성하는 과정에 참여하는 주민참여예산제가 가장 적극적이며 주민의 의견이 예산에 가장 많이 반영된다.

주민의 의견을 수렴하여 예산을 편성하는 주민참여예산제의 참여의 범위와 내용은 한계가 있다. 예산편성은 공적인 과정으로 예산을 담당하는 담당자와 부서가 책임을 지고 예산을 편성하고, 자치단체의 장이 최종 결정하여 의회에 제출하고, 의회에 제출된 예산은 의원들의 심의를 거쳐 최종 확정된다. 주민이 참여하여 예산을 편성하는 과정은 주민이 직접 예산을 편성하고 조정하기보다는 공공예산을 편성하는 과정에 의견을 제시하고, 요구를 반영하도록 하는 간접적인 참여라 할 수 있다.

사. 성과주의 예산제도

성과주의 예산제도(performance budgeting system)는 사업의 성과와 예산을 연계시키는 것으로 지출의 성과를 중심으로 예산을 관리 · 운영하는 제도(임연기 · 최준렬, 2013: 262)이다. 성과주의 예산제도는 달성해야 할 성과목표, 활동계획, 예산이 집행된 후 측정해야 할 성과지표, 평가방법을 제시하여야 한다(한국재정경제학회, 2004: 145-157). 사업을 추진하는 과정에서 달성해야 할 목표를 설정하고, 이를 위해 예산을 효율적으로 집행하여 성과를 이루었는가를 중심으로 예산을 운영하는 제도이다. 예산을 편성하고 집행하는 과정이 사업을 중심으로 이루어지기 때문에 사업별 예산제도와 밀접히 관련되어 있다(임연기 · 최준렬, 2013: 262-263).

2. 학교예산의 구조[2)]와 회계책임

가. 예산의 구조

1) 예산의 의의

학교예산은 단위학교가 한 회계연도 동안 학교운영을 해나가는 데 필요한 활동을 세입과 세출로 나타낸 체계적인 계획표이다. 학교가 교육활동을 원활히 지원하기 위해서는 예산을 체계적으로 수립하여야 한다.

---

2) 학교예산의 구조는 교육부 · 한국교육개발원(2000). 학교회계 길잡이-행정실무용의 내용을 요약 정리하였다.

2) 예산과 학교교육계획

학교에서 예산은 1년 동안 수행해야 할 교육활동을 세입과 세출로 나타낸 것이기 때문에 학교의 교육계획과 밀접하게 관련되어야 한다. 교육계획서가 1년 동안의 교육활동을 체계적으로 정리한 것이라면 예산은 1년의 교육활동 중 재원이 필요한 사업에 재원을 배분해 놓은 계획서이다. 그렇기 때문에 교육계획서와 예산은 하나의 과정이라 할 수 있다

3) 예산의 내용 및 구분

(1) 예산의 내용

학교의 예산은 예산총칙, 세입 · 세출예산, 계속비, 명시이월비로 구성된다(공립학교회계 규칙).

① 예산총칙

예산총칙은 한 회계연도의 세입 · 세출 예산과 매년도의 재정운영에 필요한 기초적인 사항을 정하는 것이다. 예산총칙에는 세입 · 세출예산, 계속비, 명시이월비에 관한 총괄적 규정과 그 밖의 예산집행에 필요한 사항을 정할 수 있다.

예산총칙을 설정하는 이유는 예산서를 구체적으로 보기 전에 예산에 관한 전체적인 현황과 특별하게 사용된 내용을 쉽게 파악하기 위해서이다. 계속비나 명시이월비의 경우 해당 사항이 있는 경우에만 기록한다. 아래 예시된 제4조와 5조의 경우도 교육청에 따라 규정을 하지 않는 경우도 있으며, 그럴 경우에는 총칙에 넣을 필요가 없다.

예산총칙 (예시)

제1조 2○○○학년도 ○○학교회계 세입 · 세출예산총액은 세입 · 세출 각각 ○원으로 하며, 세입 · 세출의 명세는 "세입 · 세출예산서"와 같다.

제2조 20○○학년도 명시이월사업은 별첨 "명시이월비 명세서"와 같다.

제3조 20○○학년도 계속비 사업은 별첨 "계속비 조서"와 같다.

제4조 국가 또는 지방자치단체 등으로부터 그 용도가 지정되고 소요전액이 교부된 경비 또는 수익자부담경비는 추가경정예산의 성립 이전에 이를 사용할 수 있으며, 이는 동일 회계연도 내의 차기 추가경정예산에 계상한다. 다만, 회계연도 말 2개월 이내에 용도가 지정되고 소요전액이 교부된 경비(목적사업비 등 정산재원)에 대해서 불가피한 사유로 추가경정예산을 편성하지 못할 경우 학교운영위원회의 심의를 받은 것으로 간주 처리한다.

제5조 다음의 경비에 부족이 생겼을 때에는 서울특별시 공립학교회계규칙 제15조 단서 규정에 의하여 각 정책사업간 상호 이용할 수 있다.

1. 교원연구비, 관리수당, 겸직수당
2. 학교회계직원 인건비
3. 학교일반 운영(각종 공과금)

(2) 예산의 구분

예산은 그 내용을 명백히 하기 위하여 일정한 기준에 따라 구분하게 되는데 이를 예산과목이라 한다. 예산과목은 세입 및 세출예산으로 구분되며, 예산의 성질 및 기능에 따라 세입예산 과목은 장 · 관 · 항 · 목으로, 세출예산은 사업별 또는 성질별로 정책 · 단위 · 세부사업으로 구분한다. 세출예산 중 세부사업은 정책사업과 단위사업을 고려하여 학교장이 자율적으로 정한다. 관 · 항 · 목에서 관과 항이, 정책사업 · 단위사업에서 정책사업이 입법과목의 성격을 지니고 목과 단위사업, 세부사업은 행정과목의 성격을 지닌다. 입법과목은 학교운영위원회의 심의를 거쳐야 변경할 수 있고, 행정과목은 교장의 결재로 변경할 수 있다(충청남도교육청, 2008).

① 세입예산

세입예산은 이전 수입과 자체조달 수입, 기타 수입으로 구성된다. 이전 수입에는 정부 이전수입, 학부모 재원, 학교법인 재원(사립학교), 학교발전기금 재원, 기타 민간 재원이 있고, 자체수입에는 사용료 및 수수료, 과년도 수입이 있으며, 기타 수입에는 적립금과 이월금이 있다.

표 11-2 **학교회계 세입예산 과목체계**

(단위: 천원)

구 분 (장/관/항/목)	예산액	전년도 예산액	비교 증감	산출기초	
계	천원	천원	천원		원
이전 수입					
100. 정부 이전수입					
110. 교육비특별회계 전입금					
120. 자치단체 보조금					
130. 기타정부 보조금					
200. 학부모 재원					
210. 입학금 및 수업료					
220. 수익자부담 교육비					
300. 학교법인 재원					
310. 학교법인 전입금					
400. 학교발전기금 재원					
410. 학교발전기금 전입금					
500. 기타민간 재원					
510. 기타민간 지원금					
자체조달 수입					
600. 자체수입					
610. 사용료 및 수수료					
620. 잡수입					
630. 과년도 수입					
기타 수입					
700. 적립금 등					
710. 적립금 등					
800. 이월금					
810. 이월금					

정부 이전수입으로는 교육비특별회계전입금, 자치단체보조금, 기타 정부 보조금이 있는데 학교 세입예산의 대부분은 교육비특별회계 전입금이다. 학부모 재원으로는 입학금 및 수업료, 수익자부담 교육비가 있는데 입학금 및 수업료는 학교의 세입으로 계상할 수 없고 학교운영지원비만 학교의 세입으로 계상할 수 있다.

학교법인 재원은 사립학교에 해당되는 것으로 학교법인에서 부담하는 법정, 비법정 전입금이 있다. 법정전입금은 법으로 규정하여 의무적으로 부담하는 경비이고, 비법정전입금은 재단의 의지에 따라 임의적으로 부담하는 경비다.

자체조달 수입은 학교에서 자체적인 노력에 의해 확보하는 예산으로 사용료 및 수수료, 잡수입, 과년도 수입이 이에 해당된다. 서울특별시의 경우는 자체조달 수입이 3,000만 원이 넘을 경우 초과 예산의 50%만 자체수입으로 인정하는데 이는 시·도교육청마다 기준이 다르다(서정화 외, 2012: 372).

이월금은 순세계잉여금, 국보보조금 사용 잔액, 명시이월, 사고이월, 계속비 이월금을 합한 것으로 순세계잉여금을 제외하고는 과목별로 사업이 정해져 있기 때문에 예산을 정해진 목적대로 집행해야 한다. 순세계잉여금은 불용액으로 사업의 목적이 정해지지 않았기 때문에 자유롭게 예산을 편성하여 사용할 수 있다.

② 세출예산

세출예산은 학교운영을 위해 지출되는 일체 경비를 비용으로 산정한 것으로 정책사업의 수준에서는 인적자원운용, 학생복지/교육격차 해소, 기본적 교육활동, 선택적 교육활동, 교육활동지원, 학교 일반운영, 학교시설 확충, 학교재무활동으로 편성된다.

표 11-3 학교회계 세출예산 과목체계

■ 정책사업 ㅁ 단위사업 (단위: 천원)

구 분	예 산 액		전년도 예산액		비교 증감	
		구성비		구성비		증감비
계		100%		100%		%
인적자원운용						
학생복지/교육격차 해소						
기본적 교육활동						
선택적 교육활동						
교육활동지원						
학교 일반운영						
학교시설 확충						
학교재무활동						

세출예산을 편성할 때 교육활동을 장려할 수 있는 기본적, 선택적 교육활동비를 우선적으로 편성하도록 하고, 행사성 경비나 불요불급한 예산편성을 지양하여 교육효과를 높이는 노력을 하여야 한다. 또한 예산을 편성할 때 순세계잉여금이 과다하게 발생하지 않도록 다각적인 노력이 필요하다.

나. 학교회계의 책임

1) 회계관련 공무원의 구분

국가 또는 지방자치단체의 기관에서 예산과 물자를 취급하는 공무원, 즉 예산·물자의 취급에 관한 의사를 결정하거나 실행하는 지위에 있는 공무원을 '회계관계공무원'이라 하고 그 공무원에게 부여된 직위를 '회계관직'이라 하며, 소관 회계별로 업무처리를 담당하는 이들 모두를 통틀어 회계기관이라 한다(서정화 외, 2012: 367).

회계관계공무원은 예산의 목적에 적합하고 유효·적절한 예산집행을 위하여 지방자치단체의 장(교육감)으로부터 임명을 받은 공무원으로 상호 견제를 위하여 명령기관과 출납기관으로 구분한다(서정화 외, 2012: 367). 명령기관은 징수와 지출을 지시하는 기관으로 학교에서는 교장이 이 일을 담당하고 있다. 출납기관은 명령기관의 지시에 의해 납입금을 징수하고 지출을 하는 기관으로 학교에서는 행정실장이 이 일을 담당하고 있다. 교육감은 징수관이 되나 교장은 교육감의 권한을 위임받아 징수업무를 수행하고 있기 때문에 분임징수관이라 한다.

o 명령기관 (징수기관) : 징수관, 분임징수관, 경리관, 분임경리관 등
o 출납기관 (수납기관) : 수입금출납원, 일상경비출납원 등

부서의 정원이 부족한 경우와 같이 특별한 경우를 제외하고는 명령기관과 출납기관은 겸직할 수 없도록 하고 있다. 그 이유는 각기 사무의 범위와 한계를 명확히 하고 상호 대립·견제시킴으로써 회계사무의 엄정을 기하고 부조리를 미연에 방지하기 위함이다(서정화 외, 2012: 368).

2) 회계책임과 교직원

(1) 교장

교장은 명령기관으로서의 역할 수행한다. 세입에서는 분임징수관, 세출에서는 분임경리관으로서 역할을 수행한다. 출납원이 장기휴가나 장기출장 등으로 장기간 회계업무를 처리하지 못하는 사유가 발생하거나 수학여행·현장학습 등의 업무수행을 위하여 필요한 경우에는 출납원의 사무를 대리하여 처리하는 임시출납원을 임명할 수 있다.

(2) 교감

교감은 교장이 부득이한 사유로 회계업무를 수행할 수 없을 때에 그 직무를 대행한다. 이 때에는 회계관계공무원으로서 관계법령에 규정된 의무와 책임을 진다.

(3) 교사

교과운영이나 교무운영 등에 소요되는 예산은 관계 교직원과 사전 협의를 거쳐 집행품의를 할 수 있다. 물품구입품의 시에는 구입요구물품에 대한 검사공무원으로 지정받을 수 있고, 그 지정받은 물품에 대하여 검사를 할 수 있다. 이 경우에는 회계직공무원이 입회하여야 한다. 수학여행, 수련활동 등 현지에서 경비집행이 필요하여 학교장의 지정을 받은 경우 임시 학교회계출납원이 될 수 있다(서정화 외, 2012: 368).

3. 학교예산의 편성 · 심의 · 확정

가. 예산편성 · 심의 · 확정 절차[3]

1) 학교회계예산편성기본지침 시달

교육청은 학교에서 예산을 자율적으로 편성할 수 있도록 학교회계예산편성

3) 학교예산의 편성 · 심의 · 확정 절차는 교육부 · 한국교육개발원(2000). 학교회계 길잡이-행정실무용의 내용을 요약 정리하였다.

기본지침을 시달하고, 학교는 이 지침에 따라 예산을 편성한다. 기본지침에 포함되는 내용은 관할청의 교육시책, 교육재정여건, 예산과목 구조 및 과목 해소 등이다. 여기에서 과목해소는 예산과목에 대한 설명이나 해설이다. 예산의 과목은 매년 동일하나 과목에 포함될 내용이 조금씩 달라지기 때문에 이를 설명하여 착오 없이 예산을 기록하도록 하기 위해 과목설명(해소)을 한다.

① 학교회계예산 편성기본지침 시달	· 회계연도 개시 3개월 전까지 단위학교에 시달
	· 관할청의 교육재정여건 및 운용방향 · 교육시책 및 권장사업 · 예산과목 및 과목해소 등 학교예산운영에 관하여 필요한 제반내용
↓	
② 교직원의 예산 요구서 제출	· 부별 또는 개인별 예산요구서 제출
	· 예산편성지침 시달 후 학교예산편성방향 및 계획에 따라 제출 · 교육과정운영 및 학교운영을 위하여 필요한 사업 및 재정 소요액 등 기록
↓	
③ 연간 총 전입금 및 분기별 자금교부계획 통보	· 회계연도 개시 50일전까지 관할청으로부터 학교회계로 전출되는 금액의 총 규모 및 분기별 자금교부계획 통보
	· 목적사업의 경우 대상학교가 지정되는 대로 확정 · 통보
↓	
④ 예산사정작업 및 예산안 확정	· 단위학교의 총 세입규모를 확정 · 부별 또는 전체 조정회의를 거쳐 예산안 확정
↓	
⑤ 예산안 제출	· 회계연도 개시 30일 전까지 학교운영위원회에 제출
↓	
⑥ 예산안 통지	· 학교운영위원들에게 회의개최 7일 전까지 통보
↓	
⑦ 예 · 결산 소위원회 심사	· 예산안 심사 후 심사보고서를 운영위원회에 제출
↓	

⑧ 예산안 심의	· 회계연도 개시 5일 전까지 심의, 학교장에게 심의결과 통지
↓	
⑨ 예산확정	· 학교장 확정
↓	
⑩ 예산공개	· 학교 홈페이지 게시 및 가정통신문 등을 통해 공개

[그림 11-1] 예산편성·심의·확정 과정

자료: 서정화 외(2012). 학교경영 길라잡이. 서울: 한국학교교육연구원 · 서울특별시교육청. p. 375.

2) 교직원의 예산요구서 제출

(1) 단위학교 예산편성작업 개시

단위학교에서는 매년 11월 말까지 관할청으로부터 단위학교에 시달된 예산편성기본지침을 바탕으로 학교의 예산편성방향을 결정하고 소속 교직원으로부터 예산요구서를 제출받아 예산편성작업을 시작한다.

(2) 학교구성원에 대한 사전교육 실시

학교재정을 자율적이고 효율적으로 편성하기 위해서는 소속 교직원이 예산에 대해 잘 알고 적극적으로 참여하여야 한다. 소속 교직원이 예산과정에 적극적으로 참여하기 위해서 교직원을 대상으로 학교예산과정, 가용재원규모, 학교운영의 기본방향, 예산요구서 제출의 필요성 등 학교재정 운영에 대한 전반적인 사항을 자체적으로 교육할 필요가 있다.

(3) 교직원의 예산요구서 제출

학교의 예산은 교직원의 예산요구서에 기초하여 편성된다. 이를 위해서 교직원이 부서별, 개인별로 예산요구서를 제출하고 이를 취합하고 조정하여 부서별 예산요구서를 작성한다.

교직원들이 예산요구서를 작성할 경우 학교의 가용재원, 부서별 가용재원을 미리 알려주어 예산의 범위 내에서 예산요구를 할 수 있도록 하여야 무리하게 예산을 요구하지 않는다.

3) 연간 총 전입금 및 분기별 자금교부계획 통보

연간 총 전입금은 시·도교육비특별회계에서 학교회계로 전출하는 재원으로 학교예산에서 가장 큰 비중을 차지한다. 회계연도 개시 50일 전까지 학교별로 연간 전출해야 할 금액 및 분기별 자금교부계획을 통지하여야 한다.

4) 예산 사정작업 및 예산안 확정

학교에서는 확정된 자금교부계획에 따라 예산을 조정하여 확정하여야 한다. 교직원이 제출한 예산안과 자금 교부되는 예산의 규모를 조정하여 예산안을 확정한다. 예산안이 확정되는 시기는 전입금 교부계획이 통보된 후인 1월 중순경이다.

5) 예산안 제출

학교의 장은 위의 과정을 거쳐 편성된 예산안을 회계연도 개시 30일 전까지 학교운영위원회에 제출하여 심의를 의뢰하여야 한다(「초·중등교육법」 제30조의 3 ②).

학교의 장은 예산안을 학교운영위원회에 제출한 후에도 전입금 규모의 변경 및 사업계획의 변화 등으로 재정수요 및 조달에 차질을 초래할 것이 명백히 예측되어 기 제출한 예산안을 수정하는 것이 불가피한 경우에는 수정예산안을 작성하여 학교운영위원회에 다시 제출할 수 있다.

6) 예산안 심의

(1) 예산안 송부

학교장으로부터 예산안이 제출되면 학교운영위원장은 학교운영위원들에게 예산안 심의를 위해 회의 개최 7일 전까지 예산안을 개별적으로 통지하여야 한다.

(2) 예 · 결산심사소위원회의 구성 및 운영

예산안의 효율적인 심의를 위하여 학교운영위원회에서 본회의 개최 전에 예 · 결산소위원회에서 예산안을 심사하여야 한다. 소위원회 위원은 학교운영위원과 외부전문가 및 학부모 등으로 구성할 수 있다. 학교의 규모가 작은 경우에는 소위원회를 개최하지 않아도 된다.

(3) 제안 설명 및 관계자 의견청취

예산안 심의를 위해 학교운영위원회의가 개최되면 학교장이 학교 운영방향, 재정규모 및 전체 예산안에 대한 제안 설명을 한다. 제안 설명 시에는 각 항목의 필요성 등을 설명함으로써 학교운영위원들의 예산안에 대한 이해를 높이고 효율적으로 예산안 심의를 하도록 한다. 이 경우 전체 학교재정의 운용방향 및 예산편성기준에 대해서는 학교장이 하되 개별적인 항목에 대한 상세한 설명은 예산안 편성의 실무자가 할 수 있다.

(4) 예산심의의 성격 및 한계

학교운영위원회는 예산안 심의 시 학교장의 동의 없이 새로운 사업예산을 편성하거나 이미 편성된 예산과목의 금액을 증액할 수 없다. 이는 학교장의 예산편성 및 운영에 대한 권한을 존중하고 상호 견제와 균형을 통하여 구성원들의 의견을 합리적으로 수렴하기 위한 것이다. 예산안 심의의 결과 불필요하다고 판단되거나 삭감할 필요가 있는 예산은 예산심의 과정에서 감축할 수 있다.

7) 예산심의 결과의 송부 및 예산의 확정

학교운영위원회는 회계연도 개시 5일 전까지 예산안을 심의하고 그 결과를 학교장에게 송부하여야 하며 학교장은 예산안을 송부받은 후 예산을 확정하고 이에 따라 예산을 집행하게 된다(「초 · 중등교육법」제30조의 3 ③).

나. 추가경정예산

추가경정예산이란 예산 성립 후에 생긴 사유로 인해 필요한 경비의 과부족이 생길 때 본예산에 추가 또는 변경을 가한 예산을 말한다. 다만 국가 또는 지방자치단체 등으로부터 그 용도가 지정되고 소요전액이 교부된 경비 또는 학부모가 부담하는 수익자부담경비는 추가경정예산의 성립 전에 이를 사용할 수 있으며, 동일 회계연도 내의 차기 추가경정예산에 계상하여야 한다.

4. 학교예산의 집행

가. 예산의 목적 외 사용금지

학교의 장은 세출예산에서 정한 목적 외의 경비를 사용하거나 세출예산이 정한 각 정책사업 사이에 상호 이용할 수 없다(충청남도 공립학교 회계규칙 제17조 ①). 학교운영위원회를 통해 심의 · 확정된 예산은 법률과 같아 교장이 마음대로 변경하여 사용할 수 없으며 편성된 대로 집행을 해야 한다.

나. 예산집행의 신축성 부여

예산집행은 정해진 목적과 예산의 범위 내에서 이루어지는 것이 원칙이나 여건 변화에 효율적으로 대처하기 위하여 예산의 목적 외 사용금지의 예외로서 예산집행의 신축성이 필요하다. 예산을 신축적으로 운영하기 위한 방안으로 예산의 이용 · 전용을 들 수 있다(교육부 · 한국교육개발원, 2000: 49-53).

1) 예산의 이용과 전용

학교예산의 이용은 정책사업 과목 간의 예산을 변경하는 것을 말한다. 예산의 이용은 입법과목이기 때문에 학교운영위원회의 심의가 필요하다. 그러나 세출예산의 반환을 위한 경우 이용이 가능하며 이 때에는 학교운영위원회의 심의를 생략할 수 있다(「서울특별시 공립학교회계 규칙」 제15조).

학교예산의 전용은 정책사업 내의 단위사업 간이나 세부사업 간에 예산을 변경하는 것을 말하는 것으로 이를 행정과목이라 한다. 인건비와 시설비를 제외한 정책사업 내의 단위사업과 세부사업 간의 예산 전용은 가능하나 업무추진비로 사용하기 위한 전용이나 회계연도가 경과한 후에는 전용이 허용되지 않는다(「서울특별시 공립학교회계 규칙」 제16조 ①).

예산의 집행과정에서 예산의 이 · 전용을 하였을 경우에는 그 명세서를 작성, 결산 시에 제출하여야 한다. 이는 예산집행결과의 투명성을 제고하고 심의 시 그 집행내역을 정확하게 파악하여 결산심의의 효율성을 높이기 위한 것이다(「서울특별시 공립학교회계 규칙」 제16조 ②).

2) 계속비

계속비란 공사나 제도 등 그 완성에 수년을 요하는 경우 소요경비의 총액과 연도별 소요금액을 정하여 미리 학교운영위원회의 심의를 거쳐 수년에 걸쳐 지출하는 경비다. 계속비로써 지출할 수 있는 연한은 당해 회계연도를 포함하여 5년 이내이며 학교운영위원회의 심의를 얻은 경우는 그 기간을 연장할 수 있다.

3) 예산의 이월

예산의 이월이란 예산을 다음 연도에 넘겨서 다음 회계연도의 예산으로 사용하는 것을 말한다. 예산은 1년에 한하여 효력을 가지게 되므로 미사용액은 다음 회계연도의 세입이 되어 다시 학교운영위원회의 심의를 거치는 것이 원칙이다. 하지만 이러한 과정이 반복됨으로써 예산과정의 비효율성을 초래할 수 있으므로 전년도에 편성한 예산을 그대로 승계하여 다음 연도에 집행하도록 하는 이월이 있다. 이들 이월은 명시이월, 사고이월, 계속비이월이다. 순세계잉여금은 이들 이월과 달리 다음 연도 세입이 되어 예산편성을 통해 집행된다.

명시이월은 세출예산 중 경비의 성질상 당해 회계연도 안에 지출을 끝내지 못할 것이 예상되어 명시이월비로 그 취지를 세입·세출예산에 명시하여 학교운영위원회의 심의를 거쳐 다음 연도에 이월하여 사용하도록 하는 제도이다(「서울특별시 공립학교회계 규칙」 제18조 ①).

사고이월은 당해 연도 예산집행과정에서 지출원인행위를 하고 불가피한 사유로 지출을 끝내지 못할 것이 예상되는 경비와 지출원인행위를 하지 아니한 부대경비로 다음 연도에 사용하도록 하는 제도이다(「서울특별시 공립학교회계 규칙」 제18조 ②).

계속비이월은 연도별 소요경비의 금액 중 당해 연도에 지출하지 못한 금액은 당해 계속비의 사업완성연도까지 차례로 이월하여 사용할 수 있게 하는 제도이다(「서울특별시 공립학교회계 규칙」 제18조 ③).

이와 같이 전년도로부터 명시이월이나 사고이월 또는 계속비의 이월이 있었을 경우는 당해 회계연도 세출예산집행 시에 예산현액으로 관리하게 되며 당해 회계연도에 발생한 명시이월이나 사고이월은 그 내역 및 이월액, 이월사유 등을 명백히 한 명세서를 작성하여 관리하고 결산 시에 학교운영위원회에 제출하여야 한다.

표 11-4 명시이월과 사고이월의 비교

구분	명시이월비	사고이월비
내용상 요건	당해 연도에 그 지출을 끝내지 못할 것이 예상되는 경비로서 세출예산에 명시(예산 성립 시점)	지출원인행위를 하였으나 그 이후 불가피한 사유로 인하여 당해 연도 내에 지출하지 못한 경비 (회계연도 말 시점)
절차상 요건	학교운영위원회 사전심의 필요	학교운영위원회 사전심의 불필요
재이월	이월연도 지출원인 행위 액에 대하여 사고이월 가능	재 사고이월 불가

자료: 서울특별시교육청(2012). 2012 서울특별시 학교회계 예산편성지침. p. 18.

4) 예 · 결산의 공개

위의 과정에 따라 편성 · 집행된 예 · 결산은 관할청이 정하는 바에 의하여 교직원 등 학교구성원들에게 공개하여야 한다(「서울특별시 공립학교회계 규칙」 제47조 ①).

5. 학교예산의 결산 및 감사

가. 학교예산의 결산

결산은 매 회계연도가 종료하는 시점을 기준으로 회계연도에 있어서 단위학교의 재정활동 전반에 대한 수입과 지출의 실적을 확정적 계수로 표시하는 행위를 의미한다. 따라서 학교운영위원회의 결산 심의는 학교구성원의 대표자들에 의해 단위학교 재정계획의 수립, 그 운영 및 사업집행의 효과에 이르기까지 학교운영의 전체적인 면을 파악하여 예산집행의 타당성을 평가하는 단위학교 재정운영의 가장 중요한 과정 중의 하나다(교육부 · 한국교육개발원, 2000: 56-69; 서정화 외, 2012: 385-387).

학교장이 학교회계 세입 · 세출결산서를 작성하여 학교운영위원회에 제출할 때는 예비비 사용명세서, 세출예산 이 · 전용명세서, 계속비조서, 명시이월비 · 사고이월비 명세서 및 계속비이월 명세서, 기타 결산심의에 필요한 자료 등을 함께 제출하여야 한다.

학교운영위원회 및 예 · 결산소위원회의 학교회계 세입 · 세출결산 심의는 예산안 심의 절차에 준하며, 학교운영위원회는 결산 심의 후 그 결과를 회계연도 종료 후 4월 안에 학교장에게 통보하여야 한다.

표 11-5 학교예산의 결산 과정

구분	결산 내용
회계연도 종료	· 매년 2월 말일 기준 · 당해 회계연도의 징수행위 및 지출원인행위 종료
출납폐쇄 정리	· 회계연도 종료 후 20일 이내(3월 20일까지) 출납폐쇄 정리 · 당해 회계연도에 징수행위 및 지출원인행위가 된 사항의 세입금 수납 및 세출금 지출 마감
결산서 작성	· 제 장부 마감 및 세입 · 세출 결산서 작성 · 예산의 이 · 전용 내역, 이월경비 내역, 예비비 사용내역 첨부
결산서 제출	· 회계연도 종료 후 2월 이내(4월 30일까지) 학교운영위원회에 제출
예 · 결산소위원회 심사	· 예 · 결산소위원회에 결산안 회부 · 결산안에 대한 심사 후 심사보고서를 운영위원회에 제출
결산 심의	· 학교운영위원들에게 회의개시 7일 전까지 결산서 개별 통보 · 단위학교의 장이 결산안 내용 설명 · 의문사항에 대하여 관련 교직원 의견 청취
결산안 심의결과 통보	· 회계연도 종료 후 4월 이내(6월 30일까지)에 결산심의 결과를 학교장에게 통보

자료: 서정화 외(2012). 학교경영 길라잡이. 서울: 한국학교교육연구원 · 서울특별시교육청. p. 385-386.

1) 세입결산서 내용

세입결산서에 기록할 내용은 각각의 목별로 세입내역, 예산액, 징수결정액, 수납액, 불납결손액 및 미수납액 등이다.

표 11-6 세입결산서에 기록할 내용

구 분	내 용
산출기초	각 목별 수입내역
예산액	추가경정예산을 포함한 최종 세입예산액
예산현액	예산현액 = 예산액 + 전년도 이월액(명시 · 사고 · 계속비이월)

구 분	내 용
징수결정액	법령, 조례, 규칙 등에 의하여 세입의 원인이 되는 사실이 발생하고 이를 징수하기로 결정한 금액 징수결정액 = 수납액 + 불납결손액 + 미수납액
결산액(수납액)	징수결정액 중에서 실제로 학교회계에 수납된 금액
불납결손액	징수결정액 중에서 결손 처분한 금액
미수납액	징수결정액 중에서 당해 회계연도 내에 수납되지 않은 금액으로 다음 연도 이후에 징수해야 할 금액

자료: 교육부 · 한국교육개발원(2000). 학교회계 길잡이. 서울: 교육부 · 한국교육개발원, p. 59.

2) 세출결산서의 내용

세출결산서에 기록할 내용은 각각의 세부사업별로 집행내역, 예비비 지출내역, 이 · 전용내역, 사고이월 · 명시이월 내역 등이다.

표 11-7 **세출결산서에 기록할 내용**

구 분	내 용
산출기초	각 세부사업별로 집행내역을 기록
예산액	추가경정예산을 포함한 최종 세출예산액
예산현액	당해 연도에 실제로 지출할 수 있는 금액 예산현액 = 예산액 + 예비비 지출액 + 전년도 이월액(명시 · 사고 · 계속비) + 이 · 전용 등 증감액
결산액 (지출액)	예산현액 중에서 실제로 지출된 금액
이월액	당해 연도 예산현액 중에서 다음 연도로 이월하는 국고보조금 잔액, 명시이월액, 사고이월액, 계속비 이월액의 금액
불 용 액	예산현액에서 지출액과 다음 연도 이월액을 제외한 잔액

자료: 교육부 · 한국교육개발원(2000). 학교회계 길잡이. 서울: 교육부 · 한국교육개발원, p. 59.

나. 감사

1) 감사의 목적

감사는 교육행정 운영의 적정성 · 능률성 · 효율성을 제고하고, 교육시책을 원활하게 추진하기 위해 수행된다. 감사를 수행함으로써 엄정한 공직기강을 확립하고 교육에 대한 국민의 신뢰를 구축하게 한다.

2) 감사의 유형(최준렬, 2001: 969-971)

(1) 감사의 주체에 따른 유형

감사의 주체에 따라 내부감사와 외부감사로 나뉜다. 내부감사는 피감사기관 내부의 감사기구에 의해 행해지는 감사이고, 외부감사는 제3자의 외부 감사담당기관이 실시하는 감사다.

(2) 감사방법에 따른 유형

감사방법에 따라 서면감사와 실지감사로 구분된다. 서면감사는 서류감사라고도 하며 서면으로 제출받아 수행하는 감사이고, 실지감사는 현장감사라고도 하며 피감사기관에 출장하여 수행하는 감사다.

(3) 감사시기에 따른 유형

감사시기에 따라 사전감사와 사후감사로 나뉘는데 사전감사는 지출이 있기 전에 법령의 규정에 의해 미리 지출의 합법성을 승인하는 것이고, 사후감사는 지출이 이루어진 후 지출의 합법성과 회계의 정당성을 감사하는 것으로 감사의 대부분이 사후감사다.

(4) 감사의 내용에 따른 유형

감사의 내용에 따라 합법성 감사, 경제 · 능률성 감사, 효과성 감사, 효율성 감사로 구분된다. 합법성 감사는 행정의 합법성에 대한 감시와 통제를 위해 실시하는 감사로 회계감사의 범위를 넘어 행정행위까지 시행하는 감사이고, 경제 · 능률성 감사는 피감사기관이 재원을 경제적이고 능률적으로 관리 · 이용하고 있는지를 검토하는 감사다. 효과성 감사는 피감사기관이 수행한 사업이나 활동의 성과가 설정한 목표를 달성하였는지를 검토하는 감사이고, 효율성 감사는 피감사기관이 수행한 사업의 투입 대비 산출의 비율을 검토하는 감사로 사업의 경제성을 분석하는 감사다.

(5) 감사의 범위에 따른 유형

감사의 범위로 구분하면 포괄적 감사, 선별적 감사로 나뉜다. 포괄적 감사는 감사대상에 대해 합법성, 경제성, 능률성, 효과성 등을 모두 실시하는 감사이고, 선별적 감사는 감사대상에 대해 합법성, 경제성, 능률성, 효과성 중의 하나 또는 둘을 선택하여 시행하는 감사다.

(6) 감사 주기에 따른 유형

감사 주기를 기준으로 구분해 보면 정기감사, 수시감사로 나뉘어진다. 정기감사는 일반감사라고도 하며 감사의 주기에 따라 시행하는 감사이고, 수시감사는 필요에 따라 수시로 시행하는 감사다.

(7) 기타의 유형

이 외의 감사로는 대행감사, 위임감사, 교체감사, 정책감사 등이 있다. 대행감사는 국가기관이나 지방자치단체가 감사원의 감사지침에 따라 감사를 실시하고 이 결과를 제출하여 심사함으로써 감사원의 감사를 대행하도록 하는 감사이고, 위임감사는 국가의 회계사무 중 도급경비와 같은 특정분야의 업무를 중앙관서의 장으로 하여금 감사를 실시하게 하여 감사를 보완하는 방법이다. 교체감사는 같은 종류의 업무를 수행하는 기관으로부터 감사인력을 지원받아 인력을 바꾸어 시행하는 감사다. 정책감사는 정부의 사업이나 기능을 대상으로 경제성, 능률성, 효과성을 평가하여 개선방안을 제시하는 데 중점을 둔 감사다. 회계의 잘못을 지적하는 회계감사와는 범위나 방향이 다르다.

3) 감사의 판단기준

감사의 판단기준은 합법성, 타당성, 효율성이다. 첫째, 합법성은 법령, 조례, 훈령, 예산, 계약, 내부기준, 회계원칙, 회계관습, 행정규범, 행정준칙 등의 기준에 부합되었는가를 판단하는 기준이고, 둘째, 타당성은 사업의 목적에 부합되었는가를 판단하는 감사이다. 진실, 정당, 공평, 도덕성이 판단의 기준이 된다. 허위공문서 작성, 공문서 변조, 계약물량의 과다 계상 등이 검토 대상이다. 셋째, 효율성은 경제성, 능률성, 효과성을 검토하는 감사다.

4) 감사 착안 사항

감사를 수행하면서 착안하는 사항으로 첫째, 관리 통제가 미흡한 분야이다. 감사를 수행하는 과정에서 모든 분야를 감사하는 데에는 많은 한계가 있기 때문에 관리가 취약한 분야를 집중적으로 감사를 실시한다. 따라서 관리통제가 미흡한 분야를 집중적으로 준비하는 것이 감사에 대비하는 방안이 될 수 있다. 학교회계의 경우 예산의 목적 외 사용 금지의 원칙, 회계연도 독립의 원칙, 예산의 이용 · 전용, 예산의 이월, 예비비, 계속비, 징수결정, 수납액, 미수납액, 불납결손액, 예산현액, 지출원인행위, 불용액 등이 예산의 주요 내용이고 착오가 발생할 가능성이 많기 때문에 이를 검토하여 준비하는 것이 필요하다.

둘째, 감사 대상 업무 중 중요한 사항이다. 감사자는 감사기간을 고려하여 감사대상 업무 중 중요한 사항을 선정하는데 이를 고려하여 감사에 대비하는 것이 착안 사항이 된다.

셋째, 비경제 · 비능률 · 비효과가 예상되는 사항이다. 경제성, 능률성, 효과성을 검토하여 유도하는 것이 감사의 기능이기 때문에 이 부분을 예상하여 감사를 준비할 필요가 있다.

넷째, 취약분야이다. 금전적 유혹이나 외부의 청탁 등으로 부당한 처리가 발생할 개연성이 높은 분야를 철저히 준비하는 것이 감사의 착안 사항이다(한국교육재정경제학회편, 2004: 315-341).

참고문헌

곽채기(2005). "주민참여예산제도의 바람직한 운영모델과 사례분석." 안산시 주민참여예산제도의 올바른 정착을 위한 정책토론회. 2005년 4월 4일. 안산예산감시네트워크, 안산지방자치개혁시민연대. pp. 4-44.

교육부 · 한국교육개발원(2000). 학교회계 길잡이 행정실무용. 서울: 교육부 · 한국교육개발원.

김관보 · 김옥일(2007). "예산과정의 시민참여 성과의 영향요인에 관한 연구." 지방정부연구. 한국지방정부학회. 11(2), pp. 87-107.

다음(2013). 국어사전.

사학기관 재무 · 회계 규칙(2013). 국가법령정보센터.

서울특별시 공립학교회계 규칙(2013). 국가법령정보센터.

서울특별시 교육비특별회계 재무회계 규칙(2013). 국가법령정보센터.

서울특별시교육청(2012). 2012 서울특별시 학교회계 예산편성지침.

서정화 외(2012). 학교경영 길라잡이. 서울: 한국학교교육연구원 · 서울특별시교육청.

임연기 · 최준렬(2012). 교육행정 및 경영탐구. 경기: 공동체.

지방재정법(2013). 국가법령정보센터.

최준렬(2001). "학교회계감사." 교육재정경제학백과사전. 한국교육재정경제학회.

충청남도 공립학교회계 규칙(2013). 국가법령정보센터.

충청남도교육청(2008). 복식부기 및 학교회계시스템의 이해.

학교발전기금의 조성 · 운용 및 회계관리에 관한 규칙(2013). 국가법령정보센터.

한국교육재정경제학회(2004). 학교재무관리의 이론과 실제. 서울: 하우.

제12장

편안하고 안전한 시설관리

김세진(압구정고등학교 교장)

1. 학교시설의 관리
2. 학교시설의 안전관리
3. 학교시설의 개방 및 이용
4. 학교 안전 관련 법률
5. 학교 안전에 관한 판례

인간의 성격형성은 타고난 천성이 매우 중요한 역할을 하고 있다. 그러나 인간은 천성뿐만이 아니라 환경에 따라 성격형성이 많이 좌우된다. 그 중에서 가정환경이 가장 중요하다는 것은 재론의 여지가 없다. 그러나 시설도 중요한 환경요인으로 작용을 한다. 주변이 잘 정돈된 시설은 학생들에게 정서적으로 안정된 분위기를 제공해 바람직한 인성을 형성시킬 수 있다. 그러나 정돈되지 못하거나 제대로 관리되지 못한 시설들은 학생들의 정서를 불안하게 만들며 안전을 위협하는 흉기로 돌변할 수 있다. 따라서 시설을 아름답게 꾸미는 것도 중요하지만 이 시설을 안전하게 관리하는 것도 대단히 중요하다. 이 장에서는 학생들에게 필요한 각종 시설물의 내용을 살펴보고 이를 안전하게 관리하는 문제에 대해서 알아보기로 한다.

1. 학교시설의 관리

가. 학교시설의 개요

학교시설이란 교지 위에 구축된 교사(校舍), 체육관, 강당 등의 건축물과 전기, 소방, 담장, 체육장 등을 말한다.

나. 학교시설 · 설비의 기준

학교의 설립 · 운영에 있어서 필요한 시설 · 설비 기준은 '고등학교 이하 각급 학교 설립 · 운영규정' 에서 정하고 있다. 교사(校舍)는 교실, 도서실 등 교수-학습 활동에 직 · 간접적으로 필요한 시설물로써 교수-학습에 적합하여야 하고, 그 내부 환경은 「학교보건법」 제4조의 규정에 의한 환경위생 및 식품위생의 유지 · 관리에 관한 기준에 적합하여야 한다. 여기서 환경위생은 환기 · 채광 · 조명 · 온도 · 습도의 조절, 상하수도 · 화장실의 설치 및 관리, 오염공기 · 석면 · 폐기물 · 소음 · 휘발성 유기화합물 · 세균 · 먼지 등의 예방 및 처리 등을 말하며 식품위생은 식기 · 식품 · 먹는 물의 관리 등을 의미한다.

복합시설은 교육상 지장이 없는 범위 안에서 문화 및 복지시설, 생활체육시설, 평생교육시설 등을 둘 수 있다. 교사용 대지의 기준면적은 건축관련 법령의 건폐율 및 용적률에 관한 규정에 따라 산출한 면적으로 한다. 건폐율과 용적률은 다음의 공식에 의하여 구한다.

건폐율 = 건축면적 / 대지면적 × 100
용적률 = 건축연면적(지하층 제외) / 대지면적 × 100

체육장(옥외 체육장)은 배수가 잘 되거나 배수시설을 갖춘 곳에 위치하여야 하며, 교육상 지장이 없다고 인정되는 경우에는 체육장을 두지 아니하거나, 체육장의 기준 면적을 완화하여 인가할 수 있다.

교지(校地)는 교사용 대지와 체육장의 면적을 합한 용지로써 교사의 안전 · 방음 · 환기 · 채광 · 소방 · 배수 및 학생의 통학에 지장이 없는 곳에 위치하여야 한다. 급수시설은 수질검사 결과 위생상 무해하다고 판명된 것이어야 하며, 온수를 공급할 수 있는 시설을 갖추어야 한다.

다. 학교장 및 교직원의 책무

학교장은 시설물의 구조상 학교구성원과 지역사회 주민의 안전한 이용을 위하여 학교시설을 쾌적하고 안전하게 유지 · 관리하여야 하고 직원은 학생들이 학교시설을 올바르게 이용하고, 나아가 사회의 공공시설을 사용함에 있어

올바른 인식과 태도를 갖도록 지도하여야 한다.

라. 학교시설 관리의 중요성

학교 건축물의 내구연한과 성능은 시공에 의해서 결정되는 것이지만, 학교 시설물의 그 사용조건과 유지관리 방법에 따라 크게 좌우된다. 시설물의 노화 · 감모 현상은 처음에는 매우 천천히 진행되다가 일정한 한계를 넘는 단계에서부터는 기능이 급격히 떨어지게 되며 고장 및 기능상실로 이어지게 된다. 이에 따라 학교 시설물이 안전하다고 판정되는 단계에서 점검 · 보수를 계획적으로 실시하여 노화 · 감모에 도달하기 이전에 시설물의 내용연한을 연장하여야 한다.

마. 학교시설 유지 관련 법규

구 분		내 용
소방 시설	소방 점검	• 연1회 이상 한국소방안전협회 또는 소방시설관리업자로부터 종합정밀점검을 받는다. –「소방시설 설치유지 및 안전관리에 관한 법률」 제25조 • 기관장은 자체소방점검계획을 수립하여 월 1회 이상 소방점검을 실시한다.
	방화 관리자	• 기관장은 방화관리업무를 원활하게 수행하기 위하여 감독적 직위에 있는 자를 방화관리자로 선임한다. – 법 제41조 제1항의 규정에 의하여 강습 또는 실무교육을 받은 자
	방호원	• 화기단속과 화재예방을 위한 조치를 하여야 한다.
정화조	청 소	• 정화조는 연 1회 이상 내부청소를 하여야 한다. –「하수도법 시행규칙」 제33조
보일러	계속 사용 검사	• 강철제 보일러, 주철제 보일러, 소형온수 보일러 등 –「에너지이용합리화법」 제39조, 「열사용기자재관리규칙」 제31조
	조정자	• 자격: 열관리기사, 열관리산업기사, 보일러기능장, 보일러산업기사, 보일러취급기능사

<table>
<tr><th colspan="2">구 분</th><th>내 용</th></tr>
<tr><td></td><td></td><td>☞ 인정검사대상기기 조정자의 교육을 이수한 자
–「열사용기자재관리규칙」 제47조</td></tr>
<tr><td rowspan="2">환 경</td><td>점 검</td><td>• 학교장은 환기 · 채광 · 조명 · 온습도의 조절, 상하수도 · 화장실의 설치 및 관리, 오염공기 · 석면 · 폐기물 · 소음 · 휘발성유기화합물 · 세균 · 분진 등의 예방 및 처리 등 환경위생을 적절히 유지 · 관리하여야 한다. ⇒ 기준 미달 시 시설의 보완 등 필요한 조치
–「학교보건법」 제4조</td></tr>
<tr><td>환경
위생
관리자</td><td>• 환경 · 위생을 유지 · 관리하기 위하여 소속 직원 중에서 지정한다.
–「학교보건법 시행규칙」 제3조의 3</td></tr>
<tr><td rowspan="5">도시
가스</td><td>정기
검사</td><td>• 1년마다 정기검사를 받아야 한다.
–「도시가스사업법」 제17조</td></tr>
<tr><td>보험
가입</td><td>• 특정가스시설사용자는 보험에 가입하여야 한다.
–「도시가스사업법」 제43조</td></tr>
<tr><td>안 전
관리자</td><td>• 안전관리 총괄자(학교장)
• 안전관리 책임자 1인 – 사업장마다 1명
☞ 안전관리 책임자: 가스기술사, 가스산업기사 이상의 자격을 가진 자로서 가스관계 업무에 종사한 실무경력이 5년 이상인 자
–「도시가스사업법 시행령」 제15조</td></tr>
<tr><td>시설
점검</td><td>• 가스시설 사용자는 그 설비의 작동상황을 정기 또는 수시로 점검하고 이상이 있을 때에는 지체없이 보수 등의 조치를 하여야 한다.
–「도시가스사업법」 제17조</td></tr>
<tr><td>정압기
분해
점검</td><td>• 정압기는 2년에 1회 이상 분해점검을 실시하고 1주일에 1회 이상 작동상황을 점검한다.
• 필터는 가스공급 개시 후 1개월 이내 및 가스공급개시 후 매년 1회 이상 분해하여 점검한다.
–「도시가스사업법 시행규칙」 〈별표 6〉</td></tr>
<tr><td>물탱크</td><td>청 소</td><td>• 6개월마다 1회 이상 청소 및 소독을 하여야 한다.
–「수도법」 제21조
–「수도시설의 청소 및 위생관리 등에 관한 규칙」 제6조</td></tr>
<tr><td>승강기
(덤웨이
터 포함)</td><td>정기
검사</td><td>• 1년마다 정기검사를 받아야 한다.
–「승강기시설 안전관리법」 제13조</td></tr>
</table>

구 분		내 용
	자체 검사	• 승강기의 관리주체는 월 1회 이상 자체점검 하여야 한다. ⇒ 유지관리용역을 체결하여 자체검사를 실시할 수 있다. –「승강기시설 안전관리법」 제17조
	관리 주체	• 승강기의 소유자로서 관리책임이 있는 자 • 계약에 의하여 승강기의 관리책임을 진 자 –「승강기시설 안전관리법」 제2조
	운행 관리자	• 관리주체는 승강기의 운행에 대한 지식이 풍부한 자를 운행관리자로 선임하여 당해 승강기를 관리하도록 하여야 한다.⇒ 관리주체는 승강기 관리에 관한 교육을 받아야 한다. –「승강기시설 안전관리법」 제16조의 2

바. 학교시설물의 유지관리

1) 건축 분야

교사 외벽이 벽돌조(치장벽돌 쌓기)인 건물은 수시로 창문 상부, 인방 및 옥상 난간부(특히 파라펫 상부), 교사동의 양 측벽 등 외벽을 주의 깊게 관찰하여 균열 및 탈락 여부를 파악하여 조치하고, 내부천장 몰탈의 탈락 및 심한 균열, 들뜸 등은 사전에 제거하고 균열부위를 조속히 보수한다. 발코니 및 파라펫은 몰탈 균열 및 탈락, 누수여부를 잘 점검하고 파라펫 난간을 잘 청소하여 물이 고이지 않게 한다. 옥상부분은 방수층의 경우 콘크리트로 보호하고 있지만, 국부적으로 강력한 충격을 주지 않도록 주의해야 한다. 또한 바닥의 콘크리트에 구멍을 뚫거나, 공작물을 지지하기 위해 앵커볼트 등을 매입하는 것은 방수층에 손상을 입혀 빗물에 의한 누수 원인이 되므로 신중을 기한다. 홈통 배수 상태를 양호하게 하기 위해서는 옥상 루프 드레인 및 바닥을 수시로 청소하고 태풍 피해가 예상되는 시기나 장마철 전, 눈이 내리기 전에는 반드시 이상 여부를 점검한다. 홈통에 이물질이 들어가지 않도록 하고, 벽체와의 부착상태를 점검한다. 창호는 내 · 외부의 코킹을 칼 등으로 긁지 않도록 하고, 떨어져 나간 부분은 철거 후 재 충진한다. 방화문을 도어스토퍼(쐐기 등)를 이용하여 강제로 개방한다든지, 방화문 또는 방화셔터 개폐에 지장이 되는 물체를 놓으면 화재 시에 방화구획이 형성되지 못하여 화재를 확산시키기 때문에 당초 시설된 상태로 보존한다. 방화문을 상시 사용하지 않는 경우는 3~6개월에 1회 정도의 작동테스트를 실시하도록 한다. 화장실 바닥 및 벽은 깨끗한 물 또는 비눗물로 청소하고 마른 걸레로 닦아 깨끗이 보존해야 하며 변기는 소독하고 비눗물 등으로 깨끗이 청소하여 관리한다. 칸막이의 송곳 및 칼집 자국 등은 수선이 불가능하니 학생에게 각별히 주의를 하도록 한다. 계단은 비상시에 주요한 피난통로가 되므로 피난에 장애가 되는 물체는 절대로 쌓아 놓지 않도록 한다. 마지막으로 건물주변의 공사로 인하여 침하 및 균열이 발생되었는지 경과 연수로 인한 노후로 발생되었는지 여부를 파악하고 필요한 조치를 취한다.

2) 토목 분야

옹벽의 경우 상단부에 배수로를 설치하여 뒤채움 토사의 유실을 방지하고 기울거나 표면에 없었던 균열이 발생하는지를 수시로 점검한다. 불안정한 옹벽은 장마 및 우기에 대비하여 경사면 등에 비닐 등을 덮어 우수가 옹벽의 배면으로 침투되지 않도록 옹벽의 상단부와 경사지 등에 임시 또는 유도 배수로 등을 설치한다.

석축은 배수공이 설치되어 있는지 또는 막힘 등으로 인하여 배수가 불량한지 여부를 점검하고 상부에 경사면이 있을 경우 석축배면에 물고임 현상이 발생되지 않도록 조치한다. 상부에 키가 큰 나무가 있을 경우 석축의 균열을 막기 위해 제거한다.

벽돌이나 블록으로 된 담장 일부가 토사 등에 묻혀 있는 경우에는 즉시 제거하고 수직 균열 발생시 몰탈 및 코킹제 등으로 부분보수 후 수시 점검한다.

만약에 수평균열이 발생하면 흔들림이 없어도 보수를 실시한다. 약한 힘에도 흔들림이 있으면 우선 학생들이 접근하지 못하도록 출입금지선, 접근금지 등의 안전조치와 응급조치(버팀목 등을 설치)를 동시에 실시한 후 보수하도록 하는 것이 원칙이다. 또한 철책의 부식된 부분의 녹은 깨끗이 제거한 후 도장을 하고 종, 횡골의 연결 볼트와 너트는 수시로 점검하여 풀림이 없도록 한다.

맨홀뚜껑이 파손 또는 침하되었을 경우 즉시 교체하되 가능하면 주철재 뚜껑을 사용하고 운동장이 심하게 침하되어 웅덩이가 발생하였을 경우 하수관로의 파손여부를 점검한다. 또한 수시로 맨홀 및 하수관로의 준설작업을 하여 흙 등이 쌓이지 않게 한다.

3) 기타 시설 분야

보일러가 정상적으로 작동하는지 수시로 점검하고 사용하지 않는 보일러는 급수배관의 물을 전부 배출시키며 동절기에는 동파방지를 위해 수시로 보일러를 가동한다.

정화조는 1일 처리용량이 200m³ 이상의 오수정화 시설은 6월마다 1회 이상 방류수 수질을 측정하고 단독정화조는 연 1회 이상 내부청소를 실시한다.

가스시설은 밀폐된 공간에서 가스가 누출되는 경우 폭발하기 쉬우므로 환기가 잘 되도록 하며 수시로 가스냄새 확인, 계량기 확인, 비눗물 검사, 검지기 점검, 가스 기밀시험(완성검사, 정기검사)을 실시한다. 또한 LPG가스는 공기보다 무거워 누설되면 낮은 곳에 고이게 되어 도시가스보다 위험하므로 가급적 사용하지 않도록 한다. LPG를 사용할 경우 용기는 반드시 옥외에 설치하며, 주위의 화기를 제거한다. 액화석유가스 사용시설의 설치공사 또는 변경공사를 완공한 때에는 사용 전에 완성검사를 받아야 하며 정기검사(1년)를 가스안전공사에서 받아야 한다. 아울러 액화석유가스 특정사용자는 사고로 인한 타인의 생명 · 신체나 재산상의 손해를 보상하기 위하여 보험에 가입하여야 한다.

4) 동절기 시설물의 유지관리

동절기에는 외기차단, 퇴수, 난방가동, 보온조치, 열선시공 등을 통해 학교 시설물의 동파를 방지해야 한다. 화장실의 창문과 배기휀 셔터를 완전히 닫아 배관이나 위생기구가 동결되지 않도록 조치한다. 방학 등으로 장기간 사용하지 않을 경우, 급배수 배관 및 위생기구 내의 물을 완전히 제거하여 동파를 사전에 방지한다. 또한 교실의 창문이 닫혀 있는지를 확인하여 배관이나 난방기구가 동결되지 않도록 조치한다. 부득이하게 난방시설 내에 있는 물을 퇴수하지 않았을 때에는 외기 온도에 따라 난방시설을 가동하여 난방배관이나 난방기구 등이 동파되지 않도록 조치한다.

2. 학교시설의 안전관리

가. 학교 안전사고의 예방

안전사고라 함은 학생과 교직원이 자신의 의사와 관계없이 입게 되는 각종의 사고를 말하며 학교장은 학교안전사고를 예방하고 학교시설을 안전하게 유지 · 관리하기 위하여 노력하여야 한다. 이를 위해 교내와 교외의 학교시설 및 장소에 안전표지물 등의 안내문을 붙이고, 비상시의 대피 경로를 쉽게 알아볼 수 있는 장소에 안내문을 게시하여야 한다.

학교에서 발생할 수 있는 안전사고의 유형을 살펴보면 위험개소로 지정된 건축물의 학생 출입으로 인한 안전사고, 파손된 맨홀의 방치로 인한 안전사고,

이동식 체육시설(농구대, 핸드볼 골대 등)의 고정조치 소홀로 인한 안전사고, 구름다리 등 놀이기구의 부식으로 인한 안전사고, 교실창문이 떨어지거나 건물의 균열로 인해 외벽타일, 벽돌 등이 떨어져 발생하는 안전사고, 발코니 추락사고 및 유리 청소 시 추락사고, 과학 및 가사 등 실험·실습 시 부주의로 인한 안전사고 및 교실출입구, 복도의 모퉁이, 계단 등에서의 충돌사고 등으로 나눠 볼 수 있다.

나. 안전점검의 목적

안전점검이라 함은 경험과 기술을 갖춘 자가 육안 또는 점검기구 등에 의하여 검사를 실시함으로써 시설물에 내재되어 있는 위험요인을 조사하는 행위를 말한다. 이를 통해 시설물의 노후화 방지로 기능향상 및 수명 연장하고 안전도 확인 및 위해요소를 사전에 제거하며 열화, 변형, 균열, 파손 등의 원인규명과 보완대책을 수립하며 용도변경이나 증·개축 여부까지도 판정한다.

다. 학교시설에 대한 안전점검

소방시설 및 화재대피시설, 비상탈출구, 운동장, 놀이시설, 실험실습시설, 체육시설, 교실(출입문 포함)·복도·난간·계단·현관·교문, 그 밖에 안전점검을 위하여 필요하다고 인정하는 시설에 대한 안전여부를 점검하여야 한다.

학교시설에 대한 안전점검은 크게 4가지 종류가 있다.

정기점검은 경험과 기술을 갖춘 자에 의한 세심한 외관조사 수준의 점검으로 교육감 및 교육장은 연 2회 분기별로 정기정검을 실시해야 하고, 학교장은 연 4회 분기별로 시설물 안전에 관한 점검을 실시하여 학교운영위원회에 보고하고 이를 공개하여야 한다(서울특별시립학교 시설물 안전관리에 관한 조례 제7조).

정밀점검은 건물 등급에 따라 면밀한 외관조사와 간단한 측정·시험장비로 필요한 측정 및 시험을 실시하는 점검이다. 건물 등급은 A등급(4년), B · C등급(3년), D · E등급(2년)으로 나누어 실시하고 등급별 노후상태 및 조치사항은 아래 표와 같다.

등 급	A등급	B등급	C등급	D등급	E등급
노후 상태	문제점이 없는 최상의 상태	경미한 손상의 양호한 상태	보조 부재에 손상이 있는 상태	주요 부재에 진전된 노후화 상태	주요 부재에 심각한 노후화 단면손실 발생, 안전성에 위험이 있는 상태
조치 사항		간편한 보수, 정비요망	조속한 보강 또는 시설 일부 해체 요망	긴급한 보수 · 보강 및 사용 여부 판단 요망	시설물 사용 금지

※ 경과연수 35년 미만 건물은 기술직공무원이 점검하고 35년 이상 건물은 시설물유지관리업체 및 안전진단 전문 업체에 위탁하여 점검.

긴급점검은 재해나 사고에 의해 비롯된 구조적 손상이나 결함이 의심되는 등 필요에 의하여 비계획적으로 시행하는 정밀점검 수준의 점검이다.

정밀안전진단은 시설물에 대하여 물리적 · 기능적 결함을 발견하고 그에 대한 신속하고 적절한 조치를 하기 위하여 구조적 안전성 및 결함의 원인 등을 조사 · 측정 · 평가하여 보수 · 보강 등의 방법을 제시하는 행위를 말한다. 쉽게 발견할 수 없는 결함부위를 발견하기 위하여 정밀한 근접 육안검사와 각종 측정 · 시험장비에 의한 측정 · 시험을 실시하여 안전성을 평가하는 것으로 안전점검결과 정밀안전진단이 필요하다고 판단되는 시설물을 대상으로 한다.

라. 학교시설 안전관리 기준

학교장은 안전한 학교환경과 교육여건을 조성하는데 필요한 시설물의 세부 안전기준을 준수하여야 한다. 학교시설의 안전관리에 관한 법령에는 학교시설 안전관리기준(「학교안전사고 예방 및 보상에 관한 법률시행령」 제10조)과 서울특별시립학교 시설물 안전관리에 관한 조례 등이 있으며, 학교시설 안전관리는 분야를 다음과 같이 제시하고 있다.

1) 건축물

건축물 주변, 교실바닥 및 벽, 교실문, 교실창호, 특별교실, 복도, 계단, 화장실 등이다.

2) 전기시설

수변전설비, 분전반, 전기배선, 조명설비, 전열설비 등이다.

3) 설비시설

냉난방설비, 환기시설, 급배수설비 등이다.

4) 소방시설

자동화재탐지설비, 옥내소화전설비, 피난설비 등이다.

5) 가스시설

저장시설, 배관, 가스기기 등이다.

6) 실험실습시설

실험실습 설비 및 비품, 약품보관설비 등이다.

마. 학교 안전교육 실시

안전교육이라 함은 학교구성원의 안전사고 예방과 조치 등을 위한 각종의 교육행위를 말하는데 학교안전사고를 예방하기 위하여 수시로 학생 및 교직원에게 안전교육을 실시하여야 하며 학부모에게도 교육을 실시하여야 한다.

3. 학교시설의 개방 및 이용

(「고등학교 이하 각급학교시설의 개방 및 이용에 관한 규칙」
제정 1999. 8. 5 교육부령 제749호)

가. 개방원칙

각급학교의 장은 학교교육에 지장이 없는 범위 안에서 주민이 학교시설을 이용할 수 있도록 개방하여야 한다. 다만 학교행사·시설공사 등 기타 부득이한 사유가 있는 경우 기간을 정하여 학교시설을 개방하지 아니할 수 있다. 각급학교의 장은 학교시설을 개방하지 못할 사유가 발생하였을 때 이를 이용자가 쉽게 볼 수 있는 곳에 게시하여야 하고, 그 사유가 소멸된 때에는 지체없이 학교시설을 개방하여야 한다.

나. 이용수칙

1) 각급학교의 장은 학교시설의 개방시간, 이용방법 개방 및 이용에 필요한 사항과 주민이 학교시설을 이용함에 있어서 지켜야 할 사항 등을 이용자가 쉽게 볼 수 있는 곳에 게시하여야 한다.

2) 각급학교의 장은 일몰 후에 학교시설을 이용하고자 하는 경우나 다수인이

행사나 경기를 함으로써 다른 사람들의 학교시설 이용을 곤란하게 하는 경우에 해당하는 경우 학교시설의 관리 및 이용자의 안전을 고려, 학교시설의 이용을 제한할 수 있다. 이용수칙에는 이용제한의 사유와 그 내용이 포함되어야 한다

다. 유지관리

각급학교의 장은 학교시설 이용자에게 학교시설의 이용에 따르는 유지 · 보수 및 관리에 필요한 경비를 부담하게 할 수 있으며, 이용자는 학교시설을 훼손한 때에는 이를 원상 복구하거나 그에 필요한 비용을 부담하여야 한다. 학교시설의 개방 및 이용에 관련되는 유지 · 보수 및 관리에 관하여 필요한 세부적인 사항은 각급학교의 장이 정한다.

라. 이용의 제한

각급학교의 장은 이용자가 이용수칙을 위반하거나 관리자의 정당한 지시에 따르지 아니하거나 학습분위기를 저해하는 행위를 한 때에는 학교시설의 이용을 거부할 수 있다.

4. 학교 안전 관련 법률

학교장은 대체적으로 안전에 대한 법률에 대해서 잘 모르는 경우가 대부분이다. 그러나 막상 안전사고가 발생하면 법적인 책임을 면할 수 없게 된다. 안전관

련 법률에 대해서 잘 모르고 있었다고 해서 면책 대상이되는 것은 아니기 때문이다. 학교장이 체계적인 안전교육에 대한 계획을 수립하고 철저한 점검을 통한 안전사고를 예방하기 위해 다음과 같은 학교 안전에 대한 법률을 정확하게 숙지하는 것이 무엇보다 필요하다.

〈학교보건법〉

제12조(학생의 안전관리) 학교의 장은 학생의 안전사고를 예방하기 위하여 학교의 시설 · 장비의 점검 및 개선, 학생에 대한 안전교육, 그 밖에 필요한 조치를 하여야 한다.

〈아동복지법〉

제9조(아동의 건강 및 안전) ③ 아동복지시설, 영유아어린이집, 유치원, 초 · 중 · 고등학교의 장은 대통령령이 정하는 바에 따라 교통안전, 실종 · 유괴의 예방과 방지, 약물오남용 예방, 재난대비 안전 및 성폭력 예방교육을 실시하여야 한다.

〈아동복지법 시행령〉

제4조(아동에 대한 교육) ③ 법 제9조 제3항에 따른 유치원과 초 · 중 · 고등학교의 장은 특별시 · 광역시 · 도의 교육감이 정하는 교육계획에 따라 제1항에 따른 교육을 실시하여야 한다.

〈학교안전사고 예방 및 보상에 관한 법률〉

제8조(학교안전교육의 실시) ① 학교장은 학교안전사고를 예방하기 위하여 교육과학기술부령이 정하는 바에 따라 학생 및 교직원에게 학교안전사고 예방 등에 관한 교육(이하 "안전교육"이라 한다)을 실시하여야 한다. 〈개정 2008. 2. 29〉

〈학교안전사고 예방 및 보상에 관한 법률 시행규칙〉

제2조(학교안전교육의 실시)

① 학교장은 법 제8조 제1항에 따라 학생을 대상으로 교과시간, 재량활동시간 및 특별활동시간을 통하여 다음 각호의 교육을 하여야 한다. 이 경우 교육 횟수 · 시간 및 강사 등은 지역여건과 학교실정에 따른다.

1. 「아동복지법」 제9조 제3항에 따른 교통안전교육, 약물 오 · 남용 예방교육, 재난대비 안전교육
2. 「학교폭력 예방 및 대책에 관한 법률」 제13조에 따른 학교폭력 예방교육
3. 「성폭력범죄의 처벌 및 피해자보호 등에 관한 법률」 제3조 제2항에 따른 성폭력 예방에 필요한 교육
4. 「성매매방지 및 피해자보호 등에 관한 법률」 제4조에 따른 성매매 예방교육
5. 그 밖에 안전사고 관련 법률에 따른 안전교육

5. 학교 안전에 관한 판례

가. 유리창을 닦기 위해 창틀을 넘다 학생이 추락한 사고에 대한 학교 측의 과실 인정 여부(관련 : 사건번호 서울지법 96가합 33216호, 서울고법 97나 12572호)

1) 판시 사항

학교에서 담임교사의 지시에 따라 교내 환경미화심사를 대비한 대청소 일환으로 교실 유리창을 닦던 학생이 추락한 경우 담임교사의 과실 인정 여부

2) 판결 요지

위험한 구조를 지닌 창틀 및 베란다에서 유리창을 닦도록 한 지도교사는 충분한 안전교육을 실시한 다음, 지도·감독하여야 할 주의 의무가 있음에도 불구하고 조심성 없이 이를 방치한 경우 학교의 교육활동과 밀접한 관계가 있는 청소작업을 지휘·감독함에 있어서 과실로 인한 손해를 배상할 책임이 있으며, 학생의 경우도 부주의하게 창틀을 넘어 베란다 쪽으로 가려고 한 과실을 참작하기로 하되 그 과실 비율은 30%로 봄이 판례의 입장이다.

나. 동네 어린이가 학교 내에서 화상사고로 사망한 경우 학교측의 배상책임 인정 여부(관련 : 사건번호 서울고법 97나 2292호)

1) 판시 사항

학교 운동장에서 놀던 어린이가 학교의 자연 관찰원에서 발생한 불씨가 옷에 튀어 화상을 입어 사망한 경우 학교 측의 배상책임 인정 여부

2) 판결 요지

학교의 교직원은 나이 어린 학생들이나 동네 어른들이 불 또는 타다 남은 불씨로 장난을 하다가 다치는 사고에 대비하여 어린이들이 소각 현장에 접근하지 못하도록 하고 소각이 끝난 다음에는 완전히 진화하여 불씨가 남지 않도록 하는 등의 조치를 취하여야 하는데도 이러한 조치를 취하지 않은 잘못이 있다.

다. 학교 담장 밖 보안등의 하자로 인한 감전사고에 대한 학교측의 책임 인정 여부(관련 : 사건번호 서울지법 99가합 5942호)

1) 판시 사항

초등학교 재학생이 인근의 중학교 운동장에서 놀다가 귀가하려고 중학교 담의 뚫린 밑부분을 빠져 나오다가 위 담장 밖에 설치되어 있는 보안등 전주에서 흘러나온 전류에 감전되어 사망한 경우 학교측의 배상책임 인정 여부

2) 판결 요지

국가 또는 자방자치단체는 영조물의 설치 관리상의 하자로 인하여 타인에게 손해를 가한 경우에 그 손해의 방지에 필요한 주의를 해태하지 아니하였다 하여 면책을 주장할 수 없을 뿐 아니라 이 사건 보안등이 이미 상당기간 누전되어 있었던 점에 비추어 해당구청은 그 손해의 방지에 필요한 주의 의무를 다했다고 할 수 없다.

라. 학교 난간 추락사고 발생시 학교측의 손해배상 책임 인정 여부(관련 : 사건번호 서울지법 2000가단 4713호)

1) 판시 사항

초등학교 재학생이 수업을 마친 후 같은 반 학생이 창밖 난간에 숨겨 놓은 자신의 가방을 줍기 위해 창문을 넘어 난간으로 내려갔다가 중심을 잃고 난간 아래로 떨어져 상해를 입은 경우 학교측의 배상책임 인정 여부

2) 판결 요지

어린 초등학생들이 교실 밖 난간으로 넘어갔다가 추락하는 일이 발생할 수도 있으므로 학교는 그와 같은 경우까지도 예상하여 학생들의 안전을 위하여 학생들이 창밖으로 나가지 못하도록 창에 안전봉을 설치하는 등의 안전시설을 하였어야 함에도 이를 다하지 못한 잘못이 있다.

참고문헌

강현숙 외(2010). 교육행정실무백과 1-3권. 서울: 한국교육신문사.
고전(2004). 한국교원과 교원정책. 서울: 하우.
교육법전편찬회(2010). 교육법전. 서울: 교학사.
남정걸(2004). 교육행정 및 교육경영. 경기: 교육과학사.
서울대학교행정연수원편(2009). 학교장학교경영편람. 서울: 하우.
서울특별시교육연구정보원(2010). 교직실무편람. 서울: (주)신영프린팅.
서정화 외(2002). 교장학의 이론과 실제. 경기: 교육과학사.
진동섭 외(2005). 한국학교조직탐구. 서울: 학지사.
최무선(2006). 교직실무. 서울: (주)등우기획.

제13장

지속 발전을 위한 학교평가

박주형(한국교육개발원 부연구위원)

이 장에서는 지속발전을 위한 학교평가에 대한 이해를 기반으로 단위 학교가 어떻게 학교평가를 준비하고 활용하는 것이 학교 개선을 위해 도움이 되는지를 살펴본다. 학교평가를 행정적 필요와 외부적 통제의 수단으로 규정하기보다는 학교의 교육적 목표를 효과적으로 달성하기 위한 정책적 수단으로 설명하고 있다. 이를 위해 학교평가의 개념, 목적을 명확히 하고 학교평가가 도입된 배경과 진행되어온 흐름을 살펴본다. 또한 현재 이루어지고 있는 학교평가를 중심으로 학교평가의 법적 근거, 시행절차 및 평가지표 그리고 평가결과의 활용에 대해 검토한다.

이 장을 통해서 학교평가는 외부적으로 학교의 책무성을 확보하고 내부적으로는 학교의 개선에 필요한 중요한 정보를 제공하는 것임을 이해한다. 학교평가는 종국적인 결과라기보다는 환류를 통해 학교운영의 전반에 영향을 미치는 과정이며 학교공동체의 협력에 의해 학교평가를 통한 학교개선이 이루어질 수 있다는 것을 이해한다. 특히, 학교자체평가는 학교 스스로가 자신의 활동을 점검하고 교정해 나감으로써 단위학교 책임경영제가 잘 실현될 수 있는 계기임을 인식한다.

1. 학교평가의 이해

가. 학교평가의 개념

최근 들어 교육 분야에서 가장 활발하게 사용되고 그 중요성이 커지고 있는 용어는 “평가”이다. 사전적 의미로 평가는 평가대상의 가치, 장점 및 중요도 등을 체계적인 과정을 통해 결정하는 활동을 의미한다. 좀 더 구체적으로 정의

하면 "평가는 어떤 작업, 활동 혹은 프로그램 및 정책의 개선에 기여하는 수단으로써 일련의 명시적 혹은 암시적인 기준에 비추어 이들에 대한 가치를 정하는 체계적인 과정"이다(Weiss, 1998, p. 4).

일반적으로 평가를 위해 명시적 혹은 암시적 기준으로 활용되는 준거로는 효과성, 효율성, 통합성, 총체성, 비용 및 접근성 등이 있으나, 평가의 목적과 평가자 등에 따라 평가의 준거는 다양하게 설정될 수 있다. 예컨대, 학교평가에 있어서 효과성을 활용한다면 학교가 추구하는 목표가 무엇이며, 해당학교가 이를 어느 정도 달성하고 있는지를 검토하는 것이 평가의 핵심이 된다. 반면, 효율성이라는 가치가 준거가 되면 학교가 동일한 목표를 달성하는 데 가장 저렴한 비용을 사용하는지를 검토하는 것이 평가의 초점이 된다. 하지만, 일반적으로 학교라는 복잡한 조직을 평가할 때 있어서는 하나의 준거가 아닌 다양한 준거를 활용하여 종합적으로 평가가 이루어진다.

이러한 관점에서 학교평가는 학교를 대상으로 하는 평가로서 학교의 개선을 위하여 그 총체적 수준의 가치를 정하는 일련의 체계적인 활동으로 정의할 수 있다. 실제 학교평가는 시·도교육청 주관으로 실시되고 있는데 서울시교육청은 학교평가를 다음과 같이 정의하고 있다(서울특별시교육연구정보원, 2012, p. 9).

> "학교평가는 학교의 통제력이 미치는 변수에 초점을 맞추어 해당학교 교육활동의 효과성 또는 교육 서비스의 질적 가치를 판단한다. 이를 통해 학교교육의 목적과 가치를 실현해 가는 과정과 결과에서의 장단점을 체계적으로 확인하고, 개선에 필요한 자료 및 정보를 확보하여 제공하는 연속적 과정이라고 할 수 있다."

학교평가는 개념상 학교를 평가의 대상으로 삼기 때문에 학교의 구성원인 교원이나 학교장을 대상으로 한 평가와는 구분된다. 또한 실제적으로 학교를 대상으로 하지만 평가목적이 다른 교육공무원 성과상여금 평가 중 학교성과급을 결정하기 위한 학교평가와는 구분된다. 즉, 학교평가는 현재 교원을 대상으로 하는 교육공무원 성과상여금 중 학교성과급 결정을 위한 평가나 학교장

경영능력 평가 및 교원능력 평가와 구별된다. 하지만 운영에 있어서 학교평가는 다른 유형의 평가와 동시에 이루어질 수 있으며 때로는 평가결과를 공유할 수 있다. 예컨대, 서울시교육청은 2013년부터 학교장 경영능력 평가를 학교평가에 통합하고 학교성과급평가는 학교평가의 일부 지표를 활용하여 실시하고 있다.

〈참고〉

- 성과상여금 평가: 교육공무원의 성과상여금은 개인성과급과 학교성과급으로 구성되어 있는데 개인성과급은 단위기관의 성과심사위원회를 통해 결정되며 학교성과급은 시 · 도교육청에 의해 결정됨.
- 학교장 경영능력 평가: 학교장의 책무성을 강화하여 학교 혁신과 학교교육력 제고를 달성하고자 시행하는 평가로 교장의 인사 및 학교운영의 자료로 활용함.
- 교원능력개발평가: 교원 등의 연수에 관한 규정을 근거로 교원을 대상으로 시행되는 것으로 교장 · 교감의 직무수행 능력 및 교사의 교육활동 전반(학습지도 및 생활지도 등)에 대하여 평가하는 것.

나. 학교평가의 배경

현재 학교평가가 널리 활용되고 있는 것은 평가활동이 평가대상의 교육의 질을 높일 수 있을 것이라는 믿음을 바탕으로 한다. 이는 1995년 발표된 5.31 교육개혁 안에 나타나 있다. 교육개혁을 통해 달성되는 신교육체제는 "학교와 교원, 그리고 학생에 대한 객관적이고 엄정한 평가 체제 …… 통하여 교육의 질을 제고한다"고 명시하고 있다(대통령자문 교육개혁위원회, 1995, p. 9). 특히, 정부는 각급 학교교육의 질 관리를 위해 평가를 시행 · 공개함으로써 교육의 책무성을 강조하고 교육수요자에 대한 정보를 제공함으로써 교육의 질을 향상시키고자 하였다.

현재 평가는 학생의 성취도를 측정하는 종래의 개인 차원의 평가뿐만 아니라 시 · 도교육청, 학교, 교원양성기관, 교원연수기관 등의 기관 차원의 평가가 널리 활용되고 있다. 특히, 지방교육자치제의 내실화, 단위학교의 자율성 확대, 교육결과를 기준으로 기관의 성과측정 추세 강화에 따라 교육기관 평가가 점차 확대되고 있다. 또한 교육기관 평가 결과가 점차 교육기관에 대한 상 · 벌의 자료로 활용되고 기관 구성원의 인사 및 지위에 영향을 미침으로써 평가결과에 대한 중요성이 커지고 있다. 통상적으로 학교를 평가하는 것과 같은 기관평가는 외부기관이 해당기관을 평가하는 방식으로 이루어지고 있지만 최근들어 각 기관 역시 자체평가를 활용하여 스스로의 성과를 측정하고 개선방안을 마련하는 것이 강조되고 있다.

다. 학교평가의 연혁

우리나라에서는 현재와 같은 의미를 지닌 학교평가가 1996년 처음으로 도입된 후 평가형태와 시행방법에서 많은 변화과정을 거쳐 왔다. 2013년 기준으로 학교평가는 시 · 도교육청의 주관 하에 이루어지고 있다. 학교평가의 변화과정을 살펴보면 다음과 같다.

표 13-1 학교평가의 변화 과정

구분	주요 내용
학교평가 준비기 (1996~1999)	• 법적 근거 조항 마련 • 학교종합평가 실시 방안 수립 • 학교종합평가 모형 개발
국가수준 학교평가 도입기 (2000~2003)	• 한국교육개발원에 의한 학교종합평가 실시 • 학교종합평가 대상의 점진적 확대

구분	주요 내용
	• 국가수준 학교평가와 시 · 도교육청의 자체 평가(1~3년 주기)로 이원화된 체제 운영
공통지표에 의한 학교평가 실시기(2004~2010)	• 국가수준에서 학교평가 기획을 담당하고 시 · 도교육청이 실제 평가를 담당 • 공통지표와 시 · 도교육청 자체지표 활용 • 학교평가 운영위원회 중심의 운영
시 · 도 자율 실시기 (2011~현재)	• 학교평가에서의 시 · 도 자율성이 법률에 따라 보장됨으로써 시 · 도교육청의 연구 · 정보원으로 이관되어 추진 • 정량지표 위주의 평가 시행 • 성과중심 평가 체제

자료: 구자억 외(2013). 한국의 교육기관 평가제도, p. 25-34 정리.

학교평가의 방향은 추진 주체로서 시 · 도교육청의 역할 강화, 학교현장의 부담 감소, 학교개선이라는 실질적인 효과 달성을 이끌 수 있도록 개선되어 왔다. 특히, 2010년 4월에 교육개혁 대책회의에서 논의된 "교육활동에 전념하고 헌신하는 교직 문화 확산"을 위해 학교평가에 필요한 자료를 이미 구축된 데이터베이스 자료를 활용하게 하는 등의 간소화방안이 시행되어 학교의 부담이 줄어들고 있다.

라. 학교평가의 목적

학교평가의 궁극적인 목적은 교육의 질 개선에 있다. 즉, 학교평가는 학교에서 이루어지는 교수-학습활동의 지속적인 개선을 위한 정책 수단으로 학교가 형평성과 수월성을 달성함으로써 학생들의 꿈과 끼를 실현하는데 적합한 교육기관이 되도록 한다. 이를 달성하기 위해서 학교평가는 크게 두 가지 실제적 의미를 띠게 된다. 첫째는 외재적 책무성 제고를 위한 평가이고 다음은 책무성을 위한 평가이다. 전자는 학교평가가 국민의 세금으로 투자되는 정부의 활동이라는 측면에서 공공기관으로서의 학교가 주어진 재원을 효율적으로 활용하여 학교의 존립목적을 달성하고 있는지를 보고자 하는 것으로 종종 학교평가의 결과가 징벌 혹은 보상의 자료로 활용된다. 이는 평가자체가 가지는 영향력에 의해 학교의 효과적인 운영을 유도한다. 즉, 좋은 평가결과를 받기 위해 단위학교들이 평가에 대비하고 이 과정에서 교육력 개선이 일어나게 된다.

반면 후자는 학교운영의 개선을 위한 목적으로 사용된다. 교육의 질 개선을 목표로 하는 학교평가는 평가를 통해 얻어지는 다양한 정보들과 평가자체의 효과를 통해 그 목적을 달성할 수 있다. 기관평가를 통해 생성되는 정보들은 평가를 위해 가장 중요한 요소인데 어떻게 평가대상이 운영되는지, 평가대상이 그 수혜자에게 어떤 영향을 미치는지, 평가대상의 강점과 약점이 무엇인지, 평가대상을 위협하는 이슈들은 무엇인지, 평가대상의 목표와 성과 사이의 간극이 어느 정도이며 그 원인이 무엇인지, 그리고 평가대상의 업무 수행과정이 얼마나 효율적인지 등이 밝혀질 수 있다.

평가과정을 통해 이루어진 평가결과는 평가대상의 개선뿐만 아니라 관리, 운영, 책무성 및 계획 등을 위해 활용될 수 있다(Pattern, 1997). 구체적으로 살펴보면 평가결과는 평가대상의 개선이 필요한 점을 기술하고 이를 위해 필요한 활동들을 제시해 준다. 또한 평가대상의 운영에 대한 중요한 의사결정에 필요한 정보를 제공해 주어 상황에 따라서는 평가대상의 존립목적에 대해 다시금 생각해 보게 함으로써 평가대상 구성원들이 조직의 목적에 대해 인식할 수 있는 기회를 제공한다.

하지만 외재적 책무성과 내재적 책무성을 목표로 하는 학교평가는 완전히 구분될 수 없으며 현실의 학교평가에 두 가지 목적의 평가가 혼재되어 나타나게 된다. 즉, 학교개선이라는 목적으로 실시되는 현재의 학교평가는 때로 학교의 목표 달성도를 측정하고 외부에 공개함으로써 외재적 책무성을 확보하는 수단이지만 또한 학교의 운영에 대한 내부적인 진단과정에 따른 개선안 마련 등의 절차 등은 학교를 발전시키기 위한 수단이다(구자억 외, 2013).

현재 성공적인 학교평가 실시를 위한 시·도교육청에 대한 지원을 담당하고 학교평가 역량을 강화하는 활동과 연구를 시행하고 있는 한국교육개발원 내 기관평가연구실에서는 학교평가의 목적을 다음의 두 가지로 제시하고 있다(한국교육개발원, 2013, p. 3).

표 13-2 학교평가의 목적

거시적 목적	모든 국민은 능력에 따라 균등하게 교육을 받을 권리가 있다는 헌법 제31조에 비춰 볼 때 학교평가는 교육의 평등을 보장하기 위한 중요한 수단으로 국민공통교육과정을 기반으로 단위학교의 균등한 교육여건 조성상황을 판단하는 데 목적이 있음
미시적 목적	학교평가는 학교경영의 자율성 제고, 교육전문성 증진, 교육경쟁력 확보, 우수사례 발굴 및 일반화, 교육수요자 만족도 향상 등 단위학교의 교육활동에 대한 진단을 통해 학교교육의 질을 제고하는 데 목적이 있음

실제 평가를 시행하고 있는 서울시교육청의 경우 학교평가의 목적을 다음의 세 가지로 제시하고 있다(서울특별시교육청, 2013). 1) 학교 교육활동 현황에 대한 정확한 진단과 개선 지원, 2) 학교의 자율성과 책무성 증진을 통한 학교교육의 질 향상, 3) 교육정책의 성과 평가 및 효율적인 학교 지원정책 수립이다.

마. 학교평가의 법적 근거

학교평가에 대한 최초의 법적 근거는 1995년 5.31 교육개혁안의 제안에 따라 1997년 제정된 「초 · 중등교육법」에 제시되었다. 당시에는 교육부장관에게 학교에 대하여 평가를 실시할 수 있는 권한을 부여하였다. 다만, 시 · 도교육청 평가 항목으로 '교육청이 학교평가를 시행하고 있는지'를 포함함으로써 교육감이 관내 학교를 평가하도록 유도하였다. 또한 1998년에는 「초 · 중등교육법」

에 학교평가에 대한 대략적인 기준이 마련되었다. 현재 학교평가는 「초 · 중등교육법」 제9조와 동법 시행령 제11조~13조를 근거로 시행되고 있다. 특히, 시행령은 평가의 기준 및 절차 그리고 공개여부에 대해서도 기술하고 있다.

표 13-3 초등교육법 제9조

제9조(학교평가)
② 교육부장관은 교육행정을 효율적으로 수행하기 위하여 특별시 · 광역시 · 특별자치시 · 도 · 특별자치도 교육청과 그 관할하는 학교를 평가할 수 있다.
③ 교육감은 교육행정의 효율적 수행 및 학교 교육능력 향상을 위하여 그 관할하는 교육행정기관과 학교를 평가할 수 있다.

표 13-4 초 · 중등교육법 시행령 제11~13조

제11조(평가의 대상)
② 법 제9조 제2항 및 제3항에 따른 학교에 대한 평가(이하 "학교평가"라 한다)는 국 · 공 · 사립의 초등학교 · 중학교 · 고등학교 및 특수학교를 대상으로 하되, 학생 수, 지역의 실정 등 학교 특성에 따라 학교를 구분하여 평가할 수 있다.
제12조(평가의 기준)
② 학교평가는 다음 각 호의 사항을 기준으로 실시한다.
1. 교육과정 운영 및 교수-학습 방법
2. 교육 활동 및 교육 성과
3. 그 밖에 학교 운영에 관한 사항으로서 교육부장관 또는 교육감이 필요하다고 인정하는 사항
제13조(평가의 절차 · 공개 등)
① 교육부장관은 매학년도 시작 전까지 시 · 도교육청 평가에 관한 기본계획을 수립하고 이를 공표하여야 한다.

2. 학교평가의 실제

학교평가의 연혁에서 살펴본 대로 현 시기는 시 · 도 자율 실시기로 분류된다. 2012년 3월 시행된 「초 · 중등교육법」에 따라 학교평가에 관한 시 · 도 자율성이 보장됨으로써 학교평가의 형태가 다양해지고 있다. 이런 의미에서 학교평가의 실제를 하나의 형태로 보여주기는 쉽지 않다. 하지만 본 장에서는 주로 서울특별시교육청의 사례를 중심으로 현재의 학교평가의 모습을 살펴보기로 한다[1].

가. 학교평가의 절차

학교평가의 절차는 「초 · 중등교육법」 시행령에 대략적으로 기술되어 있다. 교육부장관은 매학년도 시작 전까지 시 · 도교육청 평가에 관한 기본계획을 수립하고 이를 공표하여야 한다(제13조 1항). 교육감은 평가가 실시되는 해의 학년도가 시작되기 전까지 지역교육청 평가 및 학교평가에 관한 기본계획을 수립하고 이를 공표하여야 한다(제13조 2항).

구자억 외(2013)는 학교평가 방법 및 절차를 다음과 같이 제시하고 있다.

1) 각 시 · 도별 학교평가편람에는 학교평가에 대한 자세한 안내가 포함되어 있다. 이는 한국교육개발원. 학교평가 홈페이지(eval.kedi.re.kr)의 자료마당에서 확인할 수 있다(2014. 3. 현재).

표 13-5 **학교평가 방법 및 절차**

절차	내용	담당기관
사전준비	• 교육청 학교평가운영위원회 구성 • 평가지표 개발팀 구성	연구원/교육청
학교평가 기본계획 수립	• 기본계획 수립 • 학교평가 대상학교 자체 계획 수립	연구원/교육청 학교
학교평가 연수	• 학교평가 담당자 연수 및 평가위원 연수 • 학교평가 자체 교직원 연수	연구원/교육청 학교
평가단 구성 및 평가위원 선정	• 평가단 구성, 평가위원 선정	연구원
자체평가 보고서 작성	• 학교별 자체평가 실시 및 보고서 제출	학교
서면평가	• 정량지표 및 정성지표 평가 • 방문평가 대상 학교 선정	연구원
방문평가	• 학교 현장 실사 • 평가결과 최종 판정	연구원
평가 결과보고서 작성	• 평가단별 평가 정리 및 보고서 제출	연구원
평가 결과 처리	• 학교평가 결과 통보 및 우수학교 선정 • 후속 컨설팅교 선정 • 결과보고서 발간 • 평가결과 정보공시 자료 탑재	연구원 학교

출처: 구자억 외(2013). 한국의 교육기관 평가 제도, p.45-46.

서울시교육청의 경우 자체평가→외부평가→후속 활동으로 평가 절차를 소개하고 있다.

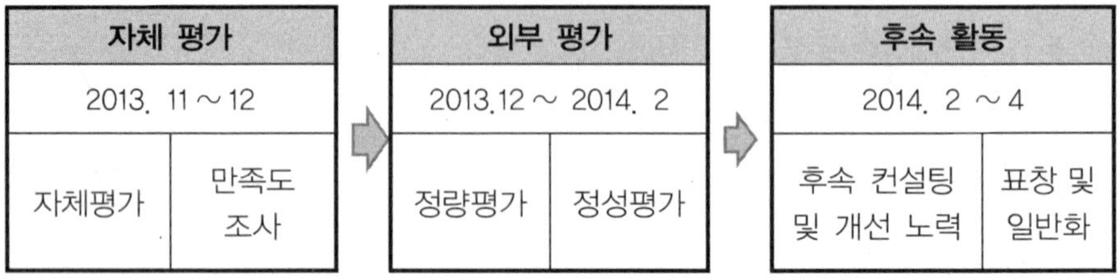

[그림 13-1] 서울시교육청의 학교평가 절차

학교평가의 전반적인 절차를 관할하고 있는 기관은 시 · 도교육청의 교육연구정보원이나 일부 시 · 도교육청에서는 담당기관이 다를 수 있다.2) 서울시교육청의 경우에는 교육연구정보원 내 학교평가추진위원회가 구성되어 학교평가 업무를 담당하고 있다.

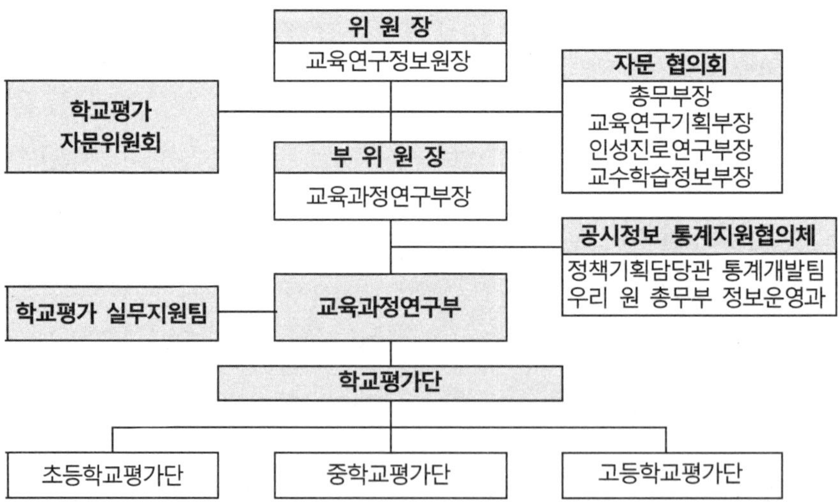

출처: 서울시교육연구정보원(2012, p. 19).

[그림 13-2] 서울시교육청 학교평가추진위원회

2) 시 · 도별 학교평가 총괄 · 기획부서와 실행기구는 한국교육개발원 학교평가 홈페이지(eval.kedi.re.kr) 학교평가제도 영역에서 확인할 수 있다.

나. 평가 주기 및 대상

평가주기는 시 · 도교육청에서 자율적으로 결정할 수 있어 시 · 도별 특성에 따라 다양하게 이루어지고 있다. 학교평가는 2006년부터 3년 주기로 실시되었기 때문에 2006~2009년이 1주기, 2009년부터 2011년까지 2주기 평가가 이루어졌다. 통상적으로 2010년까지는 3년 주기가 많이 활용되었으며 2012년부터는 매년 실시하는 교육청이 다수를 차지한다.

서울시교육청의 2013년도 학교평가 기본계획에 따르면 학교평가의 주기는 1년이며 대상기간은 2013. 3. 1 ~ 2014. 2. 28이다. 또한 평가대상은 서울시교육청 관내 모든 국 · 공 · 사립의 초 · 중 · 고 및 특수학교이다.

다. 평가 방법

학교평가는 「초 · 중등교육법」 제30조의 4에 따른 교육정보시스템에 저장된 자료, 「교육관련기관의 정보공개에 관한 특례법」 제5조에 따른 공시정보 등을 이용한 정량(定量)평가의 방법으로 한다. 다만, 정량평가만으로 정확한 평가가 어렵다고 인정되는 경우에는 서면평가, 설문조사, 관계자 면담 등의 방법을 이용한 정성(定性)평가의 방법을 병행할 수 있다(시행령 제11조 3항). 즉, 정량평가를 기본으로 하되 학생이나 학부모를 대상으로 설문을 시행하거나 만족도 조사를 실시하는 등 평가목적에 맞게 시 · 도교육청에서 자율적으로 설정할 수 있다.

서울시교육청은 정량평가와 정성평가를 혼합하여 사용하고 있는데, 정량평가를 위해서는 교육정보시스템에 저장된 자료, 공시정보 등을 활용한다. 정성평가는 서면평가, 설문조사 및 관계자 면담으로 이루어지는데, 서면평가는 학교교육계획서, 자체평가보고서를 중심으로 하며, 설문조사는 관계자의 응답한 결과를 반영하며, 관계자 면담은 평가단이 학교 현장을 방문하여 면담하여 이루어지는 질적 중심의 평가를 의미한다.

라. 평가 영역 및 지표

학교평가 영역은 현재 「초 · 중등교육법」 시행령 제12조 제2항에 근거하여 교육과정 및 교수-학습방법, 교육활동 및 교육성과 그리고 그 밖에 학교운영에 관한 사항으로서 교육부장관 또는 교육감이 필요하다고 인정하는 사항에 대하여 평가할 수 있다.

평가 영역 및 지표는 최근에도 여러 번 변경되었는데 다음의 〈표 13-6〉은 2010년부터 2013년까지의 연도별 변화를 보여주고 있다.

표 13-6 학교평가지표의 연도별 비교

	2010	2011	2012	2013
지표 종류	국가수준의 공통 지표와 시 · 도교육청의 자체지표	국가수준의 공통 지표와 시 · 도교육청의 자체지표	국가 표준지표와 시 · 도교육청의 자체지표	국가 표준지표, 핵심지표와 시 · 도교육청의 자체 지표
지표 유형	정성지표 중심	정성지표와 일부 정량지표	정량지표 중심	정량지표 중심
지표 영역 및 지표수	• 학교 교육목표(2개 지표), 교육과정 및 방법(4개 지표), 교육성과 관리(4개 지표), 교육경영(4개 지표) • 4개 영역 14개 지표로 구성	• 교육과정 및 교수학습(7개 지표), 교육성과(9개 지표), 교육경영(5개 지표), 만족도(1개 지표) ◦4개 영역 22개 지표로 구성	• 교육과정 및 교수학습(12개 지표), 교육성과(14개 지표), 교육경영(10개 지표), 만족도(2개 지표) • 4개 영역 38개 지표로 구성	• 교육과정 및 교수학습(16개 지표), 교육성과(11개 지표), 교육경영(11개 지표), 만족도(2개 지표) • 4개 영역 39개 지표로 구성
국가 수준 지표 적용	전국 공통의 평가 지표로서 모든 교육청에서 수정없이 활용	지표영역 비중, 지표별 가중치 부여는 시 · 도교육청 자율	지표의 선택, 적용 방법, 지표영역의 비중, 지표별 가중치 부여 등은 시 · 도교육청 자율	지표의 선택, 적용 방법, 지표영역의 비중, 지표별 가중치 부여 등은 시 · 도교육청 자율

출처: 구자억 외(2013). 한국의 교육기관 평가 제도, p. 42.

특히, 2012년부터는 학교평가의 시 · 도교육청 자율성이 확대됨으로써 시 · 도교육청별로 다양한 평가지표를 선택하여 운영하고 있음을 확인할 수 있다.

표 13-7　시 · 도교육청별 지표의 구성 형태(2012년 기준)

지역	지표형태			지표구성		비고
	정량지표 만 평가	정성지표 + 정량지표	정성지표만 활용	교육개발원 지표	자체평가 지표	
서울		○		○	○	
부산		○		○	○	
대구		○		○	○	
인천		○		○	○	
광주	○			○	○	설문평가 실시
대전	○ (상시평가)	○ (종합평가)			○	
울산		○		○	○	100% 정량평가 지향
강원		○		○	○	학생, 학부모의 학교만족도 조사 병행
경기		○		○	○	
충북		○ (정량위주)		○	○	
충남		○		○	○	
전북		○		○	○	
전남		○		○	○	
경북	○			○		개발원 지표만 활용
경남		○ (정량위주)		○	○	
제주		○		○	○	

출처: 한국교육개발원 학교평가 홈페이지(http://eval.kedi.re.kr/index.jsp)

표 13-8 서울특별시 2013년 학교평가 지표(초 · 중 · 일반고등학교)

영역	지 표	유형	초	중	고	자료 출처
Ⅰ. 교육과정 운영 및 교수-학습 방법	1.1. 교육과정 편성 · 운영의 적절성	정성	○	○	○	학교
	1.2. 특색 있는 교육과정 편성 · 운영의 충실도					
	1.2.1. 특색사업 운영 개수(수준별 이동수업 등) 1.2.2. 서울교육시책 반영 및 특색교육과정 운영	정량 정성	○ ○	○ ○	○ ○	교육청 학교
	1.3. 창의 · 인성교육 운영의 충실도					
	1.3.1. 창의 · 인성교육 운영의 충실도 1.3.2. 소규모 테마형 수학여행 및 수련교육 실시	정성 정량	○ ○	○ ○	○ ○	학교 학교
	1.4. 방과후학교 활성화					
	1.4.1 방과후학교 참여율 1.4.2. 학생 만족도	정량 정성	○ ○	○ ○	○ ○	교육청 설문
	1.5. 예술 · 체육교육 활성화					
	1.5.1. 예술 · 체육 교과수업 기준시수 편성 1.5.2. 학교스포츠클럽 등록율 1.5.3. 예술동아리 · 녹색성장교육동아리 운영 여부	정량 정량 정량	○ ○ ○	○ ○ ○	 ○ ○	 NEIS NEIS
	1.6. 수업 연구 및 수업방법 개선					
	1.6.1. 수업연구 비율(교내 수업 공개) 1.6.2. 수업방법 개선 비율(교외 수업 연구대회 참여) 1.6.3. 컨설팅장학 실시(컨설팅 장학, 컨설턴트 지원)	정량 정량 정량	○ ○ ○	○ ○ ○	○ ○ ○	학교 학교 학교
	1.7. 과정중심 평가방법 내실화	정량		○	○	학교
	1.8. 독서교육 활성화					
	1.8.1. 학생 1인당 도서관 도서 대출 수 1.8.2. 독서교육 활성화 및 내실화 노력	정량 정성	○ ○	○ ○	○ ○	DLS 학교

영역	지 표	유형	초	중	고	자료 출처
II. 교육활동	2.1. 안전한 학교					
	2.1.1. 학교폭력 예방 및 근절 노력(학교폭력 예방교육, 성폭력 예방교육, 학생자치활동)	정량	○	○	○	학교
	2.1.2. 학교폭력 예방 실태 조사 참여율	정량	○	○	○	교육청
	2.1.3. 안심알리미 서비스 운영 여부	정량	○			학교
	2.2. 교원 직무연수 실적					
	2.2.1. 직무연수 학점 취득 비율	정량	○	○	○	NEIS
	2.2.2. 직무연수 평균 이수시간 수	정량	○	○	○	NEIS
	2.3. 교육복지 및 지역사회 연계					
	2.3.1. 초등돌봄교실 운영	정량	○			교육청
	2.3.2. 학부모대상 연수 운영 시간	정량	○	○	○	교육청
	2.3.3. 지역사회 연계 및 교육기부 활용 실적	정량	○	○	○	교육청
	2.4. 진로 · 직업교육 활성화					
	2.4.1. 진로 및 직업교육 실적	정성	○	○	○	학교
	2.4.2. 진로 체험교육 프로그램 운영	정량	○	○	○	교육청
	2.5. 청렴도	정량	○	○	○	학교
	※ 학교 상벌(표창수 및 기관 주의 처분수, 가감)	정량	○	○	○	교육청
III. 교육성과	3.1. 기초학력 미달 학생 비율					
	3.1.1. 기초학력 미달 학생 비율	정량		○	○	정보공시
	3.1.2. 전년대비 향상도	정량		○	○	정보공시
	3.2. 학업중단 비율					
	3.2.1. 학업중단 비율	정량		○	○	교육청
	3.2.2. 전년대비 향상도	정량		○	○	교육청
	3.3. 학생건강체력 평가 등급 비율					
	3.3.1. 체력평가 등급 비율	정량	○	○	○	NEIS
	3.3.2. 체력평가 등급 향상 비율	정량	○	○	○	NEIS
	3.4. 학교공동체 만족도					
	3.4.1. 학생의 학교 만족도	정성	○	○	○	설문
	3.4.2. 학부모의 학교 만족도	정성	○	○	○	설문
	3.4.3. 교원의 행정업무 경감 만족도	정성	○	○	○	설문

마. 평가 결과의 활용

교육부장관 또는 교육감은 특히 필요하다고 인정하는 경우를 제외하고는 평가결과를 공개하여야 한다(시행령 제11조 4항)는 규정은 학교평가가 그 자체로서 종결되는 것이 아니라 그 목적인 학교교육의 질 개선에 기여해야 함을 보여준다. 초기 학교평가의 경우 결과의 활용이 시 · 도교육청의 자율적 상황이었음에도 불구하고 평가의 결과는 주로 우수학교에 대한 보상 차원에서 인센티브를 제공하는 등의 형태로 운영되었다. 하지만, 최근에는 학교평가 목적인 단위학교 교육의 질적 수준의 향상을 위해 주로 교육개선을 위한 피드백 자료로 활용하고 있다. 특히, 학교평가가 교육청 단위에서 전반적인 학교교육 개선의 자료로 활용되어야 한다는 점이 부각됨에 따라 학교평가의 결과가 교육청의 교육계획 수립에 반영되고 있으며 교육청은 평가 결과를 활용하여 학교컨설팅을 제공하기도 한다(구자억 외, 2013).

서울시교육청의 경우 학교평가 결과를 세 가지 차원에서 활용하고 있다(서울특별시교육연구정보원, 2012). 먼저, 학교차원에서는 평가과정 및 결과와 평가를 통해 확보된 자료는 학교의 자발적 개선을 유도하는데 기여한다. 학교평가를 준비하는 과정에서 학교구성원들이 습득한 지식과 경험은 그 자체로 학교를 개선하는 자료로 활용되며 학교평가 결과는 차기년도의 학교운영 계획 및 학교의 중장기 계획을 수정하는데 반영될 수 있다. 또한 학교평가 결과가 학교운영의 실제에 가이드라인으로 작용할 수 있다. 또한 학교평가 후속조치로 이루어지는 학교컨설팅을 받게 되는 학교에서는 실질적인 컨설팅활동으로 실질적인 도움을 얻을 수 있다.

두 번째로 학교평가 결과는 객관적으로 서울지역의 학교간의 수준을 보여줌으로써 취약한 학교에 대한 행 · 재정적 지원을 해줄 근거가 된다. 특히, 교육청이나 교육지원청 차원에서 학교운영에 어려움을 겪는 학교를 선별하여 특별지원을 실시하는 등의 학교지원 정책에 반영될 수 있다. 마지막으로 학교평가를 통해 발굴된 우수사례는 다른 학교에 널리 홍보됨으로써 서울지역 전체 학교의 전반적인 개선에 활용될 수 있다.

바. 학교의 준비사항

학교평가를 위해서 학교에서는 여러 준비해야 할 사항들이 존재한다. 서울시교육연구정보원(2012, p. 19)은 학교의 준비사항으로 정확한 공시정보 입력, 학교자율추진 중점과제에 대한 자체평가, 학교구성원 만족도 조사 안내 및 협조, 평가위원 방문 평가 시 준비 등의 네 가지를 요구하고 있다. 한국학교교육연구원 · 서울시교육청(2012, p. 295)은 이를 시기별로 구체화시켜 〈표 13-9〉와 같이 학교평가를 위해 필요한 사항들을 정리하고 있다.

표 13-9 학교평가를 위한 준비 사항

내 용	시기	시행기관		
		교육연구 정보원	교육 지원청	학교
학교평가 관련 학교별 자체 연수	4월			○
학교자체평가위원회 구성	5월			○
학교 공시정보 입력 및 자료 제출	6월		○	○
학교자체평가보고서 제출	6월 말			○
학교공동체 만족도 설문조사	6월 말	○		○

1) 정확한 공시 정보의 입력 및 추가 자료 준비

학교평가를 위해 학교가 우선적으로 해야 할 일은 정확한 공시정보의 입력이다. 학교평가의 상당 부분이 정량평가에 의존하고 정량평가의 대부분이 NEIS를 통해 입력된 학교정보공시 자료를 활용한다는 점에서 정해진 기한 내에 정확한 정보를 입력하는 것이 중요하다. 오류의 수정이 필요할 때는 정해진 절차에 따라 정보를 보완하는 것이 중요하다. 〈표 13-10〉은 2012년도 서울시교육청의 학교평가에 필요한 정보공시 자료와 입력 시기를 보여주고 있다.

표 13-10 학교평가 관련 정보공시 자료 입력 기한 준수

평가 지표	평가 내용	입력 시기
II-3. 교육활동 예산 비율	• 총 세출예산 중 '학생복지 및 교육격차 해소', '기본적 교육활동', '선택적 교육활동' 예산 비율	5월
II-4. 학교급식 운영의 안전성	• 급식사고 발생 건수	4월
III-1. 기초학력 책임지도	• 기초학력 미달 학생 비율 및 증감률	11월
III-2. 진로 · 진학 및 취업 지도	• 학교 및 외부 진로체험프로그램 참여율 • 대학 진학률/취업률(특성화고)	5월
III-3. 학업중단 예방	• 학교생활 부적응으로 인한 무단결석 및 학업중단 증감률	5월
III-4. 학생건강체력 증진	• 학생건강체력 4~5등급 비율 및 증감률	4월

출처: 한국학교교육연구원 · 서울시교육청(2012). 학교경영 길라잡이. p. 296.

또한 학교정보공시 자료와 관련하여 교육청이 요구한 근거자료도 존재하므로 이를 정확히 준비하는 것도 중요하다. 〈표 13-11〉과 〈표 13-12〉들은 2012년도 서울시교육청의 학교평가 시 요청하는 평가자료를 보여주고 있다.

표 13-11 증빙을 위해 필요한 자료

평가 지표	평가 내용
Ⅰ-3. 교수-학습 혁신 노력	• 교내 자율연수 · 동료장학 횟수, 수업공개 비율 • 수업 컨설팅장학 횟수, 컨설팅지원단 참여율 • 교사 연구학습동아리 수 • 연구교사, 연구팀, 연구회 등 참여율
Ⅰ-4. 방과후 교육활동 참여	• 방과 후학교 프로그램 개설 및 학생참여율
Ⅱ-4. 학교급식 운영의 안전성	• 학교급식운영 평가 결과
Ⅲ-2. 진로 · 진학 및 취업 지도	• 고등학교 졸업생 취업률

출처: 한국학교교육연구원 · 서울시교육청(2012). 학교경영 길라잡이. p. 296.

표 13-12 별도자료 제출 요청 사항

평가 지표	평가 내용
Ⅰ-2. 창의적 체험활동 운영의 내실화	• 수련활동, 수학여행 운영 내실화
Ⅰ-3. 교수-학습 혁신 노력	• 학생행동발달상황 누가기록
Ⅱ-6. 교육복지 지원 및 지역사회 연계	• 학부모 교육활동 참여율 및 학부모 교육 프로그램 운영 횟수 • 지역사회 연계 교육프로그램 운영 수, CRM 및 재능기부 활용 실적
Ⅱ-7. 교육활동 중심의 학교체제 구축	• 교원 업무 경감 및 교무행정 개선에 대한 만족도
Ⅲ-4. 학생건강체력 증진	• 장애인 등록 학생 비율
Ⅲ-5. 안전사고 예방	• 학생의 학교생활 안전 인식도 조사 • 안전사고 예방교육 실시 현황
Ⅲ-6. 학교공동체 만족도	• 교원 · 학생 · 학부모 만족도

출처: 한국학교교육연구원 · 서울시교육청(2012). 학교경영 길라잡이. p. 297.

이와 별도로 교육청에서 보유하고 있는 자료 중 일부가 학교평가 자료로 활용될 수 있다.

표 13-13 **교육청 보유 자료 활용**

평가 지표	평가 내용
II-2. 교원 직무연수 참여	• 교원 평균 직무연수 이수시간 및 참여율 (개인별 총이수시간 대 구분 평정)
II-4. 학교급식 운영의 안전성	• 학교급식운영 평가 결과

출처: 한국학교교육연구원 · 서울시교육청(2012). 학교경영 길라잡이, p. 297.

2) 자체평가의 실시 및 학교교육계획서 작성

학교평가를 위해서 단위학교는 학교 자체평가위원회를 구성하여 자체평가를 실시한 후 보고서를 작성하고 이를 근거로 세운 학교교육계획서를 평가단에 제출해야 한다. 시 · 도교육청별로 자체평가위원 구성에 대한 규정은 다르나 일반적으로 학교구성원의 다양한 의견을 수렴할 수 있도록 자율적으로 자체평가위원회를 구성하는 것이 일반적이다. 하지만, 외부인사를 포함(강원도)해야 한다거나 자체평가위원회의 인원수를 한정하는 경우도 있다. 자체평가위원회는 단위 학교평가계획의 수립, 학교평가 관련 연수의 실시, 평가관련 자료 검토 및 평가보고서 작성 등을 담당한다.

(1) 자체평가의 의미와 배경

학교평가가 학교를 통제하기 위한 수단이나 평가결과 공개를 통해 학교간 서열을 매기는 자료로 활용되는 것이 아니라 학교의 교육수준 개선을 이루기 위한 것이 되기 위해서는 몇 가지 전제조건들이 필요하다. 먼저, 학교평가의 기준이나 항목들이 학교교육 개선과 관련되어 있으면서 학교구성원의 노력으로 달성될 수 있는 것이어야 한다. 두 번째로 학교구성원들은 학교평가의 기준을 달성하기 위해 학교평가 이전이나 이후에 여러 가지 노력을 기울일 역량을 갖추어야 한다. 특히, 학교가 학교평가 기간에만 학교평가 항목에서 높은 점수를 획득하도록 노력하는 것이 아니라 학교평가 지표를 염두에 두고 계획을 수립하고 학년 내내 지속적인 노력을 기울일 때 학교평가의 정책 목표가 달성될 수 있다.

원래의 의미상 자체평가는 '학교 스스로 자신을 평가'하는 행위를 일컫는 것으로 "학교개선을 위해 학교 구성원들이 주인의식과 책무성을 갖고 평가 주체로서 자율적, 협동적, 지속적, 통합적, 그리고 융통적으로 학교의 모든 구성요소와 제발 활동을 점검하고 반성하며 교정해 나가는 실천적 작업"(구자억 외, 2013, p. 17)으로 정의될 수 있다. 우리나라의 경우 교육자치와 단위학교 책임경영제의 도입으로 인한 단위학교의 자율성 증대에 따라 자발적인 학교교육 개선을 위해 학교자체평가가 널리 쓰이게 되었다. 학교평가 초기부터 학교자체평가는 서면평가 및 현장방문평가의 전단계로도 시행되었다. 비록 자체평가가 때론 형식적인 의미로 시행되는 경우가 많고 실질적인 의미의 학교평가라기보다는 학교평가를 위해 주어진 지표들에 비추어 학교를 살펴본다는 한계를 가지지만 2011년 학교자율화 조치 이후 점차 그 의미가 중요시되고 있다(구자억 외, 2013).

(2) 자체평가의 영역

학교자체평가는 학교경영 및 교육과정 운영(교과지도와 교과 외 지도 등)에 걸친 전 영역을 대상으로 하며 교육의 맥락, 투입, 과정, 산출 등 교육의 전과정을 대상으로 한다. 통상적으로 평가 목표 및 기준의 설정, 평가 영역 및 기본 관점의 설정, 평가방법의 결정, 평가 실시, 평가결과의 활용 등의 절차로 이루어진다(구자억 외, 2013).

(3) 자체평가의 실제

일반적으로 학교자체평가는 학교평가의 일부로 활용되고 있으나 시 · 도교육청의 자율적인 판단에 근거해 실시 여부와 방법 등이 결정되므로 시 · 도별로 다양하게 이루어진다. 2012년 기준으로 서울, 경기, 강원 지역의 교육청은 학교평가 대상 학교 전체에 대해 자체평가를 요구하고 있는 반면 광주나 경북교육청은 자체평가를 실시하고 있지 않다. 반면 경기와 강원은 자체평가만으로 학교평가를 실시하는 경우도 있다.

서울시교육청의 2012년 학교평가에 따르면 10쪽 이내로 학교에서 추진하는 교육활동 노력 등을 특색활동 및 중점 활동 중심으로 기술하도록 되어 있다.

표 13-14 서울시교육청 학교자체평가 양식

<table>
<tr><td colspan="9">□ 학교 현황 기초자료</td></tr>
<tr><td rowspan="4">학생 현황</td><td colspan="2">총학급 및 학생수</td><td colspan="3">( ) 학급 ( ) 명</td><td rowspan="2">기초생활수급자
(비율)</td><td rowspan="2">중식 지원자
(비율)</td><td rowspan="2">기타</td></tr>
<tr><td rowspan="3">학년별 학급 및 학생수</td><td>1학년</td><td colspan="3">( ) 학급 ( ) 명</td></tr>
<tr><td>2학년</td><td colspan="3">( ) 학급 ( ) 명</td><td rowspan="2"></td><td rowspan="2"></td><td rowspan="2"></td></tr>
<tr><td>3학년</td><td colspan="3">( ) 학급 ( ) 명</td></tr>
<tr><td rowspan="2">교원 현황</td><td>남</td><td>여</td><td>계</td><td colspan="5">연령 분포</td></tr>
<tr><td>( )명</td><td>( )명</td><td>( )명</td><td>20대
( )명</td><td>30대
( )명</td><td colspan="2">40대
( )명</td><td>50대 이상
( )명</td></tr>
<tr><td rowspan="2">학교 유형/
지정 과제</td><td colspan="3">연구/시범/중점학교 운영</td><td colspan="3">혁신/자율/창의경영학교</td><td colspan="2">기타 지정 과제</td></tr>
<tr><td colspan="3"></td><td colspan="3"></td><td colspan="2"></td></tr>
<tr><td rowspan="3">구성원의 특성</td><td>학생</td><td colspan="7"></td></tr>
<tr><td>학부모</td><td colspan="7"></td></tr>
<tr><td>교사</td><td colspan="7"></td></tr>
<tr><td>시설 및</td><td>교실 및</td><td colspan="7"></td></tr>
</table>

여건	특별교실	
	강당 및 기타 복지 지원시설	
	지역사회	
향후 전망 (학생수용 여건, 학급 수 변화 등)		

□ 학교 비전과 교육 목표

□ 학교 중장기 발전계획 및 추진 현황

□ 학교 자율 추진 중점 과제
(예시한 소과제 중 3개 선택하여 과제 당 2쪽 내외로 작성함)

대과제	소과제
미래 인재 육성을 위한 학교 혁신 노력	학교와 지역의 여건에 맞는 학교 자율성 확대
	창의적이고 특색 있는 교육과정 운영
	교수-학습 · 평가 방법 개선
	학습부진학생 책임 지도
	교원 연구풍토 조성 및 역량 강화
	특색 있는 방과후학교 운영
학교폭력 근절 및 교육복지 실현	학부모 등 학교공동체 참여 확대
	폭력 없는 안전한 학교
	인성 · 진로교육 강화
	학생 자치활동 활성화
	지역사회 연계 및 협력
	시설 개선 및 복지 여건 확충
소통과 배려의 학교문화 조성	학생인권 존중 및 교권 보호
	민주적 자율적인 학교 문화 형성
	교원 업무구조 개선

출처: 한국학교교육연구원, 서울시교육청(2012). 학교경영관리, p. 289-299.

(4) 학교교육계획서 작성

학교자체평가결과를 반영하여 작성되는 학교교육계획서는 학교평가의 주요 자료로 활용된다. 2012년 서울시 교육청의 경우 학교교육계획서는 학교평가의 지표인 교육과정 편성 · 운영의 적절성, 창의적 체험활동 운영의 내실화, 학교자체평가의 내실화 영역 등의 자료로 활용된다.

3) 설문조사에 대한 협조

학교평가의 원활한 수행을 위해서 학교는 설문조사(학교 구성원 만족도 조사)가 원활히 진행될 수 있도록 적극 협조해야 한다. 통상적으로 교육연구정보원이 6월 중 실시하는 온라인 설문조사가 일정 비율 이상의 설문응답률을 달성할 수 있도록 분위기를 조성해야 한다.

설문조사로 활용되고 있는 것은 학교공동체 구성원들에 대한 만족도 조사로서 학생, 학부모, 교원을 대상으로 이루어진다. 2012년의 만족도 조사는 〈표 13-15〉와 같은 영역에 대한 만족도를 묻는 형식으로 이루어졌다.

표 13-15 **학교구성원 만족도 평가 영역 및 내용**

학생	학부모	교원
• 교육활동 및 평가 · 수업, 창의적 체험활동, 방과후학교, 자치활동, 시험운영, 교사의 관심 및 진학지도, 도서관 운영 • 학교규율 · 참여, 규칙준수 • 교육결과	• 자녀 학교생활 · 흥미와 자신감, 동아리 및 방과후학교, 진로 · 진학, 도서관 운영, 학생 평가, 체력증진, 인성교육 • 학교와의 의사사통 · 정보교류, 교사와의 교류, 교육요구 수용, 학부	• 업무 경감 · 교육지원팀, 업무간 소화노력, 효율적인 조직운영, 결제시스템 개선, 학교운영에서의 구성원 의견수렴 • 직무만족도 · 교사의 업무를 위한 지원체제, 교직원간의 정보교

학생	학부모	교원
· 생활습관 개선, 교과교육, 건강증진 • **학교생활 안전 의식도** · 안전지도, 성교육 및 예방교육, 교육시설 안전도, 학교폭력 안전도, 사안대처능력	모 교육 • **교육결과** · 생활습관 개선, 교과교육 • **학교시설 및 안전** · 교육시설 안전도, 학교폭력 안전도	류, 의사소통 원할 • **교육활동** · 교원들의 교육운영을 위한 협력, 교과 및 생활지도의 성과

4) 현장방문 조사에 대한 협조

마지막으로, 평가단의 방문평가 시에 학교수업에 지장이 없는 한 적극적인 지원을 제공해야 한다. 특히, 평가단의 요구를 충족하는 자료를 준비해야 할 뿐만 아니라 정해진 스케줄에 따라 필요한 인사들이 면담에 참여할 수 있도록 사전에 수업 시간을 조절하는 등의 준비를 해야 한다.

참고문헌

구자억 외(2013). 한국의 교육기관 평가 제도: 기관평가연구 총서 제2권. 한국교육개발원.

구자억 외(2013). 학교자체평가 어떻게 할 것인가: 기관평가연구 총서 제3권. 한국교육개발원.

대통령자문 교육개혁위원회(1995). 세계화 정보화 시대를 주도하는 신교육체제 수립을 위한 교육개혁 방안.

서울특별시교육연구정보원(2012). 2012년 학교평가 편람(중학교). 서교연 2012-38.

서울특별시교육청(2013). 학교평가 부담 1/3로 대폭 축소! 학교장경영능력평가, 학교성과급평가, 학교평가를 하나로 통합 실시 보도자료.

한국학교교육연구원 · 서울시교육청(2012). 학교경영 길라잡이.

한국교육개발원(2013). 2013학년도 학교평가지표 가이드북.

Patton, M. Q.(2008). *Utilization-Focused Evaluation.* 4th edition. Thousand Oaks, Ca: Sage Publications.

Weiss, C. H.(1998) *Evaluation: Methods for Studying Programs & Policies.* 2nd edition. Prentice-Hall.

저자 소개

✍ 서정화

서울대학교 교육학과 졸업, 미국 플로리다 주립대학교 졸업(교육정책 · 교육경영 전공)
홍익대학교 교육학과 교수, 전국교육대학 원장협의회 회장, 한국교육행정학회장,
홍익대학교 사범대학부속 여중 · 고 교장, 홍익대학교 사범대학부속 중 · 고 교장 역임
(현) (사)한국학교교육연구원 이사장

✍ 김진숙

이화여자대학교 교육공학과 학사 및 석사
(현) 한국교육학술정보원 연구위원(교육정보본부 본부장), 교육부 디지털교과서 편찬심의위원,
스마트교육학회 기획 이사, 세계화교육재단 이사 등

✍ 배영직

서울교육대학교 학사
홍익대학교 대학원 교육학 박사, 서울온수초등학교 교감
(현) 서울특별시교육청 장학사

✍ 임종근

서울시 강남교육청 및 남부교육청 중등과장
(현) 경일중학교 교장, 서울초중등교육정책연구회 회장,
한국지역사회교육협의회 서울제3지구 부회장

✍ 김세곤

경인교육대학교 초등교육학과 학사 및 교육학 석사
홍익대학교 교육학 박사(교육과정 전공)
(현) 서울양천초등학교 교사(교무행정전담1부장교사), 서울특별시교육청 컨설팅장학위원,
시 · 도교육청 및 시 · 도교육연수원 강사, 한국교육개발원 교육정책네트워크 현장자문단 위원

✍ 김세진

숭전대 국어교육과 학사, 충남대 교육학 석사
홍익대학교 교육학 박사
서울시교육청 장학사, 장학관, 북부교육청 학무국장, 자양고등학교장 역임
(현) 압구정고등학교장, 한양대학교 교육대학원 겸임교수, 한국교육여행협회 서울지부장 등

✍ 김성기

고려대학교 교육학과 졸업(학사)
서울대학교 교육학과 졸업(석, 박사)
(현) 협성대학교 교양교직학부 부교수, 대한교육법학회 학술 이사

✍ 황준성

연세대학교 교육학과 학사 및 교육학 석사,
홍익대학교 대학원 교육학 박사
(현) 한국교육개발원 연구위원(교육정책네트워크연구실 실장), 국회입법지원위원, 국회입법조사처 조사분석지원위원, 대한교육법학회 편집위원 · 학술이사, 한국교육행정학회 규정위원회 위원 등

✍ 최준렬

전남대학교 교육학과 학사
Universiry of Iowa 교육학 박사(Ph.D.)
(현) 공주대학교 교수, 한국교육재정경제학회 회장

✍ 박주형

서울대학교 교육학과 학사 및 교육행정 석사
Florida State University Ph.D.
(현) 한국교육개발원 부연구위원

학교경영의 이론과 실제

초판발행 2014년 8월 15일
재판발행 2015년 8월 20일

저 자 서정화 · 김진숙 · 배영직 · 임종근 · 김세곤
김세진 · 김성기 · 황준성 · 최준렬 · 박주형

2015. 8.

발행인 김현태
발행처 태영출판사

주 소 (08301) 서울 구로구 구로동 104-10 동남오피스텔 201호
전 화 02 · 839-3757, 839-3752
팩 스 02 · 837-3754
등 록 2005년 5월 30일 제12-421호
http://www.taeyeongbook.co.kr
E-mail tys2005@hanmail.net
ISBN 978-89-6302-145-4 93370
정 가 18,000원

* 잘못 만들어진 책은 교환해 드립니다.